工程造价改革系列丛书

工程造价改革实践

——广东省数字造价管理成果（2021年）

广东省工程造价协会　主编

中国建筑工业出版社

图书在版编目（CIP）数据

工程造价改革实践：广东省数字造价管理成果：2021年/广东省工程造价协会主编．—北京：中国建筑工业出版社，2022.1（2022.4重印）
（工程造价改革系列丛书）
ISBN 978-7-112-27080-4

Ⅰ.①工… Ⅱ.①广… Ⅲ.①工程造价－经济改革－研究－广东 Ⅳ.①F285

中国版本图书馆CIP数据核字（2022）第014767号

责任编辑：周娟华
责任校对：张 颖

工程造价改革系列丛书
工程造价改革实践——广东省数字造价管理成果（2021年）
广东省工程造价协会 主编

*

中国建筑工业出版社出版、发行（北京海淀三里河路9号）
各地新华书店、建筑书店经销
北京龙达新润科技有限公司制版
北京圣夫亚美印刷有限公司印刷

*

开本：787毫米×1092毫米 1/16 印张：21¼ 字数：514千字
2022年1月第一版 2022年4月第二次印刷
定价：**150.00**元
ISBN 978-7-112-27080-4
（38881）

本书编委会

主　审：卢立明　许锡雁

主　编：孙　权　薛　瑞

副主编：关丽芬　谢穗贞

编制人（排名不分先后）：

利葆珊	张　河	张毅坚	方雪慧	郑彬彬	冯　洁
杨昌梅	黄永鹏	张映丹	徐春红	王建林	梁建鑫
杨从碧	胡伟刚	汤景昭	罗　燕	李　强	刘少华
陈文楚	朱宏伟	李慧萍	徐　略	韩春玲	麦小慧
邓　蕾	沈素瑶	赵　耿	吕海燕	彭晓之	郑　伟
吴伟英	刘　斌	陈锐伟	张承鑫	张汝翊	杜　坚
彭志勇	卢宇东	李　寅	程建辉	李惠君	

审核人（排名不分先后）：

查世伟	高　峰	苏惠宁	彭　明	顾伟传	王　军
杨　玲	丘　文	黄凯云	张艳平	陈曼文	黎华权
陈金海	章拥军	王　巍	黄华英	吴慧博	马九红
张思中					

参编单位（排名不分先后）

广东拓腾工程造价咨询有限公司

广东飞腾工程咨询有限公司

深圳市栋森工程项目管理有限公司

珠海华信达工程顾问有限公司

广东人信工程咨询有限公司

广东泰通伟业工程咨询有限公司

中山市捷高建设工程事务所有限公司

广东诺诚房地产土地评估工程咨询经济鉴证有限公司

清远市华林工程造价咨询服务有限公司
建银工程咨询有限公司
新誉时代工程咨询有限公司
广东宏正工程咨询有限公司
广东信仕德建设项目管理有限公司
广东天栋建设管理有限公司
广州宇丰工程咨询有限公司
广州工建工程咨询有限公司
众为工程咨询有限公司
广州尚晋工程咨询有限公司
广东明润工程造价咨询有限公司
广东正中信德建设工程咨询有限公司
广东益文建设工程造价咨询有限公司

前　言

2021年，无论是在中国共产党历史上，还是在中华民族历史上，都是具有里程碑意义的一年。在习近平总书记、党中央坚强领导下，我们牢记嘱托，感恩奋进，坚持以人民为中心，结合党史学习教育，开展"我为群众办实事"实践活动，用心、用情、用力解决好事关群众切身利益的问题。

广东省作为改革开放的先行地，也是我国工程造价改革试点地区之一，坚持试点先行、综合施策，突出制度集成创新，紧密融合数字化技术手段，赋能造价领域转型升级，数字造价管理实践路径逐渐明朗。

沿着工程造价市场化改革的指引，我们肩负"士以弘道"的价值使命，做专、精、新的追求者和传播者，我们精选了部分工程造价改革实践成果，编写成《工程造价改革实践——广东省数字造价管理成果（2021年）》，展示我省在工程造价领域的治理成效，谱写工程造价行业发展新篇章。

最后，感谢一路相守，不断为"广东省建设工程定额动态管理系统"和"广东省建设工程造价纠纷处理系统"提供专业服务的行业专家！感谢所有在工程造价改革实践中不断探索的组织与成员！

由于工程造价市场化改革与数字化造价管理工作涉及面广，编者水平和时间有限，书中难免有不当之处，敬请读者批评指正。

目　　录

第一部分

定额动态管理
问题解答

关于广东省建设工程定额动态管理系统
定额咨询问题的解答（第 21 期）

粤标定函〔2021〕001 号

各有关单位：

现对广东省建设工程定额动态管理系统收集有关市政工程专业的定额咨询问题作出如下解答，除合同另有约定外，已经合同双方确认的工程造价成果文件不做调整。

一、《广东省市政工程综合定额 2018》适用问题

1. 第一册《通用项目》地下连续墙，现浇混凝土导墙模板定额，是否包含了横撑？如包含，是包含了钢横撑还是木横撑？

答：现浇混凝土导墙模板子目已考虑横撑，周转性材料已按不同施工方法、不同材质，按规定的周转次数摊销计入定额内。除定额另有规定外，不作调整。

2. 第一册《通用项目》D.1.10 监测量控工程中的施工监测应用范围是什么？能否应用到建筑基坑支护施工中产生的施工监测？

答：施工监测应用范围是指按设计要求对市政工程周边范围地表、建筑物、构筑物、地下水及市政构筑物本身的沉降、位移、压力、应力测试和信息反馈。施工监测定额不适用于建筑工程中基坑支护施工产生的施工监测。

3. 第一册《通用项目》D.1.3 软基处理、桩及支护工程工程量计算规则第十条第 5款"双轴、三轴每次成桩时与群桩间的重叠部分工程量不扣除，采用套打的扣除套打体积的水泥掺量材料费。"其中"成桩时与群桩间的重叠部分工程量"是否指套打孔部分的工程量？

答：成桩时与群桩间的重叠部分工程量不是指套打孔部分工程量。

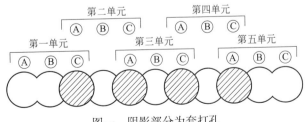

图一　阴影部分为套打孔

4. 第二册《道路工程》D.2.3 道路面层说明"五、乳化沥青稀浆封层按厚度 5mm 考虑。"若设计要求乳化沥青稀浆封层厚度不同时，是否可按实际调整？

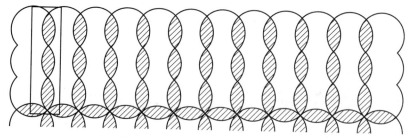

图二　阴影部分为与群桩重叠部分

答：厚度不同时，主材消耗量按比例相应调整，其他不变。

5. 定额措施其他项目费用中关于交通疏解员增加费应如何理解？

答：交通疏解员增加费是指根据经交警部门批复的交通疏解方案而设置的交通疏解人员所增加的费用，而其他交通疏解设施（如铁马、塑料交通路锥、警示灯、交通指示牌、交通指示灯等）可在措施其他项目费用标准第六点其他费用中列项计算，交通疏解材料作为临时性设施，应考虑周转使用或残值回收。

6. 绿色施工安全防护措施项目费工作内容构成表中，临时设施维护及拆除包含办公、生活场地临时设施、临时道路、场内绿化、场地硬化的维护、拆除。该临时道路及场地硬化是否包含了施工现场的施工便道的新建？

答：该临时道路不包含施工现场施工便道的新建，应为临时道路的维护及拆除。

7.《广东省建设工程施工机具台班费用编制规则 2018》关于机上人工费的说明"对于可由一人控制多台的机械以及机械台班单价中人工费占比较高的机械，机械需由两个以上专业操作人员操作的机械，都不配置人工消耗量，人工消耗量应在定额子目中考虑。如：泵类机械、焊接机械、盾构掘进机等。"市政定额没有抽水的定额子目，请问抽水发生的人工费应如何确定？

答：《广东省建设工程施工机具台班费用编制规则 2018》中泵类机械台班单价中不含人工费，抽水措施考虑采用泵类机械进行抽水的，人工费可按实际发生以时工计算。

二、《广东省市政工程综合定额 2010》适用问题

8. 第一册《通用项目》D.1.1 土石方工程的工程量计算规则，放坡系数表（表一）中的放坡起点深度是从垫层下表面开始计算还是从垫层上表面开始计算？

答：基础垫层不做模板时，放坡自垫层上表面开始计算；基础垫层有模板时，放坡自垫层底面开始计算。

广东省建设工程标准定额站

2021 年 1 月 6 日

关于广东省建设工程定额动态管理系统定额咨询问题的解答（第 22 期）

粤标定函〔2021〕002 号

各有关单位：

现对广东省建设工程定额动态管理系统收集有关《广东省通用安装工程综合定额2018》咨询的问题作出如下解答。除合同另有约定外，已经合同双方确认的工程造价成果文件不做调整。

1. 计算机应用、网络系统工程中，系统集成费用如何考虑？

答：系统集成调试按第五册《建筑智能化工程》C.5.1 计算机应用、网络系统工程的工程量计算规则，计算集成各系统的累计的总"点"数，执行 C.5.1.14 计算机应用网络系统系统联调相应项目。

2. 零星安装项目管卡是否可按实际发生数量结算？

答：第十册《给排水、采暖、燃气工程》C.10.1 章说明第四条第 5 点"管道安装项目中，均不包括管道支架、管卡、托钩等制作安装以及管道穿墙、楼板套管制作安装、堵洞、打洞、凿槽等工作内容，发生时套用本册及第四册《电气设备安装工程》相应项目另行计算。"如管卡、托钩为现场制作安装的，则执行管道支架制作安装相应项目。

3. 第四册《电气设备安装工程》C.4.14 电气调整试验工程量计算规则第八条第 2 点"独立接地装置电阻的测定，区分接地极数量，按设计图示数量以'组'、'根'计算。如一台柱上变压器有一个独立的接地装置，即按一组或根计算。"如一个路灯基础有 4 根接地极，是套子目"C4-14-46 接地装置调试独立接地装置（根以内）1"？工程量按 4 根计算，还是套"C4-14-48 接地装置调试独立接地装置（根以内）6"？工程量是按一组 4 根计算还是按一组 6 根计算？

答：每套路灯各自独立接地的，其接地装置调试执行"独立接地装置调试"相应项目。如一个路灯基础有 4 根接地极，则执行"独立接地装置调试 6 根以内"，以"组"为单位套用。

4. 第九册《消防工程》C.9.1 水灭火系统安装工程量计算规则第十二条"消防水泵接合器安装，区分不同安装方式和规格按设计图示数量以'套'计算。成套产品包括的内容详见表 9.1.3。"表 9.1.3 中成套产品包括的内容相应的安装费用是否已含在成套产品对应的定额内，主材费另计？

答：消防水泵接合器安装定额已含成套产品所包括的内容相应的安装费用，但不包括相应的材料价格。

5. 现场砌墙体后，再开槽敷设管道，相关线管是否套用明敷子目？

答：现场砌墙体后，再开槽敷设电线管，应执行"沿砖、混凝土结构暗配"相应项目。

6. 空调水管保温外面再包一层铝皮保护 0.5mm，如何套用定额子目？

答：空调水管保温外面再包一层铝皮保护 0.5mm，依据第十二册《刷油、防腐蚀、绝热工程》中的 C.12.5 绝热工程说明第七条第 2 点"铝板保护层执行铁皮保护层安装项目，主材可以换算"执行。

7. 第四册《电气设备安装工程》C4-5-34～C4-5-37 太阳能电池板组装、测算子目，定额计量单位为"组"，应如何套用定额子目？

答：太阳能电池板组装、测试，区别太阳能板最大输出功率，按设计图示数量以"组"计算，执行太阳能电池板组装、测试相应项目。

8. 预算包干费中的机电安装后的补洞（槽）工料费适用于什么情况？

答：机电安装后实际发生的，但难以准确计算工程量的补洞（槽）工料费等属于预算包干费包含的内容。

9. 雨水管与排水管合用时，应如何套用定额子目？

答：雨水管与排水管合用时，应套用排水管安装相应项目。

10. 燃气工程系统压力试验是否另外计算？

答：定额中已包括了燃气工程的气压试验，不得另行计算压力试验。

广东省建设工程标准定额站

2021 年 1 月 6 日

关于广东省建设工程定额动态管理系统定额咨询问题的解答（第 23 期）

粤标定函〔2021〕45 号

各有关单位：

现对广东省建设工程定额动态管理系统收集有关建筑与装饰工程和城市轨道交通工程专业的定额咨询问题作出如下解答，除合同另有约定外，已经合同双方确认的工程造价成果文件不做调整。

一、《广东省房屋建筑与装饰工程综合定额 2018》适用问题

1. 大型钢支撑定额的场内水平运距是否可根据实际调整？

答：场内水平运距已综合考虑，不作调整。

2. 大型钢支撑的基坑支护是否需要另计满堂脚手架？

答：大型钢支撑安装、拆除是否需要计算满堂脚手架应依据经审批的施工方案确定，常规做法不需要满堂脚手架。

3. 钢质防火门安装定额是否包含门锁、闭门器、推杆开门器、顺序器等五金件？

答：A.1.9 门窗工程中 A1-9-191 钢质防火门安装定额子目不包含门锁、闭门器、推杆开门器、顺序器等五金件。

4. 总说明第十一条中的特殊环境和条件下人工降效是否作为管理费的计算基数？

答：特殊环境和条件下人工降效不作为管理费的计算基数。

5. 与主体工程一起发包的房建项目前期挖填方的场地平整工程，应适用市政定额挖填土石方子目还是适用建筑与装饰定额的挖填土石方子目？

答：与主体工程一起发包的房建项目挖填土方应执行《广东省房屋建筑与装饰工程综合定额 2018》的相应定额子目。

6. A1-1-78～A1-1-87 履带式单头液压岩石破碎机破碎一般石方子目是否适用于岩石爆破后的二次破碎而不适用于直接采用机械破碎开挖石方？

答：A1-1-78～A1-1-87 履带式单头液压岩石破碎机破碎一般石方定额子目适用于岩石的开挖，不适用于岩石爆破后的二次破碎。

7. A.1.7 金属结构工程中钢结构构件定额子目都是按成品构件安装设置的，无成品钢材在施工现场进行加工的，若在现场采用切割焊接等加工，应如何计价？能否套用《广东省建筑与装饰工程综合定额 2010》的钢结构制作基价定额？

答：A.1.7 金属结构工程中钢结构构件安装定额子目中钢结构构件按成品构件考虑，

构件的制作费用在成品构件的材料费用中考虑；钢结构构件现场加工不能套用《广东省建筑与装饰工程综合定额 2010》的钢结构制作基价定额。

二、《广东省城市轨道交通工程综合定额 2018》适用问题

8. 桥梁满堂脚手架若采用盘扣式脚手架，应如何套用定额子目？

答：满堂式钢管支架定额子目已综合考虑各种扣件的不同连接方式。

9. 第一册《路基、围护结构及地基处理工程》M.2.4.2 地下连续墙成槽 M1-2-105～M1-2-109 地下连续墙双轮铣成槽定额子目中"中等风化岩层"和"微风化岩层"成槽的机具消耗组成中，履带式旋挖钻机是作为双轮铣在岩层中成槽的引孔辅助机具吗？在地下连续墙双轮铣入岩成槽的实际施工中，若采用了履带式旋挖钻机、冲击式打桩机或其他辅助机械进行入岩引孔，是否可以将引孔辅助机具（如旋挖钻机等）和双轮铣进行分解，按各自实际完成的工程量分别进行计量和计价？

答：履带式旋挖钻机是作为双轮铣在岩层中成槽的引孔的辅助机具。根据定额总说明第九条第 2 点"本综合定额的施工机具台班消耗量是按正常合理的施工机械、现场校验仪器仪表配备情况和大多数施工企业的装备程度综合取定。实际情况与定额不符时，除各章另有说明外，均不做调整。"定额中不能将引孔辅助机具与双轮铣成槽机进行分解分别计量计价。

10. 第二册《桥涵工程》M.4 钢筋工程 M2-4-7 桩钢筋笼制作安装定额工作内容为"钢筋制作、焊接、绑扎，钢筋笼吊装入孔、就位、固定。"桩基的钢筋笼为滚焊机加工制作圆柱状钢筋笼，需要在钢筋加工场制作成型后运至施工场地吊装，但定额子目工料机和工作内容均未包含加工场至施工场地的钢筋笼运输，是否可以计取加工场至施工场地之间的钢筋笼运输费用？

答：钢筋笼制作是按现场制作、吊装综合考虑的。如受现场条件限制，现场无法布置钢筋加工场，需要场外制作并运输至施工现场的费用，由双方根据项目实际协商计价。

11. 第二册《桥涵工程》M.4 钢筋工程 M2-4-4 现浇混凝土钢筋制作、安装定额工作内容为"钢筋解捆，除锈，调直，下料，弯曲，焊接，除磕，绑扎成型，运输入模。"桥梁墩柱钢筋和现浇箱梁钢筋在入模时需要吊装设备入模，但定额工料机均未有相应的吊装设备，是否可以增加相应的垂直吊装费用？

答：定额计算的垂直运输费用已经综合考虑各施工工序需要的垂直运输机具使用费用，除定额另有规定外，不能另外增加垂直吊装费用。

12. 第三册《隧道工程》M.7 管片工程量计算规则第一条"预制混凝土管片按设计图示尺寸体积加 1% 以'm^3'计算，不扣除钢筋、铁件、手孔、凹槽、预留压浆孔道和螺栓所占体积。"定额已考虑 1.5% 的损耗率，那么 1% 基于什么考虑？

答：定额 M3-7-1 预制钢筋混凝土管片子目中混凝土的损耗"1.5%"是指管片制作过程中混凝土的损耗率，而"1%"为管片的试拼装、运输、安装过程管片本身的损耗率。

广东省建设工程标准定额站
2021 年 3 月 5 日

关于广东省建设工程定额动态管理系统定额咨询问题的解答（第 24 期）

粤标定函〔2021〕121 号

各有关单位：

现对广东省建设工程定额动态管理系统收集有关安装工程专业的定额咨询问题作出如下解答，除合同另有约定外，已经合同双方确认的工程造价成果文件不做调整。

一、《广东省通用安装工程综合定额 2018》适用问题

1. 第四册《电气设备安装工程》C.4.8 电缆敷设中说明第五条"铜芯电力电缆敷设定额综合不同敷设方式按三芯（包括三芯连地）考虑的，五芯电力电缆敷设定额项目乘以系数 1.30，六芯电力电缆乘以系数 1.60，每增加一芯定额增加 30%……"，若为五芯电力电缆，定额子目乘以系数 1.30，主材电缆含量是否需乘以 1.30？

答：五芯电力电缆敷设定额项目乘以系数 1.30，是指相应项目定额基价乘以系数 1.30，未计价材料按定额含量执行，不作调整。

2. 定额中电力施工项目相关的定额费用，是否存在与广东省电力行业协会发布的《广东省电力行业 10kV 配电网不停电作业收费标准》中带电作业的费用重复的部分？若存在，应如何区分使用？

答：定额中电力施工相关定额费用不包含带电作业。定额与《广东省电力行业 10kV 配电网不停电作业收费标准》，两者是在不同的施工环境下编制的。若实际发生，带电作业费可按合同约定双方协商，参考《广东省电力行业 10kV 配电网不停电作业收费标准》计算。

3. 带翼环的穿楼板套管，是适用"刚性防水套管制作、安装"，还是适用"一般钢套管制作安装"？

答：带翼环的穿楼板套管，适用 C.10.2 支架及其他章节"刚性防水套管制作、安装"相应项目。

4. C.10.1 给排水、采暖、空调水、燃气管道安装工程说明第一节给排水管道安装第三条第 3 款"室内铸铁排水管、雨水管和室内塑料排水管、雨水管均包括检查口、透气帽、伸缩节、H 型管、消能装置、地漏存水弯、止水环的安装，但透气帽、H 型管、消能装置、地漏存水弯、止水环的价格应另行计算，发生时按实际数量另计材料费。"地漏存水弯是否要单独计算安装费？

答：地漏安装另配存水弯者，其存水弯的安装费用已包含在排水管道安装内，但存水

9

弯另计材价。地漏应单独执行地漏安装相应项目。

5. 污水管采用 UPVC 给水管管材，定额子目应套用给水管安装还是排水管安装？

答：依据第十册《给排水、采暖、燃气工程》第 C.10.1 章说明第二条第 1 款规定，UPVC 塑料给水管用于中水及压力排水等管道时，应执行塑料给水管安装相应项目。但 UPVC 塑料给水管用于普通排水管道时，则执行塑料排水管安装相应项目。

6. 通风空调中的调节阀为电动调节阀时套用本系统相应调节阀定额，是否再套用建筑智能化 C5-3-99 电动风阀执行机构定额子目？

答：通风空调中的电动调节阀安装已包含执行机构的安装，但不含电器接线，发生时可执行第四册《电气设备安装工程》C.4.4 控制设备及低压电器安装中的电磁开关接线项目。

7. 管内穿线定额为单芯电线管内穿线，若是 5 芯电线管内穿线，是否按定额子目乘以 5 计算？

答：线芯各自独立护套绝缘后组成的多芯导线管内穿线，执行多芯软导线管内穿线相应项目。

8. 电气、通风空调系统中的抗震支吊架安装，是否可套用工业管道中 C8-1-40 装配式成品管道支架抗震支吊架项目？

答：电气、通风空调系统中的抗震支吊架安装不得执行工业管道中的抗震支吊架项目。电气、通风空调系统中如使用抗震支吊架时，电气工程执行第四册《电气设备安装工程》的"铁构件制作安装"相应项目；通风空调工程执行第七册《通风空调工程》的"设备支架制作安装"相应项目。

9.10kV 高压电缆迁改工程（含电缆沟、电缆保护管、电缆、铁塔等），应如何划分安装工程与市政工程的取费？

答：应按通用安装工程与市政工程划分的范围执行。

10. 防腐厂钢结构抛丸除锈后做完底漆、中间漆出厂。在现场由于焊接、碰伤发生的除锈是否属于因施工需要发生的二次除锈？

答：不属于，在现场由于焊接、碰伤发生的费用，属于预算包干费的成品保护，不得另外计算费用。

二、《广东省安装工程综合定额 2010》适用问题

11. 雨水管与排水管合用时，应如何套用定额子目？

答：应执行排水管安装相应项目。

12. 管井、竖井门框已安装，管井、竖井门未安装前在管井内进行施工的安装工程是否可计取增加费？

答：若已经形成管井或竖井，按定额分部分项工程增加费费用标准"在管井内、竖井内和封闭天棚内进行施工增加费：按该部分人工费的 25% 计算"的规定执行。

13. 已经浇筑好三面的风井，需要在风井内衬竖向风管，施工完成后再砌筑第四面墙面封闭，这种情况需要计算管井增加费；在已砌筑完成仅留有门洞的强弱电井、水井内施工，是否需要计算管井增加费？

答：已经浇筑好三面的风井，需要在风井内衬竖向风管，施工完成后再砌筑第四面墙面封闭，这种情况属于还没有形成管井或竖井，所以不得计算分部分项工程增加费。若已经形成管井或竖井，在已砌筑完成仅留有门洞的强弱电井、水井内施工时，依据《广东省安装工程综合定额 2010》分部分项工程增加费费用标准"在管井内、竖井内和封闭天棚内进行施工增加费：按该部分人工费的 25％计算"的规定执行。

14. 定额说明中注明该定额套管管径是对应介质管道尺寸，介质管道的管径是指水管管径还是水管＋保温层管径？

答：介质管道无保温层的，按介质管道公称直径；介质管道有保温层的，按介质管道保温层外径执行套管相应项目。

15. 室外钢塑给水管定额中已经包含给水管接头零件，施工现场由于实际管件超过定额含量，是否可以按实调整管件数量；采用卡箍连接方式，卡箍是否可以执行 C8-1-314 卡箍安装定额及计算卡箍材料费？

答：定额已综合考虑给水管管件数量，不作调整；管道安装采用卡箍连接方式，执行钢管安装（沟槽式卡箍连接）相应项目，卡箍安装执行卡箍安装相应项目，卡箍安装已经包括卡箍管件安装的人工费，卡箍和管件应按实际数量计算其材料费。

广东省建设工程标准定额站

2021 年 6 月 21 日

关于广东省建设工程定额动态管理系统定额咨询问题的解答（第 25 期）

粤标定函〔2021〕140 号

各有关单位：

现对广东省建设工程定额动态管理系统收集有关建筑与装饰工程、市政工程、管廊工程专业的定额咨询问题作出如下解答，除合同另有约定外，已经合同双方确认的工程造价成果文件不做调整。

一、共性问题

1. 在广东省建设工程定额动态调整的通知第 6、8、9 期（即粤标定函〔2021〕59、67、69 号文）中，规定 $\phi 850$ 三轴水泥搅拌桩空桩部分计价时"按相应子目的人工费及机具费乘以系数 0.5，扣除材料费"。若设计图纸说明"$\phi 850$ 三轴水泥搅拌桩空桩按加固土重的 6% 水泥掺入量喷水泥浆"，则此空桩工程是按空桩计算还是按标准桩计算？如按空桩计算，材料费需要全部扣除吗？

答：设计说明有水泥含量的空桩，按章说明"按相应子目的人工费及机具费乘以系数 0.5"计算，除水泥含量按设计说明计算（不考虑损耗率）外，其余的材料费全部扣除。

二、《广东省市政工程综合定额 2018》适用问题

2. 真空深井降水，设计做法为埋设 $DN200$ 镀锌钢管真空深井，深度 9m，井内采用 $\phi 48 \times 3mm$ 无缝钢管或镀锌管，井内放一台潜水泵连接无缝钢管，井外连接一台真空泵。能否套用深井井点降水定额计价后再套用轻型井点降水定额子目计价？

答：不能，本定额未考虑真空深井降水，发生时可按经批准的施工组织方案协商计价。

3. D.3.3 箱涵预制顶进工程工程量计算规则说明第四条第 2 款"实土顶工程量按被顶箱涵的重量乘以箱涵位移距离分段累计计算。"被顶箱涵的重量是指整个箱涵的重量还是每预制段的重量？箱涵位移距离分段累计计算，该分段总长计算是按每个预制块段之间分别计算？定额如何应用？该重量是按总重量还是按分段累计重量分别套用定额？

答：被顶预制箱涵的重量是指每次顶进的重量（例如：每节预制段为 5m，即第一段顶进重量=5m 箱涵的重量，第二段顶进重量=10m 箱涵的重量，如此类推）。箱涵位移距离是指每次顶进的距离（例如：每节预制段为 5m，则每次位移的距离为 5m）。定额套用问题，例如：每节 5m，每节重量为 140t，顶进第一节工程量为 $140 \times 5 = 700t \cdot m$，顶进第七节工程量为 $140 \times 7 \times 5 = 4900t \cdot m$，第一节自重为 140t，第七节自重为 980t，即第一节到第七节

套用定额"箱涵顶进自重≤1000t";顶进第八节工程量＝140×8×5＝5600t·m，第八节自重为1120t，套用定额"箱涵顶进自重≤2000t";如此类推。

4. 逆作法工作井制作是否可使用沉井章节内的定额子目？

答：本定额未包括逆作法工作井定额子目，发生时可按经批准的施工组织方案协商计价。

5. 在新建市政道路工程中的路灯照明工程绿色施工安全防护措施费应执行市政费率还是安装费率？

答：路灯照明工程执行《广东省通用安装工程综合定额2018》相关规定。

6. D.1.3软基处理、桩及支护工程第十二条"2.一般水泥搅拌桩的水泥掺入量按加固土重（1800kg/m³）的13%考虑，设计不同时可进行调整"，其中水泥损耗率应按多少计算？

答：一般水泥搅拌桩损耗率按2%计算。

7. D.1.1土石方工程工程量计算规则第十四条"静力爆破平基岩石、静力爆破槽坑岩石按设计图示尺寸以'm³'计算";第十五条"平基石方控制爆破、槽坑石方控制爆破按设计图示尺寸以'm³'计算";第十六条"开凿和爆破石方宽度及深度允许超挖量为：较软岩和较硬岩为200mm、坚硬岩为150mm，并入石方量计算"。请问：在路基土石方横断面图中计算爆破石方的工程量时，是按计算规则第十四、十五条以设计图示尺寸计算工程量为准，还是按第十六条规则可以多计算允许超挖量？当岩体为花岗岩时，岩石爆破后的二次破碎能否以爆破石方的总量确定工程量，或者二次破碎的比例应如何确定？

答：开凿和爆破的石方工程量＝设计图示尺寸＋允许超挖量。爆破石方子目已包含了施工规范要求的所有工作内容，不需要再计算二次破碎费用。

8. 粤标定函〔2019〕163号文关于第一册《通用项目》勘误表，更正D.1.5围堰工程工程量计算规则第三条"围堰工程包括了50m范围内人工取、装、运土（砂、砂砾）的费用。现场不发生此费用，则扣除相应定额子目中的挖运人工费4928元/100m³"。若现场采用外购砂纤维袋围堰，外购砂运至围堰施工现场堆放，再进行人工取、装、运、围堰等工作。是否不再扣除相应定额子目中的挖运人工费？

答：定额D1-5-2子目工作内容包括：清理基底，50m范围内的取、装、运土，纤维袋装土、封包运输，堆筑、填土夯实，拆除清理。如采用外购砂纤维袋围堰，可以计算砂的材料费用，需扣除相应定额子目中的挖运人工费4928元/100m³。

9. D1-5-2纤维袋围堰定额中黏土的消耗量为93m³，现施工现场采用回填砂围堰，应用该子目换算回填砂，应如何换算回填砂的消耗量？

答：消耗量不变，换算主材。

10. D.5.2管道铺设工程量计算规则第三条"顶管按设计图示尺寸以'm'计算，要扣除工作井和接收井长度，扣除长度为顺管线方向按井内净空尺寸减0.6m。"若工作井或接收井里面有井中井（检查井），顶管长度是否只扣除井中井尺寸（圆形检查井扣除长度为井内径减0.3m）？

答：顶管工程量按相应计算规则计算，工作井或接收井里面有井中井（检查井）的，井内管道已不是顶管，应按管道铺设的工程量计算规则计算。

11. 定额D1-2-53钻导向孔DN＞600mm子目，是否适用于任何DN＞600mm的钻导向孔?

答：是。

12. 桩基工程中的钢筋笼混凝土保护垫块是否需要另行计取费用?

答：定额已综合考虑，不能另行计算。

13. D.5.2 管道铺设说明第十条第 14 款"顶管采用中继间顶进时，安装一个中继间为一级顶进，每增加一个中继间即为增加一级顶进，顶进定额中的人工费与机具费乘以下列系数分级计算……"该条说明中分级计算该如何理解?

答：说明中的"分级计算"应该理解为按工作井至接收井间的长度（按工程量计算规则第三条的规定计算）整段计算对应顶进分级的人工费、机具费调整系数。如某顶管段采用中继间顶进，共安装了三个中继间，则属于三级顶进，从工作井至接收井的长度整段计算人工费、机具费调整系数 2.15。

三、《广东省市政工程综合定额 2010》适用问题

14. D.1.7.6 井点降水 3 大口径井点降水深度的最大深度为 25m，但实际设计图纸中最大安装、拆除、使用深度达到 45m，应如何计价?

答：属于定额缺项，可按经批准的施工组织方案协商计价。

15. D1-3-131 灌注桩检测管制作安装定额子目，按照规范要求，声测管需要进行压浆处理，该定额子目是否已包含压浆工作?

答：该子目工作内容不包含压浆，可按经批准的施工组织方案协商计价。

广东省建设工程标准定额站

2021 年 7 月 19 日

关于广东省建设工程定额动态管理系统
定额咨询问题的解答（第 26 期）

粤标定函〔2021〕155 号

各有关单位：

现对广东省建设工程定额动态管理系统收集有关定额咨询问题作出如下解答，除合同另有约定外，已经合同双方确认的工程造价成果文件不做调整。本解答除另注明外，均适用于《广东省房屋建筑与装饰工程综合定额 2018》的定额计价方式。

1. 综合脚手架子目中，密目式阻燃安全网换成金属防护网，应如何换算？

答：本定额脚手架章节未包括金属防护网子目，实际发生时可按经批准的施工组织方案，结合材料的合理摊销次数协商计价或按当地造价主管部门发布的补充定额计价。

2. 屋面水泥砂浆找平层并设置分隔缝，是否应套用楼地面砂浆找平层并考虑设置分隔缝费用？

答：A1-12-1 楼地面水泥砂浆找平层定额子目未考虑设置分隔缝的费用，若设计要求保温层上的水泥砂浆找平层留设分格缝时，可另行计算费用。

3. 定额附录三中说明第一条"各种混凝土及砂浆配合比均未包括制作的人工和机械用量。"如现场实际使用现拌砂浆，应如何考虑该部分的人工和机械费用？

答：《广东省房屋建筑与装饰工程综合定额 2018》是结合我省实际，根据现行国家产品标准、设计规范和施工验收规范、质量评定标准、安全操作规程、绿色施工评价标准等编制的。根据《广东省住房和城乡建设厅关于在我省城市城区开展限期禁止现场搅拌砂浆工作的通知》（粤建散〔2014〕66 号）全省禁止施工现场搅拌砂浆，2018 定额不设现场搅拌砂浆子目，实际发生时可协商计价。

4. 咬合混凝土灌注桩重叠部分工程量是否应扣除？

答：不需扣除。

5. 桩间土范围应如何计算？

答：管桩、灌注桩的桩间土开挖范围是指桩外缘向外 1.2m 范围内的挖土，另相邻桩外缘间距离≤4.00m 时，其间（竖向同上）的挖土亦全部为桩间挖土。开挖深度预算时按桩顶设计标高以上 1.2m 至基础（含垫层）底计算；结算时按实际入土平均桩顶标高以上 1.2m 至设计基础垫层底标高计算。

6. 智慧工地管理系统的费用是否包含在绿色施工安全防护措施费中？

答：定额管理费和绿色施工安全防护措施费均已在各自范畴内综合考虑智慧工地管理

系统的摊销费用。

7. 安全生产责任险的费用应由建设单位承担还是施工单位承担？

答：安全生产责任保险属于商业险，承包人按发承包合同约定必须办理安全生产责任保险的，该商业保险费由发包人支付；但承包人自行购买的，属于承包人为转移自身安全责任风险所发生的费用，本定额已综合考虑了承包人应承担安全责任所发生的所有费用，因此该商业保险费由承包人承担。

8. 排水沟内侧、外侧、底面需要抹灰时，排水沟抹灰是否可以套用零星抹灰项目？

答：排水沟内底宽 0.5m 以内的抹灰执行零星抹灰子目。

广东省建设工程标准定额站

2021 年 8 月 16 日

第二部分

定额动态调整
管理

关于印发《广东省市政工程综合定额 2018》隧道工程补充子目的通知

粤标定函〔2020〕164 号

各地级以上市造价站，各有关单位：

根据全国统一市政工程消耗量定额及我省市政工程基础桩施工实际应用情况，经组织调研、测算及专家评审论证，我站编制了《广东省市政工程综合定额 2018》"隧道工程"补充洞桩法钢管桩与平洞非爆开挖子目，并增加《广东省建设施工机械台班费用 2018》补充项目，现印发给你们，与《广东省市政工程综合定额 2018》配套使用。各单位在执行中遇到的问题，请及时向我站反映。

附件：1. 说明及工程量计算规则
2. 补洞桩法钢管桩
3. 补平洞非爆开挖

广东省建设工程标准定额站
2020 年 8 月 3 日

报：省住房和城乡建设厅

附件1

说明及工程量计算规则
说明

1. 洞桩法钢管桩是在地下交通通道与地下车站采用暗挖或逆作法施工中，用于支护或结构的钢管桩。

2. 洞桩法钢管桩施工中的钻孔灌注套用本册子目，钢管埋设套用市政定额通用册微型桩钢管埋设子目直径300mm以内子目，钢管桩材料单价根据设计规格计价。

3. 平洞非爆开挖子目适用于在地下工程中使用悬臂式掘进机进行的机械暗挖施工。

4. 定额中已综合考虑了超挖和预留变形因素。

5. 出渣子目与初支衬砌等内容套用市政定额隧道册相应子目。

6. 机具费详见《广东省建设施工机械台班费用2018》。

工程量计算规则

1. 洞桩法钢管桩钻孔灌注按照设计成孔深度，以长度计算。

2. 平洞非爆开挖按照设计图开挖断面尺寸以体积计算，定额中已综合考虑超挖因素，不得将超挖数量计入工程量。

附件 2

洞桩法钢管桩

工作内容：测量放线、钻孔清渣、成孔、泥浆清除及混凝土运输、灌注混凝土。   计量单位：10m

定额编号					补 D1-3-64
子目名称					钻孔灌注微型桩
					直径(mm 以内)
					400
基价(元)					13663.10
其中	人工费(元)				862.40
	材料费(元)				3420.69
	机具费(元)				7846.39
	管理费(元)				1533.62
分类	编码	名称	单位	单价(元)	消耗量
人工	00010010	人工费	元	—	862.40
材料	03135001	低碳钢焊条 综合	kg	6.01	10.070
	03213001	铁件 综合	kg	4.84	17.250
	34110010	水	m³	4.58	2.500
	SZBC0001	冲击器 HTG380	个	24000.00	0.065
	SZBC0002	锤头	个	17000.00	0.097
	99450760	其他材料费	元	1.00	56.23
机具	SZBC00001	BHD-115 多功能全液压锚固钻机	台班	1746.62	1.871
	991004060	内燃空气压缩机排气量 30(m³/min)	台班	2447.07	1.871

注：钢管埋设套用微型桩钢管埋设。

21

附件3

平洞非爆开挖

工作内容：测量放线、机械定位、凿打岩石、清理、堆积、安全处理。 计量单位：100m³

定额编号						补D7-9-1	补D7-9-2
子目名称						岩石掘进机开挖	
						微风化	中风化
基价(元)						127278.62	93947.35
其中		人工费(元)				2685.00	1994.63
		材料费(元)				8165.83	5460.34
		机具费(元)				101799.90	75625.55
		管理费(元)				14627.89	10866.83
分类	编码	名称	单位	单价(元)		消耗量	
人工	00010010	人工费	元	—		2685.00	1994.63
材料	SZBC0003	截齿	个	450.00		17.857	11.905
	05030080	松杂板枋材	m³	1180.62		0.021	0.021
	34110010	水	m³	4.58		22.418	16.654
	99450760	其他材料费	元	1.00		2.72	2.02
机具	SZBC00002	悬臂式掘进机 EB260	台班	8022.99		12.356	9.179
	990106030	履带式单斗液压挖掘机斗容量1(m³)	台班	1439.74		1.853	1.377

注：定额不包括变压器的相关费用，发生时另行计算。单头开挖长度超过50m时，掘进机电缆移动所发生的费用另行计算。

关于印发广东省建设工程定额
动态调整的通知（第1期）

粤标定函〔2020〕188号

各有关单位：

近期我站研究分析了广东省建设工程定额动态管理系统收集的意见，现将有关《广东省市政工程综合定额2018》调整内容印发给你们，本调整内容与我省现行工程计价依据配套使用，请遵照执行。在执行中遇到的问题，请及时反映。

附件：《广东省市政工程综合定额2018》动态调整内容

广东省建设工程标准定额站
2020年8月11日

附件：

《广东省市政工程综合定额2018》动态调整内容

页码	部位或子目编号	原内容	调整为
		第一册　通用项目	
116	子目名称	(1)湿法喷浆 单头	D1-3-46 单头 桩径600mm以内 补:D1-3-46-1 单头 桩径850mm以内 (详见附1勘误后子目)
	D1-3-47	基价(元) 2028.33 材料费(元) 915.99	基价(元)1891.90 材料费(元)779.56
		04090160 石膏粉 14300130 硅酸钠(水玻璃) 14350440 木质素磺酸钙	删除
	D1-3-49	基价(元) 1938.76 材料费(元) 915.99	基价(元) 1802.33 材料费(元) 779.56
		04090160 石膏粉 14300130 硅酸钠(水玻璃) 14350440 木质素磺酸钙	删除
	D1-3-50	基价(元) 73.00 材料费(元) 73.00	基价(元) 62.52 材料费(元) 62.52
		04090160 石膏粉 14300130 硅酸钠(水玻璃) 14350440 木质素磺酸钙	删除
117	(2)	双向深层水泥搅拌桩	双向水泥搅拌桩 (详见附2勘误后子目)
92	说明	第三十七条 ……当遇到不利地质条件(如:流砂、溶洞等)需要埋设钢护筒并无法拆除时,套用"钢护筒埋设不拆除"子目	第三十七条 ……当遇到不利地质条件(如:流砂、溶洞等)需要埋设钢护筒并无法拆除时,套用"钢护筒埋设不拆除"子目,扣除桩子目中的钢护筒消耗量,其他不变
96	工程量计算规则	十六、成孔混凝土灌注桩 2.钻孔桩成孔、冲孔桩和旋挖桩成孔工程量按设计桩长乘以设计截面积以"m³"计算	十六、成孔混凝土灌注桩 2.钻孔桩成孔、冲孔桩和旋挖桩成孔工程量按入土深度乘以设计截面积以"m³"计算
157	工作内容		增:1.护筒埋设及拆除
160	工作内容		增:1.护筒埋设及拆除
157	D1-3-152	基价(元) 4705.94 人工费(元) 1238.49 材料费(元) 431.28 管理费(元) 607.00	基价(元) 4799.95 人工费(元) 1258.67 材料费(元) 501.77 管理费(元) 610.34
		人工费(元) 1238.49 01000001 型钢 综合 kg 3.37 4.379 其他材料费 元 2.15	人工费(元)1258.67 03230111 钢护筒 t 4244.74 0.020 其他材料费 元 2.50

页码	部位或子目编号	原内容	调整为
		第一册　通用项目	
158	D1-3-153	基价(元) 4016.73 人工费(元) 1040.71 材料费(元) 311.33 管理费(元) 526.17	基价(元) 4119.01 人工费(元) 1061.90 材料费(元) 388.92 管理费(元) 529.67
		人工费(元) 1040.71 01000001 型钢 综合 kg 3.37 3.539 其他材料费 元 1.55	人工费(元) 1061.90 03230111 钢护筒 t 4244.74 0.021 其他材料费 元 1.93
	D1-3-154	基价(元) 3224.49 人工费(元) 842.93 材料费(元) 222.66 管理费(元) 426.25	基价(元) 3304.15 人工费(元) 859.07 材料费(元) 283.50 管理费(元) 428.93
		人工费(元) 842.93 01000001 型钢 综合 kg 3.37 2.219 其他材料费 元 1.11	人工费(元) 859.07 03230111 钢护筒 t 4244.74 0.016 其他材料费 元 1.51
	D1-3-155	基价(元) 2744.95 人工费(元) 688.05 材料费(元) 199.80 管理费(元) 361.41	基价(元) 2825.29 人工费(元) 704.19 材料费(元) 261.33 管理费(元) 364.08
		人工费(元)688.05 01000001 型钢 综合 kg 3.37 1.987 其他材料费 元 0.99	人工费(元)704.19 03230111 钢护筒 t 4244.74 0.016 其他材料费 元 1.30
159	D1-3-156	基价(元) 2589.37 人工费(元) 748.99 材料费(元) 245.10 管理费(元) 332.89	基价(元)2649.03 人工费(元) 761.59 材料费(元) 290.08 管理费(元) 334.97
		人工费(元)748.99 01000001 型钢 综合 kg 3.37 1.766	人工费(元)761.59 03230111 钢护筒 t 4244.74 0.012
	D1-3-157	基价(元) 2300.73 人工费(元)611.38 材料费(元) 228.02 管理费(元) 294.32	基价(元)2360.82 人工费(元) 623.49 材料费(元) 273.99 管理费(元) 296.33
		人工费(元) 611.38 01000001 型钢 综合 kg 3.37 1.472	人工费(元)623.49 03230111 钢护筒 t 4244.74 0.012
160	D1-3-158	基价(元)5669.66 人工费(元) 1981.65 材料费(元) 553.26 管理费(元) 726.52	基价(元) 5764.03 人工费(元) 2002.14 材料费(元) 623.75 管理费(元) 729.91
		人工费(元)1981.65 01000001 型钢 综合 kg 3.37 4.379 其他材料费 元 2.75	人工费(元) 2002.14 03230111 钢护筒 t 4244.74 0.020 其他材料费 元 3.10
	D1-3-159	基价(元)4833.08 人工费(元) 1665.18 材料费(元) 533.58 管理费(元) 610.53	基价(元) 4929.94 人工费(元) 1685.36 材料费(元) 606.92 管理费(元) 613.87
		人工费(元) 1665.18 01000001 型钢 综合 kg 3.37 3.539 其他材料费 元 2.65	人工费(元)1685.36 03230111 钢护筒 t 4244.74 0.020 其他材料费 元 3.02

页码	部位或子目编号	原内容	调整为
		第一册　通用项目	
161	D1-3-160	基价(元)3907.28 人工费(元)1348.71 材料费(元)423.68 管理费(元)494.67	基价(元)3987.29 人工费(元)1365.24 材料费(元)484.42 管理费(元)497.41
		人工费(元)1348.71 01000001 型钢 综合 kg 3.37 2.219 其他材料费 元 2.11	人工费(元)1365.24 03230111 钢护筒 t 4244.74 0.016 其他材料费 元 2.41
	D1-3-161	基价(元)3250.79 人工费(元)1104.18 材料费(元)403.09 管理费(元)404.37	基价(元)3331.01 人工费(元)1120.22 材料费(元)464.61 管理费(元)407.03
		人工费(元)1104.18 01000001 型钢 综合 kg 3.37 1.987 其他材料费 元 2.01	人工费(元)1120.22 03230111 钢护筒 t 4244.74 0.016 其他材料费 元 2.31
	D1-3-162	基价(元)2906.50 人工费(元)988.57 材料费(元)353.58 管理费(元)362.51	基价(元)2966.38 人工费(元)1001.17 材料费(元)398.78 管理费(元)364.59
		人工费(元)988.57 01000001 型钢 综合 kg 3.37 1.766 其他材料费 元 1.76	人工费(元)1001.17 03230111 钢护筒 t 4244.74 0.012 其他材料费 元 1.98
	D1-3-163	基价(元)2611.49 人工费(元)880.33 材料费(元)338.36 管理费(元)322.78	基价(元)2671.81 人工费(元)892.44 材料费(元)384.56 管理费(元)324.79
		人工费(元)880.33 01000001 型钢 综合 kg 3.37 1.472 其他材料费 元 1.68	人工费(元)892.44 03230111 钢护筒 t 4244.74 0.012 其他材料费 元 1.91
162	D1-3-164	基价(元)3619.36 人工费(元)602.03 材料费(元)97.28 管理费(元)500.14	基价(元)3717.38 人工费(元)623.91 材料费(元)169.80 管理费(元)503.76
		人工费(元)602.03 01000001 型钢 综合 kg 3.37 6.300 其他材料费 元 0.48	人工费(元)623.91 03230111 钢护筒 t 4244.74 0.022 其他材料费 元 0.84
163	D1-3-165	基价(元)2918.18 人工费(元)444.40 材料费(元)89.71 管理费(元)401.64	基价(元)2988.08 人工费(元)460.93 材料费(元)140.35 管理费(元)404.37
		人工费(元)444.40 01000001 型钢 综合 kg 3.37 5.200 其他材料费 元 0.45	人工费(元)460.93 03230111 钢护筒 t 4244.74 0.016 其他材料费 元 0.70

页码	部位或子目编号	原内容	调整为
		第一册　通用项目	
163	D1-3-166	基价(元)2683.69 人工费(元)292.27 材料费(元)86.09 管理费(元)368.86	基价(元)2754.73 人工费(元)308.31 材料费(元)138.43 管理费(元)371.52
		人工费(元)292.27 01000001 型钢 综合 kg 3.37 4.700 其他材料费 元 0.43	人工费(元)308.31 03230111 钢护筒 t 4244.74 0.016 其他材料费 元 0.69
182	D1-3-205	基价(元)3722.56 材料费(元)909.37	基价(元)3730.69 材料费(元)917.50
		槽钢 综合 t 3662.24 0.213	35090260 槽型钢板桩 t 3700.00 0.213
		第四册　给水工程	
181	D4-3-1	基价(元)983.68 机具费(元)37.11 管理费(元)131.08	基价(元)978.85 机具费(元)33.21 管理费(元)130.15
		990610020 灰浆搅拌机拌筒容量400(L)	删除
	D4-3-2	基价(元)1158.02 机具费(元)38.42 管理费(元)151.60	基价(元)1151.57 机具费(元)33.21 管理费(元)150.36
		990610020 灰浆搅拌机拌筒容量400(L)	删除
	D4-3-3	基价(元)1331.63 机具费(元)39.20 管理费(元)172.04	基价(元)1324.22 机具费(元)33.21 管理费(元)170.62
		990610020 灰浆搅拌机拌筒容量400(L)	删除
	D4-3-4	基价(元)1517.08 机具费(元)51.10 管理费(元)198.81	基价(元)1508.37 机具费(元)44.07 管理费(元)197.13
		990610020 灰浆搅拌机拌筒容量400(L)	删除
	D4-3-5	基价(元)1647.47 机具费(元)51.62 管理费(元)214.33	基价(元)1638.12 机具费(元)44.07 管理费(元)212.53
		990610020 灰浆搅拌机拌筒容量400(L)	删除
182	D4-3-6	基价(元)2352.97 机具费(元)122.48 管理费(元)322.27	基价(元)2340.39 机具费(元)112.32 管理费(元)319.85
		990610020 灰浆搅拌机拌筒容量400(L)	删除
	D4-3-7	基价(元)2776.17 机具费(元)125.08 管理费(元)373.23	基价(元)2760.37 机具费(元)112.32 管理费(元)370.19
		990610020 灰浆搅拌机拌筒容量400(L)	删除

页码	部位或 子目编号	原内容	调整为
		第四册　给水工程	
182	D4-3-8	基价(元)2980.33 机具费(元)126.13 管理费(元)397.77	基价(元)2963.23 机具费(元)112.32 管理费(元)394.48
		990610020 灰浆搅拌机拌筒容量 400(L)	删除
	D4-3-9	基价(元)3172.25 机具费(元)127.43 管理费(元)420.70	基价(元)3153.54 机具费(元)112.32 管理费(元)417.10
		990610020 灰浆搅拌机拌筒容量 400(L)	删除
183	D4-3-10	基价(元)1158.02 机具费(元)38.42 管理费(元)151.60	基价(元)1151.57 机具费(元)33.21 管理费(元)150.36
		990610020 灰浆搅拌机拌筒容量 400(L)	删除
	D4-3-11	基价(元)1302.75 机具费(元)38.94 管理费(元)168.58	基价(元)1295.66 机具费(元)33.21 管理费(元)167.22
		990610020 灰浆搅拌机拌筒容量 400(L)	删除
	D4-3-12	基价(元)1579.05 机具费(元)56.93 管理费(元)208.87	基价(元)1570.02 机具费(元)49.64 管理费(元)207.13
		990610020 灰浆搅拌机拌筒容量 400(L)	删除
184	D4-3-13	基价(元)2147.28 机具费(元)101.53 管理费(元)290.43	基价(元)2135.68 机具费(元)92.16 管理费(元)288.20
		990610020 灰浆搅拌机拌筒容量 400(L)	删除
	D4-3-14	基价(元)2529.75 机具费(元)103.88 管理费(元)335.10	基价(元)2515.24 机具费(元)92.16 管理费(元)332.31
		990610020 灰浆搅拌机拌筒容量 400(L)	删除
	D4-3-15	基价(元)2746.73 机具费(元)105.18 管理费(元)362.35	基价(元)2730.61 机具费(元)92.16 管理费(元)359.25
		990610020 灰浆搅拌机拌筒容量 400(L)	删除
185	D4-3-16	基价(元)3542.36 机具费(元)167.88 管理费(元)482.41	基价(元)3522.38 机具费(元)151.74 管理费(元)478.57
		990610020 灰浆搅拌机拌筒容量 400(L)	删除

页码	部位或子目编号	原内容	调整为
		第四册　给水工程	
185	D4-3-17	基价(元)4020.92 机具费(元)170.75 管理费(元)540.38	基价(元)3997.38 机具费(元)151.74 管理费(元)535.85
		990610020 灰浆搅拌机拌筒容量 400(L)	删除
	D4-3-18	基价(元)4200.30 机具费(元)171.79 管理费(元)561.81	基价(元)4175.48 机具费(元)151.74 管理费(元)557.04
		990610020 灰浆搅拌机拌筒容量 400(L)	删除
186	D4-3-19	基价(元)9422.24 机具费(元)426.77 管理费(元)1269.65	基价(元)9362.93 机具费(元)378.86 管理费(元)1258.25
		990610020 灰浆搅拌机拌筒容量 400(L)	删除
	D4-3-20	基价(元)12019.53 机具费(元)530.15 管理费(元)1615.20	基价(元)11942.47 机具费(元)467.91 管理费(元)1600.38
		990610020 灰浆搅拌机拌筒容量 400(L)	删除
187	D4-3-21	基价(元)3190.79 机具费(元)215.69 管理费(元)457.36	基价(元)3174.99 机具费(元)202.93 管理费(元)454.32
		990610020 灰浆搅拌机拌筒容量 400(L)	删除
	D4-3-22	基价(元)3239.26 机具费(元)215.95 管理费(元)463.17	基价(元)3223.14 机具费(元)202.93 管理费(元)460.07
		990610020 灰浆搅拌机拌筒容量 400(L)	删除
	D4-3-23	基价(元)3331.57 机具费(元)216.47 管理费(元)474.40	基价(元)3314.81 机具费(元)202.93 管理费(元)471.18
		990610020 灰浆搅拌机拌筒容量 400(L)	删除
	D4-3-24	基价(元)3703.35 机具费(元)247.51 管理费(元)529.09	基价(元)3684.66 机具费(元)232.41 管理费(元)525.50
		990610020 灰浆搅拌机拌筒容量 400(L)	删除
	D4-3-25	基价(元)3797.13 机具费(元)247.77 管理费(元)540.47	基价(元)3778.12 机具费(元)232.41 管理费(元)536.82
		990610020 灰浆搅拌机拌筒容量 400(L)	删除
	D4-3-26	基价(元)3882.50 机具费(元)248.55 管理费(元)550.73	基价(元)3862.52 机具费(元)232.41 管理费(元)546.89
		990610020 灰浆搅拌机拌筒容量 400(L)	删除

续表

页码	部位或 子目编号	原内容	调整为
		第四册　给水工程	
	D4-3-27	基价(元)8210.02 机具费(元)598.59 管理费(元)1179.71	基价(元)8166.17 机具费(元)563.17 管理费(元)1171.28
		990610020 灰浆搅拌机拌筒容量 400(L)	删除
	D4-3-28	基价(元)8806.46 机具费(元)602.24 管理费(元)1252.58	基价(元)8758.09 机具费(元)563.17 管理费(元)1243.28
		990610020 灰浆搅拌机拌筒容量 400(L)	删除
188	D4-3-29	基价(元)9142.38 机具费(元)604.32 管理费(元)1293.43	基价(元)9091.43 机具费(元)563.17 管理费(元)1283.63
		990610020 灰浆搅拌机拌筒容量 400(L)	删除
	D4-3-30	基价(元)11750.13 机具费(元)834.62 管理费(元)1679.78	基价(元)11685.65 机具费(元)782.54 管理费(元)1667.38
		990610020 灰浆搅拌机拌筒容量 400(L)	删除
	D4-3-31	基价(元)12118.62 机具费(元)836.70 管理费(元)1724.68	基价(元)12051.56 机具费(元)782.54 管理费(元)1711.78
		990610020 灰浆搅拌机拌筒容量 400(L)	删除
	D4-3-32	基价(元)2976.78 机具费(元)128.97 管理费(元)362.21	基价(元)2960.01 机具费(元)115.43 管理费(元)358.98
		990610020 灰浆搅拌机拌筒容量 400(L)	删除
189	D4-3-33	基价(元)3637.55 机具费(元)170.35 管理费(元)452.70	基价(元)3617.57 机具费(元)154.21 管理费(元)448.86
		990610020 灰浆搅拌机拌筒容量 400(L)	删除
	D4-3-34	基价(元)3973.59 机具费(元)172.70 管理费(元)483.26	基价(元)3950.70 机具费(元)154.21 管理费(元)478.86
		990610020 灰浆搅拌机拌筒容量 400(L)	删除
190	D4-3-35	基价(元)3769.77 机具费(元)186.65 管理费(元)468.88	基价(元)3748.81 机具费(元)169.72 管理费(元)464.85
		990610020 灰浆搅拌机拌筒容量 400(L)	删除

页码	部位或 子目编号	原内容	调整为
		第四册　给水工程	
190	D4-3-36	基价(元)5100.11 机具费(元)354.70 管理费(元)667.26	基价(元)5074.32 机具费(元)333.87 管理费(元)662.30
		990610020 灰浆搅拌机拌筒容量 400(L)	删除
	D4-3-37	基价(元)6298.38 机具费(元)357.57 管理费(元)854.36	基价(元)6269.03 机具费(元)333.87 管理费(元)848.71
		990610020 灰浆搅拌机拌筒容量 400(L)	删除
191	D4-3-38	基价(元)184.02 机具费(元)0.26 管理费(元)11.32	基价(元)183.70 机具费(元)— 管理费(元)11.26
		990610020 灰浆搅拌机拌筒容量 400(L)	删除
	D4-3-39	基价(元)1142.96 机具费(元)37.90 管理费(元)137.64	基价(元)1137.16 机具费(元)33.21 管理费(元)136.53
		990610020 灰浆搅拌机拌筒容量 400(L)	删除
	D4-3-40	基价(元)1052.51 机具费(元)37.38 管理费(元)127.35	基价(元)1047.35 机具费(元)33.21 管理费(元)126.36
		990610020 灰浆搅拌机拌筒容量 400(L)	删除
192	D4-3-41	基价(元)437.50 机具费(元)1.30 管理费(元)42.21	基价(元)435.89 机具费(元)— 管理费(元)41.90
		990610020 灰浆搅拌机拌筒容量 400(L)	删除
	D4-3-42	基价(元)1017.40 机具费(元)37.90 管理费(元)134.36	基价(元)1011.60 机具费(元)33.21 管理费(元)133.25
		990610020 灰浆搅拌机拌筒容量 400(L)	删除
	D4-3-43	基价(元)866.02 机具费(元)37.11 管理费(元)116.03	基价(元)861.19 机具费(元)33.21 管理费(元)115.10
		990610020 灰浆搅拌机拌筒容量 400(L)	删除
193	D4-3-44	基价(元)940.06 机具费(元)3.39 管理费(元)133.33	基价(元)935.86 机具费(元)— 管理费(元)132.52
		990610020 灰浆搅拌机拌筒容量 400(L)	删除
	D4-3-45	基价(元)1305.55 机具费(元)5.21 管理费(元)179.38	基价(元)1299.10 机具费(元)— 管理费(元)178.14
		990610020 灰浆搅拌机拌筒容量 400(L)	删除

页码	部位或子目编号	原内容	调整为
		第四册 给水工程	
193	D4-3-46	基价(元)1608.91 机具费(元)38.94 管理费(元)232.95	基价(元)1601.82 机具费(元)33.21 管理费(元)231.59
		990610020 灰浆搅拌机拌筒容量 400(L)	删除
	D4-3-47	基价(元)1842.54 机具费(元)50.84 管理费(元)269.37	基价(元)1834.15 机具费(元)44.07 管理费(元)267.75
		990610020 灰浆搅拌机拌筒容量 400(L)	删除
	D4-3-48	基价(元)2488.38 机具费(元)82.53 管理费(元)364.82	基价(元)2478.39 机具费(元)74.46 管理费(元)362.90
		990610020 灰浆搅拌机拌筒容量 400(L)	删除
	D4-3-49	基价(元)2785.74 机具费(元)101.27 管理费(元)411.18	基价(元)2774.46 机具费(元)92.16 管理费(元)409.01
		990610020 灰浆搅拌机拌筒容量 400(L)	删除
		第五册 排水工程	
160 ～ 164	D5-2-354 ～ D5-2-370	注:F 型钢筋混凝土顶管管材已含接口钢套环,若使用不同管材时,可换算材料价格	注: 1. F 型钢筋混凝土顶管管材已含接口钢套环,若使用不同管材时,可换算材料价格。 2. 顶管管材为钢管时,增加管道焊接费用,按燃气工程相应钢管安装子目:人工费乘以系数 0.7,管理费乘以系数 0.5,删除汽车式起重机及载货汽车的台班消耗量
306	说明	第三条第 7 款	删除
		第六册 燃气工程	
75	说明	六、挖眼接管管径是主管管径,加强筋已在定额中综合考虑	六、挖眼接管管径是支管管径,加强筋已在定额中综合考虑
		第七册 隧道工程	
67	D7-2-25	预拌砂浆（10.500）	删除
67	D7-2-26	预拌砂浆（10.500）	删除

附 1

（1）一般水泥搅拌桩

工作内容：桩机就位，预搅下沉，拌制水泥浆或筛水泥粉，喷水泥浆或水泥粉，并搅拌上升，重复上下搅拌，移位。

计量单位：10m³

		定额编号				D1-3-46	补 D1-3-46-1
						湿法喷浆	
		子目名称				单头	
						桩径 600mm 以内	桩径 850mm 以内
		基价（元）				1877.84	1458.31
其中		人工费（元）				493.46	186.58
		材料费（元）				779.56	779.56
		机具费（元）				481.83	416.16
		管理费（元）				122.99	76.01
分类	编码	名称	单位	单价（元）		消耗量	
人工	00010010	人工费	元	—		493.46	186.58
材料	04010015	复合普通硅酸盐水泥 P·C 32.5	t	319.11		2.387	2.387
	34110010	水	m³	4.58		3.048	3.048
	99450760	其他材料费	元	1.00		3.88	3.88
机具	990220020	搅拌水泥桩机	台班	875.81		0.417	0.402
	990610010	灰浆搅拌机拌筒容量 200(L)	台班	253.21		0.417	0.201
	990612010	挤压灰浆输送泵输送量 3(m³/h)	台班	65.63		0.168	0.201

注：如发生添加剂，按设计用量另行计算。

附 2

（2）双向水泥搅拌桩

工作内容：测量放线、桩机移位、定位钻进，喷浆（粉）搅拌、提升、调制水泥浆、输送、压浆，泥浆清除。

计量单位：100m

定额编号						D1-3-51	D1-3-52
子目名称						双向水泥搅拌桩	
						桩径 700mm 以内	
						喷浆桩体	喷浆空桩
基价（元）						8172.85	3070.26
其中	人工费（元）					550.00	412.50
	材料费（元）					3312.92	—
	机具费（元）					3765.71	2313.95
	管理费（元）					544.22	343.81
分类	编码	名称		单位	单价（元）	消耗量	
人工	00010010	人工费		元	—	550.00	412.50
材料	04010015	复合普通硅酸盐水泥 P·C 32.5		t	319.11	10.000	—
	34110010	水		m³	4.58	23.000	—
	99450760	其他材料费		元	1.00	16.48	—
机具	990220027	双向水泥搅拌桩机		台班	1576.79	1.850	1.295
	990610010	灰浆搅拌机拌筒容量 200（L）		台班	253.21	1.200	—
	990619025	液压注浆机 HYB60/50-1		台班	130.18	1.200	—
	991003040	电动空气压缩机排气量 3（m³/min）		台班	138.78	2.800	1.960

单位：台班

编码				990220027
子目名称		单位	单价	双向水泥搅拌桩机
			（元）	
台班单价		元		1576.79
费用组成	折旧费	元	1.00	942.22
	检修费	元	1.00	40.66
	维护费	元	1.00	117.51
	安拆费	元	1.00	
	人工	工日	230.00	1.00
	燃料动力 / 汽油	kg	6.38	
	柴油	kg	5.65	
	电	kW·h	0.77	320
	水	m³	4.58	
	燃料动力费	元		246.40
	其他费用	元		

（2）钻孔桩成孔

工作内容：1. 护筒埋设及拆除。

           2. 准备钻孔机具（含桩机移动）、钻孔出渣、加泥浆和泥浆制作。

           3. 清除桩孔泥浆。

计量单位：10m³

定额编号					D1-3-152	D1-3-153	D1-3-154
子目名称					钻孔桩成孔		
					设计桩径(mm)		
					800 内	1200 内	1500 内
基价(元)					4799.95	4119.01	3304.15
其中	人工费(元)				1258.67	1061.90	859.07
	材料费(元)				501.77	388.92	283.50
	机具费(元)				2429.17	2138.52	1732.65
	管理费(元)				610.34	529.67	428.93
分类	编码	名称	单位	单价(元)	消 耗 量		
人工	00010010	人工费	元	—	1258.67	1061.90	859.07
材料	03135001	低碳钢焊条 综合	kg	6.01	19.120	0.980	0.840
	03213001	铁件 综合	kg	4.84	32.250	33.500	18.180
	03230111	钢护筒	t	4244.74	0.020	0.021	0.016
	04090090	黏土	m³	38.33	0.668	0.417	0.290
	34110010	水	m³	4.58	25.713	24.856	24.000
	99450760	其他材料费	元	1.00	2.50	1.93	1.51
机具	990209020	回旋钻机 孔径 800(mm)	台班	829.79	2.304	—	—
	990209040	回旋钻机 孔径 1500(mm)	台班	879.80	—	1.936	1.568
	990806020	泥浆泵 出口直径 100(mm)	台班	217.96	2.304	1.936	1.568
	990901015	交流弧焊机 容量 30(kV·A)	台班	94.70	0.160	0.140	0.120

工作内容：1. 护筒埋设及拆除。

2. 准备钻孔机具（含桩机移动）、钻孔出渣、加泥浆和泥浆制作。

3. 清除桩孔泥浆。

计量单位：10m³

定额编号					D1-3-155	D1-3-156	D1-3-157
子目名称					钻孔桩成孔		
					设计桩径(mm)		
					2000 内	2500 内	3000 内
基价(元)					2825.29	2649.03	2360.82
其中	人工费(元)				704.19	761.59	623.49
	材料费(元)				261.33	290.08	273.99
	机具费(元)				1495.69	1262.39	1167.01
	管理费(元)				364.08	334.97	296.33
分类	编码	名称	单位	单价(元)	消 耗 量		
人工	00010010	人工费	元	—	704.19	761.59	623.49
材料	03135001	低碳钢焊条 综合	kg	6.01	0.473	10.620	10.530
	03213001	铁件 综合	kg	4.84	15.480	13.500	11.350
	03230111	钢护筒	t	4244.74	0.016	0.012	0.012
	04090090	黏土	m³	38.33	0.218	0.174	0.145
	34110010	水	m³	4.58	23.143	22.290	21.430
	99450760	其他材料费	元	1.00	1.30	1.22	1.13
机具	990209050	回旋钻机 孔径 2000(mm)	台班	942.93	1.280	—	—
	990209060	回旋钻机 孔径 2500(mm)	台班	982.09	—	1.045	—
	990209070	回旋钻机 孔径 3000(mm)	台班	1141.73	—	—	0.853
	990806020	泥浆泵 出口直径 100(mm)	台班	217.96	1.280	1.045	0.853
	990901015	交流弧焊机 容量 30(kV·A)	台班	94.70	0.103	0.088	0.076

(3) 冲孔桩成孔

工作内容：1. 护筒埋设及拆除。

2. 准备钻孔机具（含桩机移动）、钻孔出渣、加泥浆和泥浆制作。

3. 清除桩孔泥浆。

计量单位：10m³

定额编号					D1-3-158	D1-3-159	D1-3-160
子目名称					冲孔桩成孔		
					设计桩径(mm)		
					800 内	1200 内	1500 内
基价(元)					5764.03	4929.94	3987.29
其中	人工费(元)				2002.14	1685.36	1365.24
	材料费(元)				623.75	606.92	484.42
	机具费(元)				2408.23	2023.79	1640.22
	管理费(元)				729.91	613.87	497.41
分类	编码	名称	单位	单价(元)	消耗量		
人工	00010010	人工费	元	—	2002.14	1685.36	1365.24
材料	03135001	低碳钢焊条 综合	kg	6.01	20.120	17.980	10.840
	03213001	铁件 综合	kg	4.84	30.000	30.000	18.000
	03230111	钢护筒	t	4244.74	0.020	0.020	0.016
	04090090	黏土	m³	38.33	3.962	3.963	3.963
	34110010	水	m³	4.58	25.713	24.856	24.000
	99450760	其他材料费	元	1.00	3.10	3.02	2.41
机具	990204025	冲击式打桩机	台班	647.53	2.765	2.323	1.882
	990806020	泥浆泵 出口直径 100(mm)	台班	217.96	2.765	2.323	1.882
	990901015	交流弧焊机 容量 30(kV·A)	台班	94.70	0.160	0.140	0.120

工作内容：1. 护筒埋设及拆除。

2. 准备钻孔机具（含桩机移动）、钻孔出渣、加泥浆和泥浆制作。

3. 清除桩孔泥浆。

计量单位：10m³

定额编号					D1-3-161	D1-3-162	D1-3-163
子目名称					冲孔桩成孔		
					设计桩径(mm)		
					2000 内	2500 内	3000 内
基价(元)					3331.01	2966.38	2671.81
其中	人工费(元)				1120.22	1001.17	892.44
	材料费(元)				464.61	398.78	384.56
	机具费(元)				1339.15	1201.84	1070.02
	管理费(元)				407.03	364.59	324.79
分类	编码	名称	单位	单价(元)	消 耗 量		
人工	00010010	人工费	元	—	1120.22	1001.17	892.44
材料	03135001	低碳钢焊条 综合	kg	6.01	10.720	10.617	10.529
	03213001	铁件 综合	kg	4.84	15.000	12.000	10.000
	03230111	钢护筒	t	4244.74	0.016	0.012	0.012
	04090090	黏土	m³	38.33	3.949	3.180	3.180
	34110010	水	m³	4.58	23.143	22.290	21.430
	99450760	其他材料费	元	1.00	2.31	1.98	1.91
机具	990204025	冲击式打桩机	台班	647.53	1.536	1.379	1.228
	990806020	泥浆泵 出口直径 100(mm)	台班	217.96	1.536	1.379	1.228
	990901015	交流弧焊机 容量 30(kV·A)	台班	94.70	0.103	0.088	0.076

（4）旋挖桩成孔

工作内容：1. 护筒埋设及拆除。

2. 准备钻孔机具（含桩机移动）、钻孔出渣、加泥浆和泥浆制作。

3. 清除桩孔泥浆。

计量单位：10m³

定额编号				D1-3-164	D1-3-165	D1-3-166
子目名称				旋挖桩成孔		
				设计桩径(mm)		
				1000 内	1500 内	2000 内
基价(元)				3717.38	2988.08	2754.73
其中	人工费(元)			623.91	460.93	308.31
	材料费(元)			169.80	140.35	138.43
	机具费(元)			2419.91	1982.43	1936.47
	管理费(元)			503.76	404.37	371.52
分类	编码	名称	单位	单价(元)	消 耗 量	
人工	00010010	人工费	元	—	623.91	460.93	308.31
材料	03135071	低合金钢耐热焊条 综合	kg	12.75	1.040	1.040	1.040
	03230111	钢护筒	t	4244.74	0.022	0.016	0.016
	04090090	黏土	m³	38.33	0.610	0.510	0.460
	34110010	水	m³	4.58	8.500	8.500	8.500
	99450760	其他材料费	元	1.00	0.84	0.70	0.69
机具	990106030	履带式单斗液压挖掘机斗容量 1(m³)	台班	1439.74	0.403	0.274	0.224
	990212020	履带式旋挖钻机 孔径 1000(mm)	台班	2166.22	0.576	—	—
	990212040	履带式旋挖钻机 孔径 1500(mm)	台班	2998.37	—	0.392	—
	990212060	履带式旋挖钻机 孔径 2000(mm)	台班	3994.92	—	—	0.320
	990302035	履带式起重机 提升质量 40(t)	台班	1667.09	0.312	0.216	0.176
	990806020	泥浆泵 出口直径 100(mm)	台班	217.96	0.260	0.180	0.144
	990901015	交流弧焊机 容量 30(kV·A)	台班	94.70	0.160	0.140	0.114

关于印发广东省建设工程定额
动态调整的通知（第 2 期）

粤标定函〔2020〕213 号

各有关单位：

近期我站研究分析了广东省建设工程定额动态管理系统收集的意见，现将有关《广东省城市地下综合管廊工程综合定额 2018》"超深大直径双向深层水泥搅拌桩"调整内容印发给你们，调整内容与我省现行工程计价依据配套使用，请遵照执行。在执行中遇到的问题，请及时反映。

附件：《广东省城市地下综合管廊工程综合定额 2018》动态调整内容

广东省建设工程标准定额站

2020 年 9 月 8 日

附件：

（2）双向水泥搅拌桩

工作内容：测量放线、桩机移位、定位钻进，喷浆搅拌、提升、调制水泥浆、输送、压浆，泥浆清除。

计量单位：100m

定额编号					G1-2-48	G1-2-49
子目名称						
					双向水泥搅拌桩	
					桩径700mm以内	
					喷浆桩体	喷浆空桩
基价（元）					8449.48	3245.02
其中	人工费（元）				550.00	412.50
	材料费（元）				3312.92	—
	机具费（元）				3765.71	2313.95
	管理费（元）				820.85	518.57
分类	编码	名称	单位	单价（元）	消 耗 量	
人工	00010010	人工费	元	—	550.00	412.50
材料	04010015	复合普通硅酸盐水泥 P・C 32.5	t	319.11	10.000	—
	34110010	水	m³	4.58	23.000	—
	99450760	其他材料费	元	1.00	16.48	—
机具	990220027	双向水泥搅拌桩机	台班	1576.79	1.850	1.295
	990610010	灰浆搅拌机 拌筒容量200（L）	台班	253.21	1.200	—
	990619025	液压注浆机 HYB60/50-1	台班	130.18	1.200	—
	991003040	电动空气压缩机排气量 3（m³/min）	台班	138.78	2.800	1.960

关于印发广东省建设工程定额动态调整的通知（第3期）

粤标定函〔2020〕227号

各有关单位：

近期，我站研究分析了广东省建设工程定额动态管理系统收集的意见，现将有关《广东省建设工程计价依据2018》的房屋建筑与装饰、安装工程定额调整内容印发给你们。本调整内容与我省现行工程计价依据配套使用，请遵照执行。在执行中遇到的问题，请及时反映。

附件：《广东省建设工程计价依据2018》动态调整内容

广东省建设工程标准定额站
2020年9月22日

附件：

《广东省建设工程计价依据2018》动态调整内容

页码	部位或子目编号	原内容	调整为
		广东省房屋建筑与装饰工程综合定额(2018)	
667	章说明	二、一般说明 5. 细石混凝土找平层子目,平均厚度≤60mm按找平层子目执行,平均厚度>60mm部分按混凝土垫层子目执行	5. 细石混凝土找平层子目,平均厚度≤60mm按找平层子目执行,平均厚度>60mm按混凝土垫层子目执行
838	A1-13-298	基价(元) 12111.62 材料费(元) 10216.51	基价(元) 6842.12 材料费(元) 4947.01
		14430010 穿孔纸带 m 35.49	14430010 穿孔纸带 m 0.36
	A1-13-299	基价(元) 19332.18 材料费(元) 16438.90	基价(元) 10198.38 材料费(元) 7305.10
		14430010 穿孔纸带 m 35.49	14430010 穿孔纸带 m 0.36
	A1-13-300	基价(元) 9928.99 材料费(元) 7444.49	基价(元) 6099.82 材料费(元) 3615.32
		14430010 穿孔纸带 m 35.49	14430010 穿孔纸带 m 0.36
	A1-13-301	基价(元) 16772.38 材料费(元) 13593.39	基价(元) 9149.17 材料费(元) 5970.18
		14430010 穿孔纸带 m 35.49	14430010 穿孔纸带 m 0.36
		广东省通用安装工程综合定额(2018)	
		第四册 电气设备安装工程	
49	计量单位	计量单位:见表	计量单位:台
106	1 DW自动空气断路器		补: DW自动空气断路器安装 额定电流(A以内)1600 额定电流(A以内)2500 额定电流(A以内)4000 额定电流(A以内)6300 (调整后定额子附1)
261~270	C4-8-1~C4-8-38	34130001 标志牌 塑料扁形	删除 (调整后定额子附2)
106	C4-4-49	基价(元) 357.49 人工费(元) 268.50	基价(元) 57.70 人工费(元) 35.64
		00010010 人工费(元) 268.50	00010010 人工费(元) 35.64
420	说明	无	增加: 十四、多芯软导线定额也适用于BVR、RV、RVV、RJV、RJV22、RVVP、RVVP22等不同结构形式的软导线,执行定额时,除未计价材料外,其余均不换算。

页码	部位或子目编号	原内容	调整为
		广东省通用安装工程综合定额(2018)	
		第四册　电气设备安装工程	
420	说明	无	十五、软导线线槽或桥架配线，执行线槽配线定额，二芯软导线敷设定额项目乘以系数1.10，三芯软导线敷设定额项目乘以系数1.20，每增加一芯定额增加10%，以此类推。单芯软导线敷设定额项目乘以系数0.90
455	C4-11-100	基价(元) 4269.58 材料费(元) 2948.28	基价(元) 1576.60 材料费(元) 255.30
		03010315 半圆头螺丝 M6～8×12～30 0.16 16848.000	03010315 半圆头螺丝 M6～8×12～30 0.16 16.848
491	子目名称		补: 多芯软导线管内穿线(芯以内) 二芯 导线截面(mm² 以内) 6 导线截面(mm² 以内) 16 导线截面(mm² 以内) 35 导线截面(mm² 以内) 70 (调整后定额子目附3)
491	子目名称		补: 多芯软导线管内穿线(芯以内) 四芯 导线截面(mm² 以内) 6 导线截面(mm² 以内) 16 导线截面(mm² 以内) 35 导线截面(mm² 以内) 70 六芯 导线截面(mm² 以内) 0.75 导线截面(mm² 以内) 1 导线截面(mm² 以内) 1.5 导线截面(mm² 以内) 2.5 导线截面(mm² 以内) 6 导线截面(mm² 以内) 16 导线截面(mm² 以内) 35 导线截面(mm² 以内) 70 (调整后定额子目附4)
		第八册　电气设备安装工程	
31	子目名称	C8-1-40	单套重量(kg 以内) 10 补:单套重量(kg 以内) 20 单套重量(kg 以内) 30 单套重量(kg 以内) 40 单套重量(kg 以内) 50 (调整后定额子目附5)

附 1

工作内容：开箱、检查、安装、接线、接地。　　　　　　　　　　　　　　计量单位：个

定额编号				C4-4-53-1	C4-4-53-2	C4-4-53-3	C4-4-53-4
子目名称				DW 自动空气断路器安装			
				额定电流（A 以内）			
				1600	2500	4000	6300
基价（元）				457.29	540.89	604.22	643.86
其中	人工费（元）			334.36	395.20	442.46	472.52
	材料费（元）			18.49	19.60	22.09	23.03
	机具费（元）			6.48	9.72	9.72	9.72
	管理费（元）			97.96	116.37	129.95	138.59
分类	编码	名称	单位	单价（元）	消　耗　量		
人工	00010010	人工费	元	—	334.36	395.20	442.46	472.52
材料	55150050	自动空气断路器 DW 型	个	—	[1.000]	[1.000]	[1.000]	[1.000]
	01130060	镀锌扁钢 综合	kg	3.61	1.170	1.380	1.550	1.660
	02270020	白布	kg	2.75	0.050	0.070	0.070	0.090
	03011605	镀锌六角螺栓 2 平 1 弹垫 M10×100 以内	十套	5.04	0.510	0.510	0.510	0.510
	03134021	铁砂布 0～2♯	张	0.94	0.700	0.700	0.900	1.100
	03135001	低碳钢焊条 综合	kg	6.01	0.100	0.150	0.150	0.200
	14030040	汽油 综合	kg	6.38	0.200	0.200	0.250	0.250
	14090010	电力复合脂	kg	14.45	0.050	0.050	0.070	0.070
	28010090	裸铜线 10mm²	kg	53.88	0.060	0.060	0.080	0.080
	29090220	铜接线端子 DT-10mm²	个	2.25	2.030	2.030	2.030	2.030
	99450760	其他材料费	元	1.00	0.50	0.50	0.50	0.50
机具	990901010	交流弧焊机 容量 21(kV·A)	台班	64.83	0.100	0.150	0.150	0.150

注：接地端子已包括在定额内。

附 2

C.4.8 电缆敷设
C.4.8.1 电力电缆

1 铜芯电力电缆

工作内容：开盘、检查、架盘、敷设、锯断、排列、整理、扎绑带、收盘、临时封头、挂牌、电缆敷设设施安装及拆除。

计量单位：100m

定额编号					C4-8-1	C4-8-2	C4-8-3	C4-8-4
子目名称					铜芯电力电缆敷设			
					电缆（截面 mm² 以下）			
					10	35	70	120
基价（元）					447.76	851.26	1261.79	1804.55
其中	人工费（元）				323.46	619.02	825.67	1212.68
	材料费（元）				22.01	35.66	105.47	112.65
	机具费（元）				7.25	14.50	72.51	101.52
	管理费（元）				95.04	182.08	258.14	377.70
分类	编码	名称	单位	单价（元）	消耗量			
人工	00010010	人工费	元	—	323.46	619.02	825.67	1212.68
材料	28110210	铜芯电缆	m	—	[101.000]	[101.000]	[101.000]	[101.000]
	01530060	封铅 含铅65% 含锡35%	kg	26.42	0.612	1.020	1.326	1.550
	02270020	白布	kg	2.75	0.300	0.400	0.500	0.600
	03139521	合金钢钻头 φ10	个	4.57	0.180	0.160	0.150	0.140
	13050210	沥青绝缘漆	kg	6.20	0.060	0.100	0.130	0.150
	14030040	汽油 综合	kg	6.38	0.450	0.750	0.850	0.950
	14330320	硬脂酸	kg	6.33	0.030	0.050	0.070	0.080
	29070150	电缆敷设牵引头 综合	只	370.00	—	—	0.118	0.118
	35250001	电缆敷设滚轮 综合	个	45.50	—	—	0.196	0.196
	35250010	电缆敷设转向导轮 综合	个	116.35	—	—	0.051	0.051
	99450760	其他材料费	元	1.00	0.76	1.16	3.19	3.40
机具	990304004	汽车式起重机 提升质量8(t)	台班	919.66	0.005	0.010	0.050	0.070
	990401020	载货汽车 装载质量5(t)	台班	530.56	0.005	0.010	0.050	0.070

注：塑料扎紧线已综合在其他材料费内。

工作内容：开盘、检查、架盘、敷设、锯断、排列、整理、扎绑带、收盘、临时封头、挂牌、电缆敷
设设施安装及拆除。 计量单位：100m

定额编号					C4-8-5	C4-8-6	C4-8-7
子目名称					铜芯电力电缆敷设		
					电缆（截面 mm² 以下）		
					185	240	400
基价（元）					2337.59	2878.51	4908.74
其中	人工费（元）				1520.98	1706.54	2617.09
	材料费（元）				121.99	126.91	152.98
	机具费（元）				200.01	430.79	1076.99
	管理费（元）				494.61	614.27	1061.68
分类	编码	名称	单位	单价（元）	消耗量		
人工	00010010	人工费	元	—	1520.98	1706.54	2617.09
材料	28110210	铜芯电缆	m	—	[101.000]	[101.000]	[101.000]
	01530060	封铅 含铅65% 含锡35%	kg	26.42	1.860	2.020	2.830
	02270020	白布	kg	2.75	0.700	0.800	1.000
	03139521	合金钢钻头 φ10	个	4.57	0.120	0.110	0.100
	13050210	沥青绝缘漆	kg	6.20	0.200	0.200	0.280
	14030040	汽油 综合	kg	6.38	1.000	1.040	1.460
	14330320	硬脂酸	kg	6.33	0.090	0.100	0.130
	29070150	电缆敷设牵引头 综合	只	370.00	0.118	0.118	0.118
	35250001	电缆敷设滚轮 综合	个	45.50	0.196	0.196	0.196
	35250010	电缆敷设转向导轮 综合	个	116.35	0.051	0.051	0.051
	99450760	其他材料费	元	1.00	3.67	3.82	4.62
机具	990304008	汽车式起重机 提升质量10(t)	台班	1007.99	0.130	0.280	0.700
	990401020	载货汽车 装载质量5(t)	台班	530.56	0.130	0.280	0.700

注：塑料扎紧线已综合在其他材料费内。

2 硬矿物绝缘电力电缆

工作内容：开箱检查、架线盘、敷设、锯断、固定、整理调直、测绝缘、临时封头、挂牌。

计量单位：100m

定额编号				C4-8-8	C4-8-9	C4-8-10	C4-8-11
子目名称				硬矿物绝缘电力电缆敷设			
				1～2芯(截面 mm² 以下)			
				4	10	35	70
基价(元)				630.74	680.37	1041.50	1493.48
其中	人工费(元)			115.37	153.63	424.71	756.92
	材料费(元)			452.01	452.39	452.68	453.30
	机具费(元)			23.46	23.46	32.66	51.05
	管理费(元)			39.90	50.89	131.45	232.21
分类	编码	名称	单位	单价(元)	消耗量		
人工	00010010	人工费	元	—	115.37	153.63	424.71	756.92
材料	28410001	矿物绝缘电缆	m	—	[100.000]	[100.000]	[100.000]	[100.000]
	02130090	三色塑料带 20mm×40m	卷	2.06	0.015	0.025	0.030	0.040
	02270001	棉纱	kg	11.47	0.020	0.020	0.030	0.040
	03011595	镀锌六角螺栓2平1弹垫 M8×100 以内	十套	3.90	1.580	1.580	1.580	1.580
	03013051	膨胀螺栓 M10	十套	5.82	60.000	60.000	60.000	60.000
	03139021	冲击钻头 φ12	个	8.55	3.540	3.540	3.540	3.540
	03139281	钢锯条	条	0.43	0.500	0.500	0.800	1.000
	03139521	合金钢钻头 φ10	个	4.57	0.600	0.600	0.600	0.600
	14030040	汽油 综合	kg	6.38	0.050	0.100	0.100	0.150
	18030590	固定卡子 φ40	个	1.32	37.500	37.500	37.500	37.500
	27170001	电气绝缘胶带 18mm×10m×0.13mm	卷	2.40	0.050	0.060	0.075	0.100
	99450760	其他材料费	元	1.00	13.22	13.24	13.24	13.26
机具	990304004	汽车式起重机 提升质量8(t)	台班	919.66	0.020	0.020	0.030	0.050
	990401015	载货汽车 装载质量 4(t)	台班	506.60	0.010	0.010	0.010	0.010

工作内容：开箱检查、架线盘、敷设、锯断、固定、整理调直、测绝缘、临时封头、挂牌。

计量单位：100m

定额编号				C4-8-12	C4-8-13	C4-8-14	C4-8-15
子目名称				硬矿物绝缘电力电缆敷设			
				1~2芯（截面 mm² 以下）			
				150	240	300	400
基价（元）				1730.52	2095.81	2429.96	3038.03
其中	人工费（元）			926.11	1185.89	1370.00	1827.04
	材料费（元）			454.17	454.82	521.74	523.06
	机具费（元）			65.31	88.77	112.23	126.49
	管理费（元）			284.93	366.33	425.99	561.44
分类	编码	名称	单位	单价（元）	消耗量		
人工	00010010	人工费	元	—	926.11	1185.89	1370.00	1827.04
材料	28410001	矿物绝缘电缆	m	—	[100.000]	[100.000]	[100.000]	[100.000]
	02130090	三色塑料带 20mm×40m	卷	2.06	0.050	0.060	0.070	0.080
	02270001	棉纱	kg	11.47	0.060	0.080	0.100	0.150
	03011595	镀锌六角螺栓 2平1弹垫 M8×100 以内	十套	3.90	1.580	1.580	1.580	1.580
	03013051	膨胀螺栓 M10	十套	5.82	60.000	60.000	60.000	60.000
	03139021	冲击钻头 φ12	个	8.55	3.540	3.540	3.540	3.540
	03139281	钢锯条	条	0.43	1.500	1.500	2.000	2.000
	03139521	合金钢钻头 φ10	个	4.57	0.600	0.600	0.600	0.600
	14030040	汽油 综合	kg	6.38	0.200	0.250	0.300	0.400
	18030590	固定卡子 φ40	个	1.32	37.500	37.500	—	—
	18030605	固定卡子 φ90	个	3.03	—	—	37.500	37.500
	27170001	电气绝缘胶带 18mm×10m×0.13mm	卷	2.40	0.125	0.150	0.175	0.200
	99450760	其他材料费	元	1.00	13.29	13.31	15.26	15.29
机具	990304004	汽车式起重机 提升质量 8(t)	台班	919.66	0.060	0.080	0.100	0.110
	990401015	载货汽车 装载质量 4(t)	台班	506.60	0.020	0.030	0.040	0.050

工作内容：开箱检查、架线盘、敷设、锯断、固定、整理调直、测绝缘、临时封头挂牌。

计量单位：100m

定额编号						C4-8-16	C4-8-17	C4-8-18
子目名称						硬矿物绝缘电力电缆敷设		
						3～4 芯（截面 mm² 以下）		
						4	10	35
基价（元）						609.19	908.17	1533.45
其中	人工费（元）					209.07	389.49	707.82
	材料费（元）					274.31	275.30	425.03
	机具费（元）					51.05	102.10	153.15
	管理费（元）					74.76	141.28	247.45
分类	编码	名称	单位	单价（元）		消耗量		
人工	00010010	人工费	元	—		209.07	389.49	707.82
材料	28410001	矿物绝缘电缆	m	—		[100.000]	[100.000]	[100.000]
	02130090	三色塑料带 20mm×40m	卷	2.06		0.050	0.075	0.100
	02270001	棉纱	kg	11.47		0.050	0.080	0.100
	03011595	镀锌六角螺栓 2平1弹垫 M8×100 以内	十套	3.90		5.100	5.100	—
	03011605	镀锌六角螺栓 2平1弹垫 M10×100 以内	十套	5.04		—	—	5.100
	03013041	膨胀螺栓 M8	十套	3.15		20.400	20.400	20.400
	03139011	冲击钻头 φ10	个	6.84		1.420	1.420	1.420
	03139161	合金钢钻头 φ8	个	3.70		1.300	1.300	1.300
	03139281	钢锯条	条	0.43		0.500	0.800	1.000
	14030040	汽油 综合	kg	6.38		0.200	0.250	0.300
	18030590	固定卡子 φ40	个	1.32		125.000	125.000	—
	18030600	固定卡子 φ63	个	2.43		—	—	125.000
	27170001	电气绝缘胶带 18mm×10m×0.13mm	卷	2.40		0.150	0.200	0.250
	99450760	其他材料费	元	1.00		8.11	8.14	12.50
机具	990304004	汽车式起重机 提升质量 8(t)	台班	919.66		0.050	0.100	0.150
	990401015	载货汽车 装载质量 4(t)	台班	506.60		0.010	0.020	0.030

工作内容：开箱检查、架线盘、敷设、锯断、固定、整理调直、测绝缘、临时封头、挂牌。

计量单位：100m

定额编号					C4-8-19	C4-8-20	C4-8-21	C4-8-22
子目名称					硬矿物绝缘电力电缆敷设			
					3～4 芯（截面 mm² 以下）			
					70	120	185	240
基价(元)					1981.47	2617.75	3138.35	3478.19
其中		人工费(元)			944.09	1386.60	1739.13	1951.25
		材料费(元)			503.16	504.03	505.07	506.11
		机具费(元)			204.20	255.25	306.29	357.34
		管理费(元)			330.02	471.87	587.86	663.49
分类	编码	名称	单位	单价(元)	消 耗 量			
人工	00010010	人工费	元	—	944.09	1386.60	1739.13	1951.25
材料	28410001	矿物绝缘电缆	m	—	[100.000]	[100.000]	[100.000]	[100.000]
	02130090	三色塑料带 20mm×40m	卷	2.06	0.130	0.169	0.220	0.286
	02270001	棉纱	kg	11.47	0.120	0.140	0.170	0.200
	03011605	镀锌六角螺栓 2 平 1 弹垫 M10×100 以内	十套	5.04	5.100	5.100	5.100	5.100
	03013041	膨胀螺栓 M8	十套	3.15	20.400	20.400	20.400	20.400
	03139011	冲击钻头 φ10	个	6.84	1.420	1.420	1.420	1.420
	03139161	合金钢钻头 φ8	个	3.70	1.300	1.300	1.300	1.300
	03139281	钢锯条	条	0.43	1.300	1.500	1.800	2.000
	14030040	汽油 综合	kg	6.38	0.350	0.400	0.450	0.500
	18030605	固定卡子 φ90	个	3.03	125.000	125.000	125.000	125.000
	27170001	电气绝缘胶带 18mm×10m×0.13mm	卷	2.40	0.300	0.350	0.400	0.450
	99450760	其他材料费	元	1.00	14.77	14.80	14.83	14.86
机具	990304004	汽车式起重机 提升质量 8(t)	台班	919.66	0.200	0.250	0.300	0.350
	990401015	载货汽车 装载质量 4(t)	台班	506.60	0.040	0.050	0.060	0.070

3 预制分支电缆

工作内容：开盘、检查、架盘、安装挂具及金属网套、吊装、敷设、排列、整理、收盘、扎绑带、临时封头、挂标牌。

计量单位：100m

定额编号					C4-8-23	C4-8-24	C4-8-25	C4-8-26
子目名称					预制分支电缆敷设			
					主电缆（截面 mm² 以下）			
					10	35	70	120
基价(元)					604.33	1153.30	1677.84	2421.48
其中	人工费(元)				452.71	866.59	1155.64	1697.72
	材料费(元)				10.31	15.25	78.05	79.01
	机具费(元)				8.70	17.40	87.01	121.82
	管理费(元)				132.61	254.06	357.14	522.93
分类	编码	名称	单位	单价(元)	消 耗 量			
人工	00010010	人工费	元	—	452.71	866.59	1155.64	1697.72
材料	28110500	预制分支电缆	m	—	[100.000]	[100.000]	[100.000]	[100.000]
	02270020	白布	kg	2.75	0.315	0.420	0.525	0.630
	03139521	合金钢钻头 φ10	个	4.57	0.144	0.128	0.120	0.112
	13050210	沥青绝缘漆	kg	6.20	0.048	0.080	0.104	0.120
	14030040	汽油 综合	kg	6.38	0.360	0.600	0.680	0.760
	14330320	硬脂酸	kg	6.33	0.030	0.050	0.070	0.080
	18310460	PVC封头帽 φ25	个	0.48	5.150	—	—	—
	18310470	PVC封头帽 φ40	个	0.84	—	4.120	—	—
	18310480	PVC封头帽 φ50	个	1.62	—	—	3.090	3.090
	18310530	热缩绝缘保护管 1kV φ25	m	1.20	2.525	—	—	—
	18310540	热缩绝缘保护管 1kV φ40	m	2.40	—	2.020	—	—
	18310550	热缩绝缘保护管 1kV φ50	m	3.12	—	—	1.515	1.515
	29070150	电缆敷设牵引头 综合	只	370.00	—	—	0.118	0.118
	35250001	电缆敷设滚轮 综合	个	45.50	—	—	0.196	0.196
	35250010	电缆敷设转向导轮 综合	个	116.35	—	—	0.051	0.051
	99450760	其他材料费	元	1.00	0.50	0.56	2.39	2.42
机具	990304004	汽车式起重机 提升质量 8(t)	台班	919.66	0.006	0.012	0.060	0.084
	990401020	载货汽车 装载质量 5(t)	台班	530.56	0.006	0.012	0.060	0.084

注：1. 未计价材料：起吊挂具、金属网套。

2. 塑料扎紧线已综合在其他材料费内。

工作内容：开盘、检查、架盘、安装挂具及金属网套、吊装、敷设、排列、整理、收盘、扎绑带、临时封头、挂标牌。

计量单位：100m

定额编号					C4-8-27	C4-8-28	C4-8-29
子目名称					预制分支电缆敷设		
					主电缆（截面 mm² 以下）		
					185	240	400
基价（元）					3129.81	3822.76	6468.74
其中	人工费（元）				2129.40	2389.01	3664.10
	材料费（元）				79.43	81.63	87.77
	机具费（元）				240.01	516.95	1292.38
	管理费（元）				680.97	835.17	1424.49
分类	编码	名称	单位	单价（元）	消耗量		
人工	00010010	人工费	元	—	2129.40	2389.01	3664.10
材料	28110500	预制分支电缆	m	—	[100.000]	[100.000]	[100.000]
	02270020	白布	kg	2.75	0.735	0.840	1.050
	03139521	合金钢钻头 φ10	个	4.57	0.096	0.088	0.080
	13050210	沥青绝缘漆	kg	6.20	0.160	0.160	0.224
	14030040	汽油 综合	kg	6.38	0.800	0.832	1.168
	14330320	硬脂酸	kg	6.33	0.090	0.100	0.130
	18310490	PVC 封头帽 φ65	个	2.37	2.060	—	—
	18310500	PVC 封头帽 φ80	个	2.68	—	2.060	—
	18310510	PVC 封头帽 φ100	个	3.08	—	—	2.060
	18310560	热缩绝缘保护管 1kV φ65	m	4.44	1.010	—	—
	18310570	热缩绝缘保护管 1kV φ80	m	5.40	—	1.010	—
	18310580	热缩绝缘保护管 1kV φ100	m	7.20	—	—	1.010
	29070150	电缆敷设牵引头 综合	只	370.00	0.118	0.118	0.118
	35250001	电缆敷设滚轮 综合	个	45.50	0.196	0.196	0.196
	35250010	电缆敷设转向导轮 综合	个	116.35	0.051	0.051	0.051
	99450760	其他材料费	元	1.00	2.43	2.50	2.72
机具	990304008	汽车式起重机 提升质量10(t)	台班	1007.99	0.156	0.336	0.840
	990401020	载货汽车 装载质量5(t)	台班	530.56	0.156	0.336	0.840

注：1. 未计价材料：起吊挂具、金属网套。

2. 塑料扎紧线已综合在其他材料费内。

C.4.8.2 控制电缆

1 塑料控制电缆

工作内容：开盘、检查、架盘、敷设、切断、排列整理、固定、收盘、临时封头、挂牌。

计量单位：100m

定额编号						C4-8-30	C4-8-31	C4-8-32
子目名称						塑料控制电缆敷设		
						电缆(芯以下)		
						6	14	24
基价(元)						584.19	662.11	690.31
其中	人工费(元)					398.72	442.68	463.78
	材料费(元)					70.88	73.84	74.88
	机具费(元)					—	14.26	14.26
	管理费(元)					114.59	131.33	137.39
分类	编码	名称	单位	单价(元)		消耗量		
人工	00010010	人工费	元	—		398.72	442.68	463.78
材料	28110165	控制电缆	m	—		[101.500]	[101.500]	[101.500]
	02270020	白布	kg	2.75		0.200	0.300	0.400
	03011595	镀锌六角螺栓2平1弹垫 M8×100以内	十套	3.90		3.060	3.060	3.060
	03139281	钢锯条	条	0.43		1.000	1.000	1.100
	14030040	汽油 综合	kg	6.38		0.300	0.700	0.800
	27170001	电气绝缘胶带 18mm×10m×0.13mm	卷	2.40		0.020	0.040	0.060
	29270110	镀锌电缆卡子2×35	个	2.30		23.400	23.400	23.400
	99450760	其他材料费	元	1.00		2.18	2.27	2.30
机具	990304004	汽车式起重机 提升质量8(t)	台班	919.66		—	0.010	0.010
	990401015	载货汽车 装载质量4(t)	台班	506.60		—	0.010	0.010

工作内容：开盘、检查、架盘、敷设、切断、排列整理、固定、收盘、临时封头、挂牌。

计量单位：100m

定额编号						C4-8-33	C4-8-34
子目名称						塑料控制电缆敷设	
						电缆（芯以下）	
						37	48
基价（元）						870.10	1270.28
其中		人工费（元）				602.89	855.92
		材料费（元）				75.58	76.57
		机具费（元）				14.26	71.31
		管理费（元）				177.37	266.48
分类	编码	名称	单位	单价（元）		消 耗 量	
人工	00010010	人工费	元	—		602.89	855.92
材料	28110165	控制电缆	m	—		[101.500]	[101.500]
	02270020	白布	kg	2.75		0.400	0.500
	03011595	镀锌六角螺栓 2 平 1 弹垫 M8×100 以内	十套	3.90		3.060	3.060
	03139281	钢锯条	条	0.43		1.100	1.100
	14030040	汽油 综合	kg	6.38		0.900	1.000
	27170001	电气绝缘胶带 18mm×10m×0.13mm	卷	2.40		0.080	0.100
	29270110	镀锌电缆卡子 2×35	个	2.30		23.400	23.400
	99450760	其他材料费	元	1.00		2.32	2.35
机具	990304004	汽车式起重机 提升质量 8(t)	台班	919.66		0.010	0.050
	990401015	载货汽车 装载质量 4(t)	台班	506.60		0.010	0.050

55

2 硬矿物绝缘控制电缆

工作内容：开箱检查、架线盘、敷设、锯断、固定、整理调直、测绝缘、临时封头、挂牌。

计量单位：100m

定额编号				C4-8-35	C4-8-36	C4-8-37	C4-8-38
子目名称				硬矿物绝缘控制电缆敷设			
				电缆（芯数）			
				≤7	≤14	≤24	＞24
基价（元）				532.68	595.59	843.95	941.73
其中	人工费（元）			188.21	227.68	294.99	361.49
	材料费（元）			272.02	272.27	415.62	415.95
	机具费（元）			14.26	23.46	37.72	46.92
	管理费（元）			58.19	72.18	95.62	117.37
分类	编码	名称	单位	单价（元）	消 耗 量		
人工	00010010	人工费	元	—	188.21	227.68	294.99	361.49
材料	28410001	矿物绝缘电缆	m	—	[100.000]	[100.000]	[100.000]	[100.000]
	02270001	棉纱	kg	11.47	0.010	0.020	0.030	0.050
	03011595	镀锌六角螺栓2平1弹垫 M8×100 以内	十套	3.90	5.250	5.250	5.250	5.250
	03013041	膨胀螺栓 M8	十套	3.15	20.000	20.000	20.000	20.000
	03139011	冲击钻头 φ10	个	6.84	1.420	1.420	1.420	1.420
	03139161	合金钢钻头 φ8	个	3.70	1.300	1.300	1.300	1.300
	03139281	钢锯条	条	0.43	1.000	1.000	1.500	1.500
	14030040	汽油 综合	kg	6.38	0.050	0.060	0.070	0.080
	18030590	固定卡子 φ40	个	1.32	125.000	125.000	—	—
	18030600	固定卡子 φ63	个	2.43	—	—	125.000	125.000
	27170001	电气绝缘胶带 18mm×10m×0.13mm	卷	2.40	0.050	0.075	0.090	0.100
	99450760	其他材料费	元	1.00	8.04	8.05	12.22	12.23
机具	990304004	汽车式起重机 提升质量8(t)	台班	919.66	0.010	0.020	0.030	0.040
	990401015	载货汽车 装载质量4(t)	台班	506.60	0.010	0.010	0.020	0.020

附3

工作内容：扫管、涂滑石粉、穿线、编号、接焊包头。　　　　　　　　　　　　　计量单位：100m/束

定额编号						C4-11-226-1	C4-11-226-2
子目名称						多芯软导线管内穿线（芯以内）	
						二芯	
						导线截面（mm² 以内）	
						6	16
基价（元）						118.61	158.88
其中		人工费（元）				79.73	109.12
		材料费（元）				15.97	18.40
		机具费（元）				—	—
		管理费（元）				22.91	31.36
分类	编码	名称	单位	单价（元）		消耗量	
人工	00010010	人工费	元	—		79.73	109.12
材料	28030410	多股铜芯聚氯乙烯绝缘导线 BV	m	—		[108.000]	[108.000]
	02270001	棉纱	kg	11.47		0.220	0.240
	03137041	焊锡膏	kg	47.01		0.010	0.020
	03138001	锡基钎料	kg	52.47		0.120	0.140
	14030040	汽油 综合	kg	6.38		0.550	0.630
	27170001	电气绝缘胶带 18mm×10m×0.13mm	卷	2.40		1.100	1.160
	99450760	其他材料费	元	1.00		0.53	0.56

工作内容：扫管、涂滑石粉、穿线、编号、接焊包头。 计量单位：100m/束

定额编号						C4-11-226-3	C4-11-226-4
子目名称						多芯软导线管内穿线（芯以内）	
						二芯	
						导线截面（mm² 以内）	
						35	70
基价（元）						212.12	422.10
其中		人工费（元）				149.89	311.40
		材料费（元）				19.15	21.20
		机具费（元）				—	—
		管理费（元）				43.08	89.50
分类	编码	名称	单位	单价（元）		消 耗 量	
人工	00010010	人工费	元	—		149.89	311.40
材料	28030410	多股铜芯聚氯乙烯绝缘导线 BV	m	—		[108.000]	[108.000]
	02270001	棉纱	kg	11.47		0.240	0.260
	03137041	焊锡膏	kg	47.01		0.020	0.030
	03138001	锡基钎料	kg	52.47		0.140	0.150
	14030040	汽油 综合	kg	6.38		0.720	0.820
	27170001	电气绝缘胶带 18mm×10m×0.13mm	卷	2.40		1.220	1.280
	99450760	其他材料费	元	1.00		0.59	0.63

附 4

工作内容：扫管、涂滑石粉、穿线、编号、接焊包头。 计量单位：100m/束

定额编号					C4-11-230-1	C4-11-230-2
子目名称					多芯软导线管内穿线（芯以内）	
					四芯	
					导线截面（mm² 以内）	
					6	16
基价（元）					142.89	191.04
其中		人工费（元）			95.20	131.02
		材料费（元）			20.33	22.36
		机具费（元）			—	—
		管理费（元）			27.36	37.66
分类	编码	名称	单位	单价（元）	消 耗 量	
人工	00010010	人工费	元	—	95.20	131.02
材料	28030410	多股铜芯聚氯乙烯绝缘导线 BV	m	—	[108.000]	[108.000]
	02270001	棉纱	kg	11.47	0.240	0.260
	03137041	焊锡膏	kg	47.01	0.030	0.040
	03138001	锡基钎料	kg	52.47	0.140	0.150
	14030040	汽油 综合	kg	6.38	0.660	0.750
	27170001	电气绝缘胶带 18mm×10m×0.13mm	卷	2.40	1.660	1.740
	99450760	其他材料费	元	1.00	0.63	0.67

工作内容：扫管、涂滑石粉、穿线、编号、接焊包头。 计量单位：100m/束

	定额编号					C4-11-230-3	C4-11-230-4	C4-11-230-5
	子目名称					多芯软导线管内穿线（芯以内）		
						四芯		六芯
						导线截面（mm² 以内）		
						35	70	0.75
	基价（元）					255.08	506.99	152.91
其中	人工费（元）					180.02	373.95	104.89
	材料费（元）					23.32	25.57	17.87
	机具费（元）					—	—	—
	管理费（元）					51.74	107.47	30.15
分类	编码	名称	单位	单价（元）		消耗量		
人工	00010010	人工费	元	—		180.02	373.95	104.89
材料	28030410	多股铜芯聚氯乙烯绝缘导线 BV	m	—		[108.000]	[108.000]	[108.000]
	02270001	棉纱	kg	11.47		0.260	0.280	0.200
	03137041	焊锡膏	kg	47.01		0.040	0.050	0.020
	03138001	锡基钎料	kg	52.47		0.150	0.160	0.130
	14030040	汽油 综合	kg	6.38		0.860	0.980	0.610
	27170001	电气绝缘胶带 18mm×10m×0.13mm	卷	2.40		1.830	1.920	1.420
	99450760	其他材料费	元	1.00		0.71	0.75	0.51

工作内容：扫管、涂滑石粉、穿线、编号、接焊包头。 计量单位：100m/束

定额编号					C4-11-230-6	C4-11-230-7	C4-11-230-8	C4-11-230-9
子目名称					多芯软导线管内穿线(芯以内)			
					六芯			
					导线截面(mm² 以内)			
					1	1.5	2.5	6
基价(元)					159.44	161.81	165.57	164.30
其中		人工费(元)			107.79	109.24	111.18	109.97
		材料费(元)			20.67	21.17	22.44	22.72
		机具费(元)			—	—	—	—
		管理费(元)			30.98	31.40	31.95	31.61
分类	编码	名称	单位	单价(元)	消耗量			
人工	00010010	人工费	元	—	107.79	109.24	111.18	109.97
材料	28030410	多股铜芯聚氯乙烯绝缘导线 BV	m	—	[108.000]	[108.000]	[108.000]	[108.000]
	02270001	棉纱	kg	11.47	0.250	0.250	0.250	0.250
	03137041	焊锡膏	kg	47.01	0.030	0.030	0.040	0.040
	03138001	锡基钎料	kg	52.47	0.140	0.140	0.150	0.150
	14030040	汽油 综合	kg	6.38	0.690	0.690	0.690	0.690
	27170001	电气绝缘胶带 18mm×10m×0.13mm	卷	2.40	1.680	1.880	1.980	2.080
	99450760	其他材料费	元	1.00	0.61	0.63	0.67	0.71

工作内容：扫管、涂滑石粉、穿线、编号、接焊包头。 计量单位：100m/束

定额编号					C4-11-230-10	C4-11-230-11	C4-11-230-12
子目名称					多芯软导线管内穿线（芯以内）		
					六芯		
					导线截面（mm² 以内）		
					16	35	70
基价（元）					218.71	292.31	581.65
其中	人工费（元）				150.62	207.00	429.96
	材料费（元）				24.80	25.82	28.12
	机具费（元）				—	—	—
	管理费（元）				43.29	59.49	123.57
分类	编码	名称	单位	单价（元）	消 耗 量		
人工	00010010	人工费	元	—	150.62	207.00	429.96
材料	28030410	多股铜芯聚氯乙烯绝缘导线 BV	m	—	[108.000]	[108.000]	[108.000]
	02270001	棉纱	kg	11.47	0.270	0.270	0.290
	03137041	焊锡膏	kg	47.01	0.050	0.050	0.060
	03138001	锡基钎料	kg	52.47	0.160	0.160	0.170
	14030040	汽油 综合	kg	6.38	0.780	0.890	1.010
	27170001	电气绝缘胶带 18mm×10m×0.13mm	卷	2.40	2.180	2.290	2.400
	99450760	其他材料费	元	1.00	0.75	0.80	0.85

附5

工作内容：预拼装，检验、核对、拆解、标识、扫描、测量、定位、组对、吊装、安装。

计量单位：套

定额编号						C8-1-40	C8-1-40-1	C8-1-40-2
子目名称						装配式成品管道支架		
						抗震支吊架		
						单套重量(kg以内)		
						10	20	30
基价(元)						81.56	115.99	156.50
其中		人工费(元)				52.03	67.64	87.93
		材料费(元)				5.06	10.11	15.18
		机具费(元)				7.11	14.22	21.32
		管理费(元)				17.36	24.02	32.07
分类	编码	名称	单位	单价(元)		消耗量		
人工	00010010	人工费	元	—		52.03	67.64	87.93
材料	18270095	抗震支吊架	套	—		[1.000]	[1.000]	[1.000]
	03013011	膨胀螺栓 综合	kg	7.56		0.541	1.082	1.624
	99450760	其他材料费	元	1.00		0.97	1.93	2.90
机具	871113023	手持式激光测距仪量程：0.2～200m，精度：±1.5%	台班	18.85		0.003	0.006	0.009
	874646014	电子对中仪测距：20m，精度：±0.001%	台班	182.10		0.003	0.006	0.009
	874646022	红外线水平仪范围：±1mm/5m	台班	5.30		0.003	0.006	0.009
	990305020	叉式起重机 提升质量5(t)	台班	557.45		0.008	0.016	0.024
	990510040	手动葫芦 提升质量10(t)	台班	10.23		0.015	0.030	0.045
	990514020	移动式升降平台	台班	125.10		0.015	0.030	0.045

工作内容：预拼装、检验、核对、拆解、标识、扫描、测量、定位、组对、吊装、安装。

计量单位：套

定额编号						C8-1-40-3	C8-1-40-4
子目名称						装配式成品管道支架	
						抗震支吊架	
						单套重量(kg 以内)	
						40	50
基价(元)						204.86	263.47
其中	人工费(元)					114.31	148.60
	材料费(元)					20.23	25.29
	机具费(元)					28.43	35.54
	管理费(元)					41.89	54.04
分类	编码	名称	单位	单价(元)		消耗量	
人工	00010010	人工费	元	—		114.31	148.60
材料	18270095	抗震支吊架	套	—		[1.000]	[1.000]
	03013011	膨胀螺栓 综合	kg	7.56		2.165	2.706
	99450760	其他材料费	元	1.00		3.86	4.83
机具	871113023	手持式激光测距仪量程：0.2～200m,精度：±1.5%	台班	18.85		0.012	0.015
	874646014	电子对中仪测距：20m,精度：±0.001%	台班	182.10		0.012	0.015
	874646022	红外线水平仪范围：±1mm/5m	台班	5.30		0.012	0.015
	990305020	叉式起重机 提升质量5(t)	台班	557.45		0.032	0.040
	990510040	手动葫芦 提升质量10(t)	台班	10.23		0.060	0.075
	990514020	移动式升降平台	台班	125.10		0.060	0.075

关于印发广东省建设工程
定额动态调整的通知（第 4 期）

粤标定函〔2020〕334 号

各有关单位：

　　近期，我站研究分析了广东省建设工程定额动态管理系统收集的反馈意见，《广东省房屋建筑与装饰工程综合定额 2018》铝合金模板项目与市场实际水平存在一定差异。为加强定额动态管理，经我站广泛调研与测算，现将《广东省房屋建筑与装饰工程综合定额 2018》铝合金模板项目调整内容印发给你们。本调整内容与我省现行工程计价依据配套使用，请遵照执行。在执行中遇到的问题，请及时反映。

　　附件：《广东省房屋建筑与装饰工程综合定额 2018》动态调整内容及子目

广东省建设工程标准定额站

2020 年 12 月 29 日

附件：

《广东省房屋建筑与装饰工程综合定额 2018》动态调整内容

页码	部位或子目编号	原内容	调整为
		A.1.20.5 铝合金模板	
1215	章说明	二十七、铝合金模板定额已考虑深化设计费及试配装费用	二十七、铝合金模板定额已考虑常规深化设计费（含技术指导费）、工厂试配装费（拼装）、加工厂到现场的往返运输费、装卸费、回库维修翻新等费用
1215	章说明	无	二十八、本章铝模板定额子目适用于建筑物标准层超过 20 层（含 20 层）以上的住宅和公共建筑，不适用于标准层较少（20 层以下）、层数较低的学校、医院、监狱、展览馆等建筑物
1215	章说明	无	二十九、与墙体相连（等厚）的柱模板工程量并入与其相连的墙
1215	章说明	无	三十、与墙体等厚且在墙上的梁模板工程量并入与其相连的墙
1218	工程量计算规则	1、铝合金模板工程量按混凝土与模板接触面以"m²"计算	1、铝合金模板工程量按混凝土与模板接触面以"m²"计算，其中飘窗板、雨篷、挑檐等盖板按深化图计算并入楼板
1218	工程量计算规则	无	5、预制混凝土构件连接部分的后浇混凝土采用铝模时，后浇部分模板工程量，按后浇部分混凝土与模板的接触面积乘以系数 1.66 以"m²"计算
1271	A1-20-159	基价(元) 4626.56 人工费(元)2574.88 材料费(元)1030.98 管理费(元)749.85	基价(元) 6848.87 人工费(元)3385.27 材料费(元)2229.36 管理费(元)963.39
		00010010 人工费 元 2574.88 35010085 铝模板 kg 21 99450760 其他材料费 元 21.33	00010010 人工费 元 3385.27 35010085 铝模板 kg 56 99450760 其他材料费 元 43.71
	A1-20-160	基价(元) 5746.76 人工费(元)3347.19 材料费(元)1140.45 管理费(元)960.63	基价(元) 8431.29 人工费(元)4400.64 材料费(元)2493.94 管理费(元)1238.22
		00010010 人工费 元 3347.19 35010085 铝模板 kg 21 99450760 其他材料费 元 24.36	00010010 人工费 元 4400.64 35010085 铝模板 kg 56 99450760 其他材料费 元 48.90

页码	部位或 子目编号	原内容	调整为
		A.1.20.5 铝合金模板	
1272	A1-20-162	基价(元) 4384.43	基价(元) 6567.11
		人工费(元)2528.9	人工费(元)3324.82
		材料费(元)937.74 管理费(元)718.80	材料费(元)2114.78 管理费(元)928.52
		00010010 人工费 元 2528.9	00010010 人工费 元 3324.82
		35010085 铝模板 kg 21 99450760 其他材料费 元 18.73	35010085 铝模板 kg 56 99450760 其他材料费 元 41.47
	A1-20-163	基价(元) 5284.48	基价(元) 7872.97
		人工费(元)3144.46	人工费(元)4134.11
		材料费(元)1032.09 管理费(元)886.83	材料费(元)2370.16 管理费(元)1147.60
		00010010 人工费 元 3144.46	00010010 人工费 元 4134.11
		35010085 铝模板 kg 21 99450760 其他材料费 元 12.5	35010085 铝模板 kg 56 99450760 其他材料费 元 46.47
1273	A1-20-165	基价(元) 4275.21	基价(元) 6703.73
		人工费(元)2299	人工费(元)3272.56
		材料费(元)1028.2 管理费(元)677.16	材料费(元)2226.63 管理费(元)933.69
		00010010 人工费 元 2299	00010010 人工费 元 3272.56
		35010085 铝模板 kg 21 99450760 其他材料费 元 42.93	35010085 铝模板 kg 56 99450760 其他材料费 元 43.66
1274	A1-20-167	基价(元) 4188.24	基价(元) 6325.68
		人工费(元)2436.94	人工费(元)3203.91
		材料费(元)878.69 管理费(元)690.20	材料费(元)2047.06 管理费(元)892.30
		00010010 人工费 元 2436.94	00010010 人工费 元 3203.91
		35010085 铝模板 kg 21 99450760 其他材料费 元 15.22	35010085 铝模板 kg 56 99450760 其他材料费 元 40.14
1275	A1-20-169	基价(元) 17895.32	基价(元) 22819.42
		材料费(元)3664.29 管理费(元)2967.85	材料费(元)8588.39 管理费(元)2967.85
		35010085 铝模板 kg 21 99450760 其他材料费 元 105.80	35010085 铝模板 kg 56 99450760 其他材料费 元 168.40

A.1.20.5 铝合金模板

1 柱模板

工作内容：模板制作、安装、拆除、维护、整理堆放及场内外运输，清理模板粘结物及模内杂物、刷脱模剂、封堵洞口等。

计量单位：100m²

	定额编号					A1-20-159	A1-20-160	A1-20-161
	子目名称					矩形柱	异形柱	柱支撑高度超过3.6m每增加1m
	基价(元)					6848.87	8431.29	558.72
其中	人工费(元)					3385.27	4400.64	179.74
	材料费(元)					2229.36	2493.94	198.93
	机具费(元)					270.85	298.49	105.02
	管理费(元)					963.39	1238.22	75.03
分类	编码	名称	单位	单价(元)		消 耗 量		
人工	00010010	人工费	元	—		3385.27	4400.64	179.74
材料	03011325	对拉螺栓	kg	5.38		9.26	9.72	6.67
	03019471	销钉销片	套	1.00		77.76	81.65	—
	03214046	零星卡具	kg	5.47		20.33	21.35	14.67
	14350630	脱模剂	kg	5.13		3.60	3.78	—
	35010085	铝模板	kg	56.00		33.60	37.97	—
	35030260	斜支撑杆件 $\phi48\times3.5$	套	180.00		0.26	0.27	0.46
	99450760	其他材料费	元	1.00		43.710	48.900	—
机具	990401025	载货汽车 装载质量6(t)	台班	552.75		0.49	0.54	0.19

A.1.20.5 铝合金模板

2 梁模板

工作内容：模板制作、安装、拆除、维护、整理堆放及场内外运输，清理模板粘结物及模内杂物、刷脱模剂、封堵洞口等。

计量单位：100m²

定额编号					A1-20-162	A1-20-163	A1-20-164
子目名称					矩形梁	异形梁	梁支撑高度超过3.6m每增加1m
基价(元)					6567.11	7872.97	386.94
其中	人工费(元)				3324.82	4134.11	238.26
	材料费(元)				2114.78	2370.16	64.95
	机具费(元)				198.99	221.10	16.58
	管理费(元)				928.52	1147.60	67.15
分类	编码	名称	单位	单价(元)	消耗量		
人工	00010010	人工费	元	—	3324.82	4134.11	238.26
材料	03019471	销钉销片	套	1.00	75.600	79.380	—
	14350630	脱模剂	kg	5.13	3.670	3.850	—
	35010085	铝模板	kg	56.00	32.980	37.260	—
	35030270	立支撑杆件 ϕ48-3.5	套	150.00	0.880	0.920	0.290
	99450760	其他材料费	元	1.00	41.470	46.470	21.450
机具	990401025	载货汽车 装载质量 6(t)	台班	552.75	0.360	0.400	0.030

A.1.20.5 铝合金模板

3 墙模板

工作内容：模板制作、安装、拆除、维护、整理堆放及场内外运输，清理模板粘结物及模内杂物、刷脱
模剂、封堵洞口等。

计量单位：100m²

定额编号					A1-20-165	A1-20-166
子目名称					直形墙	墙支撑高度超过 3.6m 每增加 1m
基价(元)					6703.73	500.43
其中	人工费(元)				3272.56	216.37
	材料费(元)				2226.63	129.27
	机具费(元)				270.85	77.39
	管理费(元)				933.69	77.40
分类	编码	名称	单位	单价(元)	消 耗 量	
人工	00010010	人工费	元	—	3272.56	216.37
材料	03011325	对拉螺栓	kg	5.38	2.610	1.090
	03019471	销钉销片	套	1.00	79.200	—
	03214046	零星卡具	kg	5.47	20.220	11.330
	14350630	脱模剂	kg	5.13	3.470	—
	35010085	铝模板	kg	56.00	34.220	—
	35030260	斜支撑杆件 $\phi 48 \times 3.5$	套	180.00	0.250	0.340
	99450760	其他材料费	元	1.00	43.660	0.230
机具	990401025	载货汽车 装载质量 6(t)	台班	552.75	0.490	0.140

A.1.20.5 铝合金模板

4 板模板

工作内容：模板制作、安装、拆除、维护、整理堆放及场内外运输，清理模板粘结物及模内杂物、刷脱
模剂、封堵洞口等。

计量单位：100m²

定额编号					A1-20-167	A1-20-168
子目名称					板	板支撑高度超过3.6m 每增加1m
基价(元)					6325.68	407.65
其中	人工费(元)				3203.91	276.98
	材料费(元)				2047.06	43.72
	机具费(元)				182.41	11.06
	管理费(元)				892.30	75.89
分类	编码	名称	单位	单价(元)	消耗量	
人工	00010010	人工费	元	—	3203.91	276.98
材料	03019471	销钉销片	套	1.00	75.600	—
	14350630	脱模剂	kg	5.13	3.470	—
	35010085	铝模板	kg	56.00	32.670	—
	35030270	立支撑杆件 ϕ48-3.5	套	150.00	0.560	0.190
	99450760	其他材料费	元	1.00	40.140	15.220
机具	990401025	载货汽车 装载质量6(t)	台班	552.75	0.330	0.020

A.1.20.5 铝合金模板

5 整体楼梯模板

工作内容：模板制作、安装、拆除、维护、整理堆放及场内外运输，清理模板粘结物及模内杂物、刷脱模剂、封堵洞口等。

计量单位：100m²

定额编号					A1-20-169
子目名称					整体楼梯
					普通型
基价(元)					22819.42
其中	人工费(元)				10544.60
	材料费(元)				8588.39
	机具费(元)				718.58
	管理费(元)				2967.85
分类	编码	名称	单位	单价(元)	消耗量
人工	00010010	人工费	元	—	10544.6
材料	03019471	销钉销片	套	1.00	315.800
	14350630	脱模剂	kg	5.13	13.800
	35010085	铝模板	kg	56.00	138.900
	35030270	立支撑杆件 ϕ48-3.5	套	150.00	1.700
	99450760	其他材料费	元	1.00	168.40
机具	990401025	载货汽车 装载质量 6(t)	台班	552.75	1.300

关于印发广东省建设工程定额
动态调整的通知（第 5 期）

粤标定函〔2021〕50 号

各有关单位：

  为适应我省建设工程绿色施工需要，加强定额动态管理，经测算，补充了《广东省房屋建筑与装饰工程综合定额 2018》A.1.1 土石方工程"环保智能自卸汽车运土方、淤泥流砂""环保智能自卸汽车运石方"定额子目，现印发给你们。本补充定额子目与我省现行工程计价依据《广东省房屋建筑与装饰工程综合定额 2018》配套使用，请遵照执行。在执行中遇到的问题，请携带相关数据资料及时反馈。

  附件：环保智能自卸汽车运输土石方补充定额子目

广东省建设工程标准定额站

2021 年 3 月 12 日

附件：

环保智能自卸汽车运输土石方补充定额子目编制说明

1. 环保智能自卸汽车是指符合《汽车、挂车及汽车列车外廓尺寸、轴荷及质量限值》GB 1589—2016、《机动车运行安全技术条件》GB 7258—2017、《超限运输车辆行驶公路管理规定》（交通运输部令 2016 年第 62 号）等标准。当符合相关规定的环保智能自卸汽车，与本补充定额子目环保智能自卸汽车型号不一致时，本补充定额子目均不予调整。

2. 本补充定额子目已包括了环保智能自卸汽车等待装、运、卸土方、淤泥流砂、石方以及空车回程等的台班消耗量，不包括弃土场消纳处置费。

3. 本补充定额子目机械台班单价参照《广东省建设工程施工机具台班费用编制规则 2018》"990402060 环保智能自卸汽车"计取；管理费参照《广东省房屋建筑与装饰工程综合定额 2018》"附录七 管理费分摊费率表"中"土石方工程"管理费分摊费率计取。

4. 本补充定额子目适用于房屋建筑与装饰工程采用环保智能自卸汽车运输土石方工程，执行《广东省房屋建筑与装饰工程综合定额 2018》"A.1.1 土石方工程"章说明及章工程量计算规则。

A.1.1.1 土方工程

3. 机械土方

(8) 环保智能自卸汽车运土方、淤泥流砂

工作内容：等待装、运、卸土方、淤泥流砂，空回。　　　　　　　　　　　计量单位：1000m³

定额编号				A1-1-56-1	A1-1-56-2	A1-1-56-3	A1-1-56-4
子目名称				环保智能自卸汽车运土方		环保智能自卸汽车运淤泥、流砂	
				运距1km以内	每增加1km	运距1km以内	每增加1km
基价(元)				7736.99	2167.35	11606.36	2708.74
其中	人工费(元)			—	—	—	—
	材料费(元)			—	—	—	—
	机具费(元)			6698.69	1876.49	10048.80	2345.23
	管理费(元)			1038.30	290.86	1557.56	363.51
分类	编码	名称	单位	单价(元)	消耗量		
机具	990402060	环保智能自卸汽车装载质量25(t)	台班	1531.83	4.373	1.225	6.560	1.531

A.1.1.2 石方工程

9 环保智能自卸汽车运石方

工作内容：等待装、运、卸石方，空回。

计量单位：1000m³

		定额编号				A1-1-118-1	A1-1-118-2
		子目名称				环保智能自卸汽车运石方	
						运距1km以内	每增加1km
		基价(元)				14939.66	4025.07
其中		人工费(元)				—	—
		材料费(元)				—	—
		机具费(元)				12934.77	3484.91
		管理费(元)				2004.89	540.16
分类	编码	名称	单位	单价(元)		消 耗 量	
机具	990402060	环保智能自卸汽车装载质量25(t)	台班	1531.83		8.444	2.275

关于印发广东省建设工程定额
动态调整的通知（第6期）

粤标定函〔2021〕59号

各有关单位：

近期，我站组织专家研析了广东省建设工程定额动态管理系统收集的反馈意见，《广东省市政工程综合定额 2018》一般水泥搅拌桩（湿法喷浆 三轴）与市场实际存在一定差异。为加强定额动态管理，经广泛调研与测算，现将一般水泥搅拌桩（湿法喷浆 三轴）项目调整后的内容印发。本调整内容与省现行工程计价依据配套使用，请遵照执行。执行中遇到的问题，请通过"广东省工程造价信息化平台——建设工程定额动态管理系统"及时反映。

附件：《广东省市政工程综合定额 2018》动态调整内容

广东省建设工程标准定额站
2021 年 3 月 24 日

页码	部位或子目编号	原内容	调整为
		第一册 通用项目	
89	章说明	十二、水泥搅拌桩	
		2. 一般水泥搅拌桩的水泥掺入量按加固（1800kg/m³）的13％考虑,设计不同时可进行调整	2. 单、双头（湿法喷浆）和双向水泥搅拌桩的水泥掺入量按加固土重（1800kg/m³）的13％考虑;设计不同时可进行调整
		4. 三轴水泥搅拌桩水泥掺入量按加固土重（1800kg/m³）的20％考虑,设计不同时可进行调整。子目按2喷2搅考虑,设计不同时,每增（减）1搅1喷,按相应子目人工费和机具费增（减）40％计算。空搅部分按相应子目的人工费及机具费乘以系数0.5,扣除材料费	4. φ850mm三轴水泥搅拌桩水泥掺入量按加固土重（1800kg/m³）的20％考虑,设计不同时可进行调整,损耗率按2％计算。设计桩顶标高至自然地坪标高之间的距离均按空桩计算,空桩部分按相应子目的人工费及机具费乘以系数0.5,扣除材料费
		5. 三轴搅拌桩设计要求全断面套打时,相应子目的人工费及机具费乘以系数1.50	5. φ850mm三轴水泥搅拌桩设计要求套接一孔法施工时,相应子目（包括非套接部分量）的人工费及机具费乘以系数1.5,材料费不变
95	工程量计算规则	十、水泥搅拌桩	
		1. 一般水泥搅拌桩按设计图示尺寸以"m³"计算	1. 一般水泥搅拌桩工程量按设计桩长乘以设计截面积以"m³"计算;φ850mm三轴水泥搅拌桩截面积按下图计算。 三轴搅拌桩桩截面面积表 | 桩径D(mm)	单元桩间距L(mm)	单元桩截面面积(m²)	图示
850	1200	1,4949	| φ850mm三轴水泥搅拌桩套接一孔法施工的,工程量按成桩后的桩长乘以上图截面积以"m³"计算,套接部位不重复计算
		3. 超深大直径双向深层水泥搅拌桩按设计图示尺寸以"m"计算	3. 双向水泥搅拌桩按设计图示以"m"计算
		5. 双轴、三轴每次成桩时与群桩间的重叠部分工程量不扣除,采用套打的扣除套打体积的水泥掺量材料费	5. 一般水泥搅拌桩（单头、双头、三轴水泥搅拌桩）每次成桩时与群桩间的重叠部分工程量不扣除
116	子目	D1-3-48 湿法喷浆 三轴	D1-3-48 φ850mm三轴搅拌桩 二搅二喷 D1-3-48-1 φ850mm三轴搅拌桩 四搅四喷
118	注	水泥搅拌桩内插拔型钢桩 注1～4	删除

工作内容：1. 二搅二喷：测量放线，挖掘机挖沟槽，桩机就位，拌制水泥浆，搅拌下沉并喷水泥浆，搅拌上升并喷浆，移位，除浮浆。
2. 四搅四喷：测量放线，挖掘机挖沟槽，桩机就位，拌制水泥浆，搅拌下沉并喷水泥浆，搅拌上升并喷浆，重复上下，移位，除浮浆。

计量单位：10m³

定额编号					D1-3-48	D1-3-48-1
子目名称					\(\phi\)850mm 三轴水泥搅拌桩	
					二搅二喷	四搅四喷
基价(元)					1970.47	2086.90
其中		人工费(元)			38.33	46.00
		材料费(元)			1377.53	1377.53
		机具费(元)			488.22	583.94
		管理费(元)			66.39	79.43
分类	编码	名称	单位	单价(元)	消耗量	
人工	00010010	人工费	元	—	38.33	46.00
材料	04010030	复合普通硅酸盐水泥 P·O 42.5	t	365.46	3.67	3.67
	34110010	水	m³	4.58	6.42	6.42
	99450760	其他材料费	元	1.00	6.89	6.89
机具	990106030	履带式单斗液压挖掘机 斗容量 1(m³)	台班	1439.74	0.087	0.104
	990215020	三轴搅拌桩机 轴径 850(mm)	台班	3118.40	0.087	0.104
	990610010	灰浆搅拌机 拌筒容量 200(L)	台班	253.21	0.174	0.209
	990612010	挤压灰浆输送泵 输送量 3(m³/h)	台班	65.63	0.174	0.209
	991003070	电动空气压缩机 排气量 10(m³/min)	台班	415.92	0.087	0.104

关于印发广东省建设工程定额
动态调整的通知（第 7 期）

粤标定函〔2021〕62 号

各有关单位：

为适应我省建筑市场发展变化需要，合理确定工程造价，加强定额动态管理，经测算，补充了《广东省房屋建筑与装饰工程综合定额 2018》A.1.13 墙、柱面装饰与隔断、幕墙工程"A.1.13.5 装饰砖"定额子目，现印发。本补充定额子目与我省现行工程计价依据配套使用，请遵照执行。执行中遇到的问题，请通过"广东省工程造价信息化平台——建设工程定额动态管理系统"及时反映。

附件：《广东省房屋建筑与装饰工程综合定额 2018》动态调整内容

广东省建设工程标准定额站
2021 年 3 月 25 日

附件：

《广东省房屋建筑与装饰工程综合定额2018》动态调整内容

说 明

一、拼花砖墙名词解释：

1. 平面拼花（不凸出）——由砖拼砌组成平面图案的独立墙体。

2. 平面拼花（凸出）——由砖拼砌组成凹入或凸出墙面的图案装饰的独立墙体。

3. 立体拼花——由砖拼砌组成立体艺术造型的砖砌体。

4. 贴砌砖——由砖贴、砌组成的装饰面层。

5. 标准砖墙厚见下表。

标准砖墙厚度表

砖墙	$\frac{1}{4}$砖	$\frac{1}{2}$砖	$\frac{3}{4}$砖	1砖	$1\frac{1}{4}$砖	$1\frac{1}{2}$砖	2砖	$2\frac{1}{2}$砖
厚度(mm)	53	115	180	240	300	365	490	615

二、拼花砖墙平面子目，拼花不凸出或凹进基面者执行"不凸出"子目。凸出或凹进基面1砖以下（含1砖）厚度者，按"凸出"子目计算；凸出或凹进基面超过1砖厚度者，执行"立体"子目，如图1。

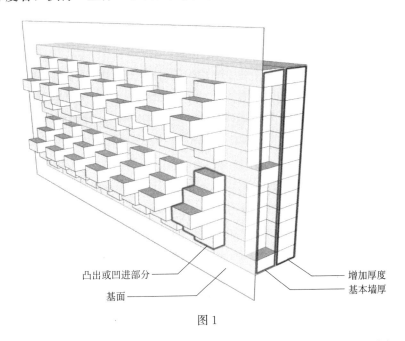

凸出或凹进部分
基面
增加厚度
基本墙厚

图1

三、拼花砖墙平面子目按1/2砖计算基本墙厚（不计凸出或凹进的厚度）。拼花砖墙立体子目按1砖计算基本墙厚（不计凸出或凹进的厚度）。贴砌砖子目按1/2砖计算基本墙厚（不计凸出或凹进的厚度），贴砌砖子目已考虑凹凸、锯齿等不规则情况。若设计要求增加厚度，执行砖墙单面清水砖外墙子目。如图1。

四、定额不考虑砖的表面防护处理费用，不含加浆勾缝费用，加浆勾缝按相应子目另行计算，结构伸出的固定钢筋另行计算。

五、定额按标准砖240mm×115mm×53mm规格编制，灰缝厚度按10mm考虑。如设计规格与定额不同时，砌体材料用量按以下方法换算，其他不变。换算方法如下：

以设计采用规格为260mm×105mm×58mm的砌块换算为例：

1. 子目采用标准砖规格为240mm（a）×115mm（b）×53mm（c），设计采用砖规格为260mm（a）×105mm（b）×58mm（c）。

2. 消耗量换算：

$$K = L \times (1+M) \times (1+N)$$

其中：K为定额消耗量；L为理论净用量；M为工艺损耗率；N为施工损耗率；a，b，c单位为"m"；0.01为灰缝厚度，单位为"m"。

（1）拼花砖墙（不凸出）

$$L = \frac{0.05}{(a+0.01) \times (c+0.01)} + \frac{0.15}{(b+0.01) \times (c+0.01)} （块）$$

（2）拼花砖墙（凸出）

$$L = \frac{0.043}{(a+0.01) \times (c+0.01)} + \frac{0.57}{(b+0.01) \times (c+0.01)} （块）$$

（3）拼花砖墙（立体）

$$L = \frac{1}{(b+0.01) \times (c+0.01)} （块）$$

（4）贴砌砖

$$L = \frac{1}{(a+0.01) \times (c+0.01)} （块）$$

定额名称		拼花砖墙(不凸出)	拼花砖墙(凸出)	拼花砖墙(立体)	贴砌砖
M 取值		4.98%	8.48%	19.68%	16.21%
N 取值	采用新砖	2%	2%	2%	2%
	回收旧青砖、旧红砖	12%	12%	18%	14%

工程量计算规则

1. 拼花砖墙平面子目按设计拼花图案边缘每边向外延伸一砖长度a（标准砖a为240mm，对于设计采用不同规格的砖可以此类推）计算面积，相邻图案之间净长度不足两砖长度$2a$的按净长度计算。

2. 拼花砖墙立体子目按表面积计算，如图2。

3. 贴砌砖子目按表面积计算，如图2。

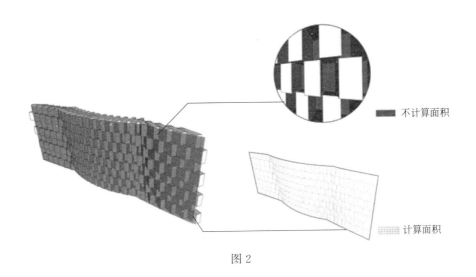

不计算面积

计算面积

图 2

A.1.13.5 砖装饰

1 拼花砖墙

工作内容：平面：选料、运料、切割拼花、淋砖、拌制砂浆、放线、砌筑、砌绑铁丝。

立体：选料、运料、钻孔打钉、淋砖、拌制砂浆、安拆定位放线架、放线、砌筑、砌绑铁丝、安放垫块、固定、灌注砂浆。

计量单位：m²

定额编号					A1-13-342	A1-13-343	A1-13-344
子目名称					拼花砖墙		
					平面		立体
					不凸出	凸出	
基价(元)					149.85	180.38	604.08
其中	人工费(元)				99.10	116.40	434.21
	材料费(元)				35.39	45.94	102.57
	机具费(元)				—	—	—
	管理费(元)				15.36	18.04	67.30
分类	编码	名称	单位	单价(元)	消耗量		
人工	00010010	人工费	元	—	99.10	116.40	434.21
材料	80090350	干混砌筑砂浆（配合比）DM M5	m³	410.67	0.023	0.024	0.126
	01030215	镀锌铁丝 综合	kg	5.38	—	0.018	0.032
	03019051	水泥钉	kg	6.52	0.003	0.003	0.003
	04010035	复合普通硅酸盐水泥 P·O 42.5	kg	0.37	0.219	0.219	0.506
	04130001	标准砖 240×115×53	千块	310.92	0.078	0.110	0.155
	05030080	松杂板枋材	m³	1180.62	0.001	0.001	0.001
	34110010	水	m³	4.58	0.013	0.013	0.012
	99450760	其他材料费	元	1.00	0.35	0.45	1.02

2 贴砌砖

工作内容：选料、运料、钻孔打钉、切割拼花、淋砖、拌制砂浆、放线、砌筑、砌绑铁丝、安放垫块、
固定。

计量单位：m²

定额编号					A1-13-345
子目名称					贴砌砖
基价(元)					208.38
其中	人工费(元)				146.67
	材料费(元)				38.98
	机具费(元)				—
	管理费(元)				22.73
分类	编码	名称	单位	单价(元)	消耗量
人工	00010010	人工费	元	—	146.67
材料	80090350	干混砌筑砂浆（配合比）DM M5	m³	410.67	0.033
	01030215	镀锌铁丝 综合	kg	5.38	0.070
	03019051	水泥钉	kg	6.52	0.003
	04130001	标准砖 240×115×53	千块	310.92	0.075
	04010035	复合普通硅酸盐水泥 P·O 42.5	kg	0.37	0.219
	05030080	松杂板枋材	m³	1180.62	0.001
	34110010	水	m³	4.58	0.013
	99450760	其他材料费	元	1.00	0.39

关于印发广东省建设工程定额
动态调整的通知（第 8 期）

粤标定函〔2021〕67 号

各有关单位：

  近期，我站组织专家研析了广东省建设工程定额动态管理系统收集的反馈意见，《广东省房屋建筑与装饰工程综合定额 2018》ϕ850mmSMW 工法水泥搅拌桩与市场实际存在一定差异。为加强定额动态管理，经广泛调研与测算，现将 ϕ850mmSMW 工法水泥搅拌桩项目调整后的内容印发。本调整内容与省现行工程计价依据配套使用，请遵照执行。执行中遇到的问题，请通过"广东省工程造价信息化平台——建设工程定额动态管理系统"及时反映。

  附件：《广东省房屋建筑与装饰工程综合定额 2018》动态调整内容

广东省建设工程标准定额站

2021 年 4 月 7 日

附件：

《广东省房屋建筑与装饰工程综合定额2018》动态调整内容

页码	部位或子目编号	原内容	调整为
3	目录	2 ϕ850SMW工法水泥搅拌桩	2 ϕ850mm 三轴水泥搅拌桩
63	章说明	四、喷浆(粉)桩(深层搅拌桩) 4.SMW工法搅拌桩水泥掺入量按加固土重(1800kg/m³)的20%考虑,如设计不同时按实调整;定额子目按2喷2搅施工编制,设计不同时,每增(减)1搅1喷按相应子目人工费和机具费增(减)40%计算。空搅部分按相应定额的人工费和机具费乘以系数0.50计算,并扣除水泥和水的含量。 5.SMW工法搅拌桩设计要求全断面套打时,相应子目的人工费及机具费乘以系数1.50,其余不变	4.ϕ850mm 三轴水泥搅拌桩水泥掺入量按加固土重(1800kg/m³)的20%考虑,设计不同时可进行调整,损耗率按2%计算。空桩部分按相应子目的人工费及机具费乘以系数0.5,扣除材料费。 5.ϕ850mm 三轴水泥搅拌桩设计要求采用套接一孔法施工时,相应项目(包括非套接部分工程量)的人工费及机具费乘以系数1.5,材料费不变
67	工程量计算规则	三、喷浆(粉)桩(深层搅拌桩) 2.SMW工法搅拌桩按设计桩长以三轴每米计算,群桩间重叠部分不扣除。 3.SMW工法搅拌桩中的插、拔型钢工程量按设计图示尺寸以"t"计算	2.ϕ850mm 三轴水泥搅拌桩桩长按设计顶标高至桩底以"m"计算;ϕ850mm 三轴水泥搅拌桩工程量以桩长乘以下图截面积以"m³"计算。成桩时与群桩间的咬合部分工程量不扣除。 三轴搅拌桩桩截面面积表 | 桩径D(mm)	单元桩间距L(mm)	单元桩截面面积(m²)	图示
850	1200	1.4949	| ϕ850mm 三轴水泥搅拌桩设计要求采用套接一孔法施工的,工程量按成桩后的桩长乘以上图截面积以"m³"计算,套接部位工程量不重复计算。 3.SMW工法搅拌桩中的搅拌桩按三轴搅拌桩计算,插、拔型钢工程量按设计图示尺寸以"t"计算
79	章节名称	2 ϕ850SMW工法水泥搅拌桩	2 ϕ850mm 三轴水泥搅拌桩
79	子目	A1-2-32 SMW工法搅拌桩 二搅二喷	A1-2-32 ϕ850mm 三轴水泥搅拌桩 二搅二喷 A1-2-32-1 ϕ850mm 三轴水泥搅拌桩 四搅四喷
79	A1-2-33子目名称	插拔型钢桩	SMW工法搅拌桩 插拔型钢

工作内容：1. 二搅二喷：测量放线，挖掘机挖沟槽，桩机就位，拌制水泥浆，搅拌下沉并喷水泥浆，搅拌上升并喷浆，移位，除浮浆。

2. 四搅四喷：测量放线，挖掘机挖沟槽，桩机就位，拌制水泥浆，搅拌下沉并喷水泥浆，搅拌上升并喷浆，重复上下，移位，除浮浆。

计量单位：10m³

定额编号					A1-2-32	A1-2-32-1
子目名称					\phi850mm 三轴水泥搅拌桩	
					二搅二喷	四搅四喷
基价（元）					1995.59	2116.95
其中	人工费（元）				38.33	46.00
	材料费（元）				1377.53	1377.53
	机具费（元）				488.22	583.94
	管理费（元）				91.51	109.48
分类	编码	名称	单位	单价（元）	消耗量	
人工	00010010	人工费	元	—	38.33	46.00
材料	04010030	复合普通硅酸盐水泥 P·O 42.5	t	365.46	3.67	3.67
	34110010	水	m³	4.58	6.42	6.42
	99450760	其他材料费	元	1.00	6.89	6.89
机具	990106030	履带式单斗液压挖掘机 斗容量 1(m³)	台班	1439.74	0.087	0.104
	990215020	三轴搅拌桩机 轴径 850(mm)	台班	3118.40	0.087	0.104
	990610010	灰浆搅拌机 拌筒容量 200(L)	台班	253.21	0.174	0.209
	990612010	挤压灰浆输送泵 输送量 3(m³/h)	台班	65.63	0.174	0.209
	991003070	电动空气压缩机 排气量 10(m³/min)	台班	415.92	0.087	0.104

关于印发广东省建设工程定额
动态调整的通知（第 9 期）

粤标定函〔2021〕69 号

各有关单位：

近期，我站组织专家研析了广东省建设工程定额动态管理系统收集的反馈意见，《广东省城市地下综合管廊工程综合定额 2018》ϕ850mmSMW 工法水泥搅拌桩与市场实际存在一定差异。为加强定额动态管理，经广泛调研与测算，现将 ϕ850mmSMW 工法水泥搅拌桩项目调整后的内容印发。本调整内容与省现行工程计价依据配套使用，请遵照执行。执行中遇到的问题，请通过"广东省工程造价信息化平台——建设工程定额动态管理系统"及时反映。

附件：《广东省城市地下综合管廊工程综合定额 2018》动态调整内容

广东省建设工程标准定额站

2021 年 4 月 12 日

附件：

《广东省城市地下综合管廊工程综合定额 2018》动态调整内容

页码	部位或子目编号	原内容	调整为
3	目录	2 ϕ850SMW 工法水泥搅拌桩	2 ϕ850mm 三轴水泥搅拌桩
94	章说明	八、SMW 工法搅拌桩 1. 水泥掺入量按加固土重（1800kg/m³）的 20% 考虑，如设计不同时按实调整；定额子目按二搅二喷施工工艺考虑，设计不同时，每增（减）一搅一喷按相应定额子目人工和机械费增（减）40% 计算。空搅部分按相应定额的人工和搅拌桩机台班乘以系数 0.50 计算，其他不变。 2.SMW 工法搅拌桩设计要求全断面套打时，相应子目的人工及机械乘以系数 1.50，其他不变	1. ϕ850mm 三轴水泥搅拌桩水泥掺入量按加固土重（1800kg/m³）的 20% 考虑，设计不同时可进行调整，损耗率按 2% 计算。空桩部分按相应子目的人工费及机具费乘以系数 0.5，扣除材料费。 2. ϕ850mm 三轴水泥搅拌桩设计要求采用套接一孔法施工时，相应项目（包括非套接部分工程量）的人工费及机具费乘以系数 1.5，材料费不变
98	工程量计算规则	三、喷浆（粉）桩（深层搅拌桩） 十四、SMW 工法搅拌桩按设计桩长以三轴每米计算，群桩间重叠部分不扣除，SMW 工法搅拌桩中的插、拔型钢工程量按设计图示型钢质量以"t"计算	十四、SMW 工法搅拌桩 1. ϕ850mm 三轴水泥搅拌桩桩长按设计顶标高至桩底以"m"计算；ϕ850mm 三轴水泥搅拌桩工程量以桩长以下图截面积以"m³"计算。成桩时与群桩间的咬合部分工程量不扣除。 三轴搅拌桩桩截面面积表 <table><tr><td>桩径 D (mm)</td><td>单元桩间距 L (mm)</td><td>单元桩截面面积 (m²)</td><td>图示</td></tr><tr><td>850</td><td>1200</td><td>1.4949</td><td></td></tr></table> 2. ϕ850mm 三轴水泥搅拌桩设计要求采用套接一孔法施工的，工程量按成桩后的桩长乘以上图截面积以"m³"计算，套接部位工程量不重复计算。 3.SMW 工法搅拌桩中的搅拌桩按三轴搅拌桩计算，插、拔型钢工程量按设计图示尺寸以"t"计算
116	章节名称	（3）ϕ850SMW 工法水泥搅拌桩	（3）ϕ850mm 三轴水泥搅拌桩
116	子目	G1-2-50　SMW 工法搅拌桩　二搅二喷	G1-2-50 ϕ850mm 三轴水泥搅拌桩　二搅二喷 G1-2-50-1 ϕ850mm 三轴水泥搅拌桩　四搅四喷
116	G1-2-51 子目名称	插拔型钢桩	SMW 工法搅拌桩　插拔型钢

工作内容：1. 二搅二喷：测量放线，挖掘机挖沟槽，桩机就位，拌制水泥浆，搅拌下沉并喷水泥浆，搅拌上升并喷浆，移位，除浮浆。
2. 四搅四喷：测量放线，挖掘机挖沟槽，桩机就位，拌制水泥浆，搅拌下沉并喷水泥浆，搅拌上升并喷浆，重复上下，移位，除浮浆。

计量单位：10m³

定额编号						G1-2-50	G1-2-50-1
子目名称						φ850mm 三轴水泥搅拌桩	
						二搅二喷	四搅四喷
基价（元）						2004.23	2127.29
其中	人工费（元）					38.33	46.00
	材料费（元）					1377.53	1377.53
	机具费（元）					488.22	583.94
	管理费（元）					100.15	119.82
分类	编码	名称	单位	单价（元）		消耗量	
人工	00010010	人工费	元	—		38.33	46.00
材料	04010030	复合普通硅酸盐水泥 P·O 42.5	t	365.46		3.67	3.67
	34110010	水	m³	4.58		6.42	6.42
	99450760	其他材料费	元	1.00		6.89	6.89
机具	990106030	履带式单斗液压挖掘机 斗容量 1(m³)	台班	1439.74		0.087	0.104
	990215020	三轴搅拌桩机 轴径 850(mm)	台班	3118.40		0.087	0.104
	990610010	灰浆搅拌机 拌筒容量 200(L)	台班	253.21		0.174	0.209
	990612010	挤压灰浆输送泵 输送量 3(m³/h)	台班	65.63		0.174	0.209
	991003070	电动空气压缩机 排气量 10(m³/min)	台班	415.92		0.087	0.104

关于印发广东省建设工程定额
动态调整的通知（第 10 期）

粤标定函〔2021〕135 号

各有关单位：

近期，我站组织专家研析了广东省建设工程定额动态管理系统收集的反馈意见，现将《广东省市政工程综合定额 2018》相关调整内容印发给你们，调整内容与我省现行工程计价依据配套使用，请遵照执行。在执行中遇到的问题，请通过"广东省工程造价信息化平台——建设工程定额动态管理系统"及时反映。

附件：《广东省市政工程综合定额 2018》动态调整内容（修正版）

广东省建设工程标准定额站

2021 年 7 月 14 日

《广东省市政工程综合定额2018》动态调整内容（修正版）

页码	部位或子目编号	原内容	调整为
		第一册 通用项目	
3	总说明	八、关于材料费	增： 7. 本综合定额已综合考虑材料、成品、半成品、设备自施工单位现场仓库或现场指定地点运至安装地点的水平和垂直运输，除定额另有说明外不需要另行计算
	计量单位	D1-1-128 100m³ 天然密实方（粤标定函〔2019〕163号）	D1-1-128 1000m³ 天然密实方
56	备注	挖地下构筑物石方，如需转堆的，按深度每超过3.6m计算一次	挖地下构筑物石方，如需转堆石方的，按以下办法计算转堆次数：深度 h≤3.6m 部分不计转堆，3.6m<h≤7.2m 部分计算一次转堆，7.2m<h≤10.8m 部分计算两次转堆，10.8m<h≤18m 部分计算三次转堆
79	D1-2-40～D1-2-42	砖砌体	D.1.2.10 砖砌体
259	工程量计算规则	七、石砌堤防桥、路护坡（包含锚杆及喷射混凝土等内容）在地面高1.2m以上，按斜面积计算单排脚手架（砌筑、勾缝共用）	七、石砌堤防桥、路护坡在地面高1.2m以上，按斜面积计算单排脚手架（砌筑、勾缝共用）
		第三册 桥涵工程	
135	D3-6-24	D3-6-24	删除
147	工程量计算规则	三、1. 预制构件中……混凝土的面积（包含测模、底模）以"m²"计算	三、1. 预制构件中……混凝土的面积（包含侧模、底模）以"m²"计算
180	注	2. 钢平台（钢管桩）单价按每吨每月180元，并按使用4个月编制，如施工期不同时，可予调整。使用5～12个月时，钢平台（钢管桩）每吨每月单价乘0.85系数	2. 钢平台（钢管桩）单价按每吨每月180元，并按使用4个月编制，如施工期不同时，可予调整。钢平台（钢管桩）单价为租赁价，可以根据市场价进行调整
		第四册 给水工程	
154	工作内容	尺寸校正、切管、安装水表、通水试验	尺寸校正、切管、安装水表组、通水试验
		第五册 排水工程	
27	（2）负拱基础	D5-1-25～26	删除
28	D5-1-27	基　价（元）4745.36 人工费（元）3676.23 管理费（元）691.67 人工费 3676.23	基　价（元）2765.82 人工费（元）1993.09 管理费（元）395.27 人工费 1993.09
	D5-1-28	基　价（元）4617.25 材料费（元）3102.03	基　价（元）1576.04 材料费（元）60.82

页码	部位或子目编号	原内容	调整为
		第五册 排水工程	
28	D5-1-30	04150340 混凝土块 301.11 10.100	04150345 混凝土块—10.100
		基 价(元) 2796.67 人工费(元) 2019.28 管理费(元) 399.89	基 价(元) 2174.12 人工费(元) 1489.95 管理费(元) 306.67
		人工费 2019.28	人工费 1489.95
29	D5-1-31	基 价(元) 4200.06 人工费(元) 3222.92 管理费(元) 611.85	基 价(元) 2489.78 人工费(元) 1768.73 管理费(元) 355.76
		人工费 3222.92	人工费 1768.73
		第七册 隧道工程	
30	D7-1-40	基 价(元) 4086.43 人工费(元) 212.16 机具费(元) 3372.43 管理费(元) 501.84	基 价(元) 1937.48 人工费(元) 106.48 机具费(元) 1593.06 管理费(元) 237.94
		人工费 212.16 自卸汽车 装载质量 12(t) 2.706	人工费 106.48 自卸汽车 装载质量 15(t) 0.97
	D7-1-41	基 价(元) 953.57 人工费(元) 42.46 机具费(元) 794.01 管理费(元) 117.10	基 价(元) 297.42 人工费(元) 21.23 机具费(元) 239.67 管理费(元) 36.52
		人工费 42.46 自卸汽车 装载质量 12(t) 0.726	人工费 21.23 自卸汽车 装载质量 15(t) 0.197
118	D7-5-13	基 价(元) 1039.69 人工费(元) 825.94 机具费(元) 77.66 管理费(元) 126.50	基 价(元) 1594.63 人工费(元) 825.94 机具费(元) 564.45 管理费(元) 194.65
			增： 990607020 混凝土输送泵车 输送量 75(m³/h)1738.53 0.28
	D7-5-14	基 价(元) 875.14 人工费(元) 722.56 机具费(元) 9.02 管理费(元) 102.42	基 价(元) 1212.07 人工费(元) 722.56 机具费(元) 304.57 管理费(元) 143.80
			增： 990607020 混凝土输送泵车 输送量 75(m³/h)1738.53 0.17
	D7-5-15	基 价(元) 738.21 人工费(元) 619.35 机具费(元) 9.02 管理费(元) 87.97	基 价(元) 1015.69 人工费(元) 619.35 机具费(元) 252.42 管理费(元) 122.05

页码	部位或 子目编号	原内容	调整为
		第七册　隧道工程	
118			增： 990607020 混凝土输送泵车　输送量 75(m³/h)1738.53　0.14
120	D7-5-19	基　价(元) 1078.85 人工费(元) 905.53 机具费(元) 9.65 管理费(元) 128.12	基　价(元) 1673.43 人工费(元) 905.53 机具费(元) 531.21 管理费(元) 201.14
			增： 990607020 混凝土输送泵车　输送量 75(m³/h)1738.53　0.30
	D7-5-20	基　价(元) 1031.58 人工费(元) 879.00 机具费(元) 9.65 管理费(元) 124.41	基　价(元) 1566.70 人工费(元) 879.00 机具费(元) 479.05 管理费(元) 190.13
			增： 990607020 混凝土输送泵车　输送量 75(m³/h)1738.53　0.27
	D7-5-21	基　价(元) 889.36 人工费(元) 748.06 机具费(元) 9.65 管理费(元) 106.08	基　价(元) 1246.11 人工费(元) 748.06 机具费(元) 322.59 管理费(元) 149.89
			增： 990607020 混凝土输送泵车　输送量 75(m³/h)1738.53　0.18

关于印发广东省建设工程定额
动态调整的通知（第 11 期）

粤标定函〔2021〕167 号

各有关单位：

近期，我站组织专家研析了广东省建设工程定额动态管理系统收集的反馈意见，现将《广东省房屋建筑与装饰工程综合定额 2018》和《建设工程施工机具台班费用编制规则 2018》相关调整内容印发给你们，调整内容与我省现行工程计价依据配套使用，请遵照执行。在执行中遇到的问题，请通过"广东省工程造价信息化平台——建设工程定额动态管理系统"及时反映。

附件 1：《广东省房屋建筑与装饰工程综合定额 2018》动态调整内容及子目；

附件 2：《建设工程施工机具台班费用编制规则 2018》动态调整内容。

广东省建设工程标准定额站
2021 年 8 月 30 日

附件1：

《广东省房屋建筑与装饰工程综合定额2018》动态调整内容

页码	部位或子目编号	原内容	调整为
		A.1.3 桩基础工程	
95	说明	—	新增：二十、旋挖成孔灌注桩按湿作业成孔考虑时，土方外运按泥浆和渣土分别计算，渣土性质应依据地质勘察报告或地质资料确定
97	工程量计算规则	一、预制混凝土桩 1. 打(压)预制混凝土方桩工程量，按设计图示桩长(包括桩尖)以"m"计算；打(压)预制混凝土管桩工程量，按设计图示桩长(不包括桩尖)以"m"计算	一、预制混凝土桩 1. 打(压)预制混凝土方桩工程量，按桩长(包括桩尖)以"m"计算；打(压)预制混凝土管桩工程量，按桩长(不包括桩尖)以"m"计算。预制混凝土管桩采用一体化桩尖的，桩尖并入桩长计算
98			新增：十一、旋挖成孔灌注桩采用湿作业成孔时，土方外运包括渣土和泥浆，渣土外运工程量按成孔工程量以"m³"计算，泥浆外运工程量按成孔工程量的20%计算。旋挖成孔灌注桩采用干作业成孔时，渣土外运工程量按成孔工程量以"m³"计算
		A.1.5 混凝土及钢筋混凝土工程	
212	说明	31. 现浇混凝土泵送高度以建筑施工图的设计标高±0.00作为基准，区分不同步距分别计算泵送增加费	31. 现浇混凝土泵送高度以建筑施工图的设计标高±0.00作为基准，区分不同步距分别计算泵送费
219	A1-5-3	基　价(元) 687.52 机具费(元) 9.02 管理费(元) 129.59	基　价(元) 686.61 机具费(元) 8.31 管理费(元) 129.39
		990605065 混凝土振捣器(平板式)(台班)11.72 0.770	(增)990605060 混凝土振捣器(插入式)(台班)10.49　0.577 990605065 混凝土振捣器(平板式)(台班)11.72　0.193
		A.1.6 装配式混凝土结构、建筑构件及部品工程	
290	A1-6-27	基　价(元) 959.74 材料费(元) 35.97	基　价(元) 50.74 材料费(元) 4.43
		03230060 灌浆钢套筒 φ30(个)90.00 10.100	删除
		A.1.7 金属结构工程	
326	说明	14. 钢结构安装的垂直运输已包括在相应定额内，不另行计算	删除

页码	部位或子目编号	原内容	调整为
		A.1.10 屋面及防水工程				
526	说明	6. 楼地面及墙面防水(潮)工程适用于±0.000以上部位外墙及室内楼地面、内墙面、阳台地面及等防水(防潮)工程	6. 楼地面及墙面防水(潮)工程适用于室内楼地面、内墙面、阳台地面、±0.000以上部位外墙等防水(防潮)工程
		12. 地下室外墙聚苯乙烯泡沫板保护层执行A1-11-146子目,人工乘以1.25	删除
		A.1.11 保温、隔热、防腐工程				
657	子目	/	新增:A1-11-147-1 自粘式XPS聚苯乙烯泡沫塑料板外墙保护层20mm(见附件1-1)
		A1-1.14 天棚工程				
855	说明	十、艺术造型天棚分为锯齿型、阶梯型、吊挂式、藻井式四种类型,其断面见附图	十、艺术造型天棚分为锯齿型、阶梯型、吊挂式、藻井式四种类型,其断面见附图(详见附件1-2)
		A1-1.15 油漆涂料裱糊工程				
1008	A1-15-194	工作内容:2. 基础清理、刮腻子、磨砂纸、喷刮绒面涂料等	工作内容:2. 基础清理、磨砂纸、喷刮绒面涂料等
		A.1.16 其他装饰工程				
1027	说明	1. 扶手、栏杆、栏板装饰定额适用于楼梯、走廊、回廊及其他装饰的扶手、栏杆、栏板	1. 扶手、栏杆、栏板装饰定额适用于楼梯、走廊、回廊及其他装饰的扶手、栏杆、栏板。栏杆、栏板、扶手的造型见附图(附件1-3)
1027	说明	3. 扶手、栏杆、栏板定额已含扶手制作安装所增加的费用	3. 栏杆(除注明外)、栏板定额均不含扶手制作安装所增加的费用
1030	工程量计算规则	3. 箱式(竖式)广告牌基层工程量,按设计图示结构外围面积以"m²"计算	3. 箱式(竖式)广告牌基层工程量,按设计图示结构外围体积以"m³"计算
1104	A1-16-237~240	粤标定函〔2019〕163号文计量单位:m²	计量单位:10m³
		A.1.9 拆除工程				
1181	说明	十一、屋面整体拆除按保护层、防水层、保温层、找平层拆除面积分别套用相应定额	十一、屋面整体拆除中的保护层、防水层按拆除面积分别套用相应定额
		A.1.20 模板工程				
1215	说明	二十六、异形柱、梁,是指柱、梁的断面形状为L形、十字形、T形等的柱、梁。圆形柱模板执行异形柱模板	二十六、异形柱、梁,是指柱、梁的断面形状为L形、十字形、T形等的柱、梁。铝合金圆形柱模板执行异形柱模板

页码	部位或子目编号	原内容	调整为
		A.1.21 脚手架工程		
1285	工程量计算规则	（7）靠脚手架安全挡板：编制预算时，每层安全挡板工程量，按建筑物外墙的凹凸面(包括凸出阳台)的总长度加16m乘以宽度2m计算。建筑物高度在三层以内或9m范围内不计安全挡板。高度在三至六层或在9m至18m计算一层，以后每增加三层或高度9m者计一层(最多按三层计算)，结算时除另有约定外，按实搭面积以"m²"计算	删除
		A.1.22 垂直运输工程		
1355	工程量计算规则	4. 建筑工程的主体为钢结构工程的，按本章计算的垂直运输费应扣除钢结构工程的占比系数。 钢结构工程占比系数＝钢结构工程造价÷建筑与装修工程总造价 钢结构工程造价指套用定额"金属结构工程"章节中相应工程内容的造价。建筑与装饰工程造价包括钢结构工程造价，但不包括单独装饰工程的造价	删除
		第三部分 其他项目		
1456	其他项目费用标准	七、概算幅度差：是指依据初步设计文件资料，按照预算(综合)定额编制项目概算，因设计深度原因造成的工程量偏差而应增补的费用。其计取方式如下表：	七、概算幅度差：是指依据初步设计文件资料，按照预算(综合)定额编制项目概算，因设计深度原因造成的工程量偏差和定额幅度差而应增补的费用。其计取方式如下表：

附件 1-1

工作内容：基层和边角处理、粘贴聚苯板、板面压平。

计量单位：100m²

定额编号					A1-11-147-1
子目名称					自粘式 XPS 聚苯乙烯泡沫塑料板外墙保护层
					20mm
基价(元)					5153.16
其 中	人工费(元)				3181.16
	材料费(元)				1512.00
	机具费(元)				—
	管理费(元)				460.00
分类	编码	名称	单位	单价(元)	消 耗 量
人工	00010010	人工费	元	—	3181.16
材料	09090075	自粘式 XPS 聚苯乙烯泡沫塑料板	m³	720.00	2.100

附件 1—2

艺术造型天棚断面示意图

1. 锯齿型

2. 阶梯型

3. 吊挂式

4. 藻井式

101

附件 1—3

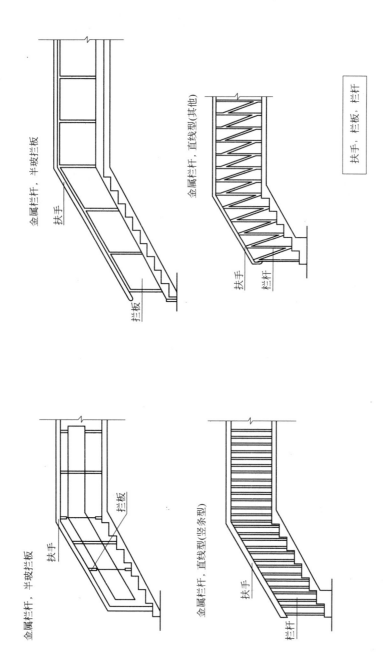

金属栏杆，半玻拦板

扶手

拦板

金属栏杆，半玻拦板

扶手

拦板

金属栏杆，直线型(其他)

扶手

栏杆

金属栏杆，直线型(竖条型)

扶手

栏杆

扶手、栏板、栏杆

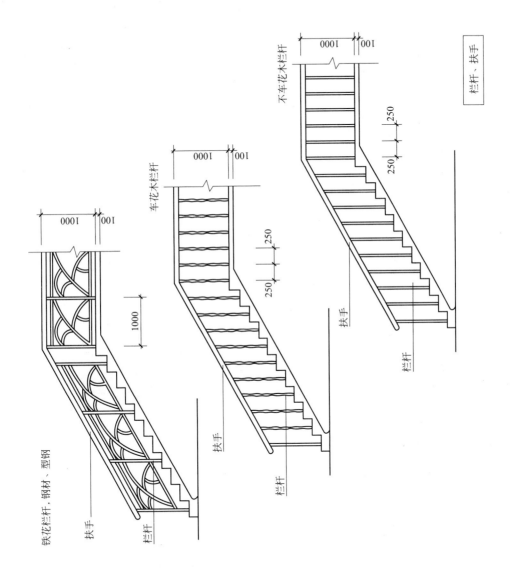

铁花栏杆，钢材、型钢

扶手

栏杆

1000

车花木栏杆

1000

100

250

250

扶手

栏杆

不车花木栏杆

1000

100

250

250

扶手

栏杆

栏杆、扶手

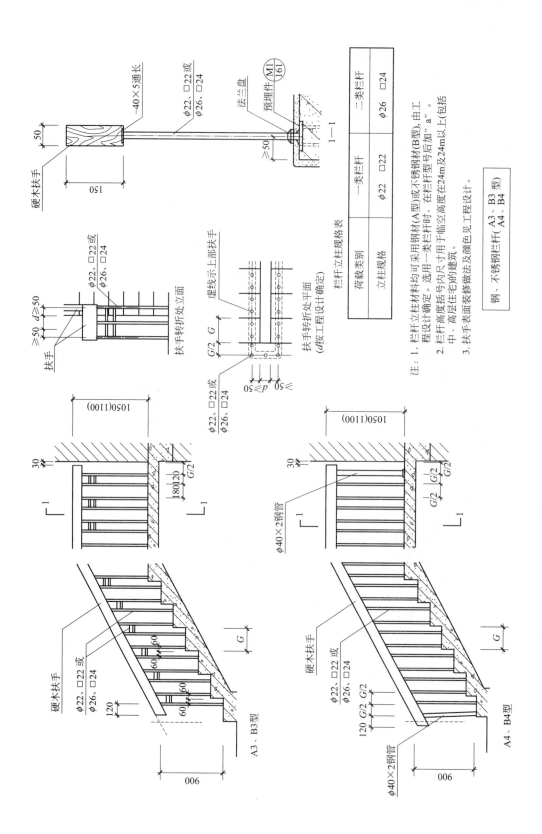

钢、不锈钢栏杆（A3、B3型
A4、B4型）

栏杆立柱规格表

荷载类别	一类栏杆	二类栏杆
立柱规格	φ22、□22	φ26、□24

注：1. 栏杆立柱材料均可采用钢材(A型)或不锈钢材(B型)，由工程设计确定。适用一类栏杆时，在栏杆型号后加"a"。
2. 栏杆高度括号内尺寸用于临空高度在24m及24m以上(包括在中、高层住宅)的建筑。
3. 扶手表面装修做法及颜色见工程设计。

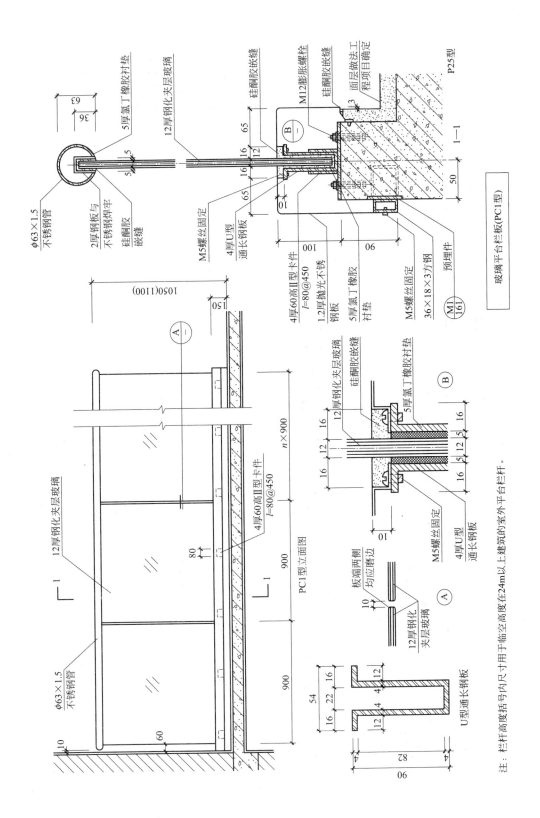

φ63×1.5
不锈钢管

2厚钢板与
不锈钢焊牢

硅酮胶
嵌缝

M5螺丝
固定

4厚U型
通长钢板

5厚氯丁橡胶衬垫

12厚钢化夹层玻璃

硅酮胶嵌缝

M12膨胀螺栓

硅酮胶嵌缝

面层做法工
程项目确定

P25型

1—1

预埋件

36×18×3方钢

M5螺丝固定

5厚氯丁橡胶
衬垫

1.2厚抛光不锈
钢板

4厚60高II型卡件
t=80@450

1050(1100)

150

φ63×1.5
不锈钢管

12厚钢化夹层玻璃

4厚60高II型卡件
t=80@450

80

900

900

PC1型立面图

60

12厚钢化夹层玻璃

硅酮胶嵌缝

5厚氯丁橡胶衬垫

M5螺丝固定

4厚U型
通长钢板

n×900

B

板端两侧
均应磨边

12厚钢化
夹层玻璃

A

U型通长钢板

54

22

16

82

90

注：栏杆高度括号内尺寸用于临空高度在高度24m以上建筑的室外平台栏杆。

玻璃平台栏板(PC1型)

M1
161

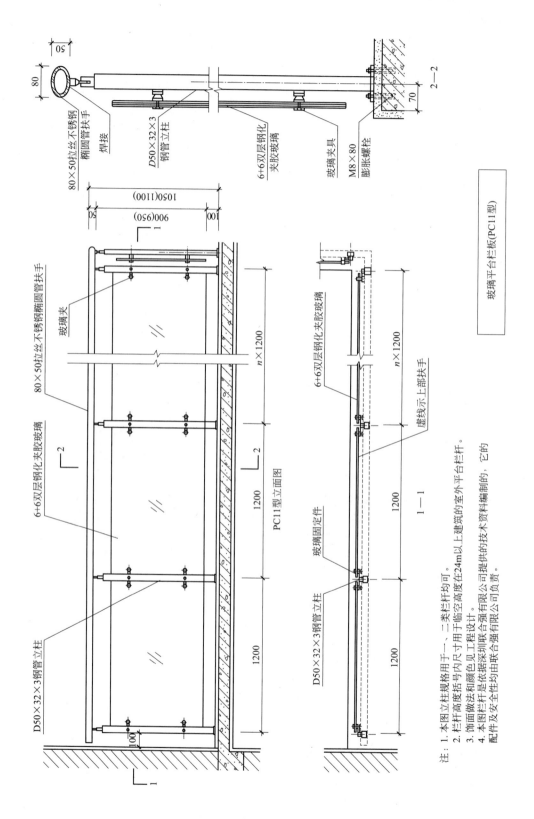

玻璃平台栏板(PC11型)

注：1. 本图立柱规格用于一、二类栏杆均可。
2. 栏杆高度括号内尺寸用于临空高度在24m以上建筑的室外平台栏杆。
3. 饰面做法和颜色见工程设计。
4. 本图栏杆是依据深圳联合强公司提供的技术资料编制的，它的配件及安全性均由联合强有限公司负责。

PC11型立面图

80×50拉丝不锈钢椭圆管扶手

焊接

D50×32×3钢管立柱

6+6双层钢化夹胶玻璃

玻璃夹具

M8×80膨胀螺栓

2—2

80×50拉丝不锈钢椭圆管扶手

玻璃夹

6+6双层钢化夹胶玻璃

D50×32×3钢管立柱

玻璃固定件

6+6双层钢化夹胶玻璃

虚线示上部扶手

1—1

106

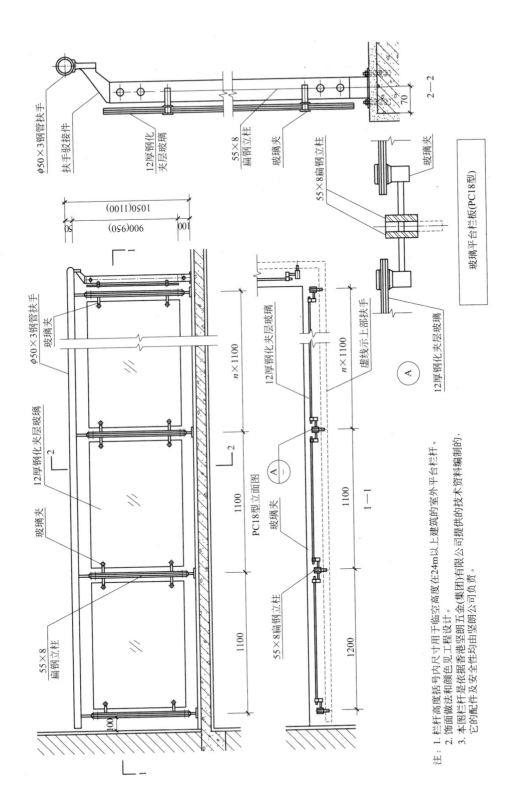

φ50×3钢管扶手

扶手驳接件

12厚钢化夹层玻璃

55×8扁钢立柱

玻璃夹

2—2

玻璃夹

55×8扁钢立柱

玻璃夹

玻璃平台栏板(PC18型)

12厚钢化夹层玻璃

1050(1100)

900(950)

φ50×3钢管扶手

玻璃夹

12厚钢化夹层玻璃

玻璃夹

55×8扁钢立柱

12厚钢化夹层玻璃

$n×1100$

$n×1100$

虚线示上部扶手

12厚钢化夹层玻璃

A

1100

1100

PC18型立面图

1100

1—1

55×8扁钢立柱

1200

A

注：1. 栏杆高度括号内尺寸用于用于临空高度在24m以上建筑的室外平台栏杆。
　　2. 饰面做法和颜色见工程设计。
　　3. 本图栏杆是根据香港坚朗五金(集团)有限公司提供的技术资料编制的，
　　　 它的配件及安全性均由坚朗公司负责。

附件2：

《建设工程施工机具台班费用编制规则2018》动态调整内容

页码	部位或子目编号	原内容	调整为
335	履带式单头岩石破碎机		

关于印发广东省建设工程定额
动态调整的通知（第 12 期）

粤标定函〔2021〕169 号

各有关单位：

近期，我站组织专家研析了广东省建设工程定额动态管理系统收集的反馈意见，现将《广东省房屋建筑与装饰工程综合定额 2018》和《广东省轨道交通工程综合定额 2018》相关调整内容印发给你们，调整内容与我省现行工程计价依据配套使用，请遵照执行。在执行中遇到的问题，请通过"广东省工程造价信息化平台——建设工程定额动态管理系统"及时反映。

附件 1：《广东省房屋建筑与装饰工程综合定额 2018》动态调整内容及子目；

2：《广东省轨道交通工程综合定额 2018》动态调整内容。

广东省建设工程标准定额站

2021 年 9 月 3 日

附件1：

《广东省房屋建筑与装饰工程综合定额2018》动态调整内容

页码	部位或子目编号	原内容	调整为
		A.1.6 装配式混凝土结构、建筑构件及部品工程	
290	A1-6-27	基 价（元）959.74 材料费（元）35.97	基 价（元）50.74 材料费（元）4.43
		03230060 灌浆钢套筒 φ30（个）90.00 10.100	删除
	A1-6-26 ～27	13410005 灌浆料 m³	13410007 套筒灌浆料 kg
		A.1.13 墙、柱面装饰与隔断、幕墙工程	
841	A1-13-310	基 价（元）11709.45 材料费（元）10254.47	基 价（元）8941.13 材料费（元）7486.15
		02310080 玻璃纤维网格布（m）7.29 422.000	02310080 玻璃纤维网格布（m）0.73 422.000
	A1-13-311	基 价（元）9179.21 材料费（元）7485.99	基 价（元）11122.52 材料费（元）9429.30
		02310080 玻璃纤维网格布（m）7.29 422.000 09250040 轻质玻璃纤维增强水泥空心墙板 90 （m²）31.62 103.895	02310080 玻璃纤维网格布（m）0.73 422.000 09250040 轻质玻璃纤维增强水泥空心墙板 90 （m²）76.97 103.895
	A1-13-312	基 价（元）10549.77 材料费（元）8617.09	基 价（元）12735.16 材料费（元）10802.48
		02310080 玻璃纤维网格布（m）7.29 422.000 09250050 轻质玻璃纤维增强水泥空心墙板 120 （m²）41.03 103.895	02310080 玻璃纤维网格布（m）0.73 422.000 09250050 轻质玻璃纤维增强水泥空心墙板 120 （m²）88.71 103.895
842	A1-13-313	基 价（元）10615.66 材料费（元）9041.56	基 价（元）7847.34 材料费（元）6273.24
		02310080 玻璃纤维网格布（m）7.29 422.000	02310080 玻璃纤维网格布（m）0.73 422.000
		A.1.16 其他装饰工程	
1098	A1-16-216	基 价（元）785459.06 材料费（元）770640.02	基 价（元）78184.25 材料费（元）63365.21
		33010160 钢水槽（kg）361 1979.000	33010160 钢水槽（kg）3.61 1979.000
	A1-16-217	基 价（元）816697.91 材料费（元）801878.87	基 价（元）109423.10 材料费（元）94604.06
		33010160 钢水槽（kg）361 1979.000	33010160 钢水槽（kg）3.61 1979.000
	A1-16-218	基 价（元）786984.43 材料费（元）770690.49	基 价（元）79709.62 材料费（元）63415.68
		33010160 钢水槽（kg）361 1979.000	33010160 钢水槽（kg）3.61 1979.000

页码	部位或子目编号	原内容	调整为
		A.1.16 其他装饰工程	
1098	A1-16-219	基 价(元) 820285.04 材料费(元) 803991.10	基 价(元) 113010.23 材料费(元) 96716.29
		33010160 钢水槽(kg) 361 1979.000	33010160 钢水槽(kg) 3.61 1979.000
1101	A1-16-225	基 价(元) 1106705.21 材料费(元) 1093365.78	基 价(元) 90645.44 材料费(元) 77306.01
		33010160 钢水槽(kg) 361 2843.000	33010160 钢水槽(kg) 3.61 2843.000
	A1-16-226	基 价(元) 1100763.37 材料费(元) 1086094.47	基 价(元) 84703.60 材料费(元)70034.70
		33010160 钢水槽(kg) 361 2843.000	33010160 钢水槽(kg) 3.61 2843.000

附件 2：

《广东省轨道交通工程综合定额2018》动态调整内容

页码	部位或子目编号	原内容	调整为
		第四册 地下结构工程	
193	M4-8-50	基　价(元) 164.15 材料费(元) 13.95	基　价(元) 157.59 材料费(元) 7.39
		02310080 玻璃纤维网格布(m) 7.29　1.000	02310080 玻璃纤维网格布(m) 0.73　1.000
	M4-8-51	基　价(元) 327.66 材料费(元) 19.65	基　价(元) 321.10 材料费(元) 13.09
		02310080 玻璃纤维网格布(m) 7.29　1.000	02310080 玻璃纤维网格布(m) 0.73　1.000

第三部分

纠纷案例复函

关于东莞市晨熙花园项目计价争议的复函

粤标定函〔2020〕15 号

东莞市融达房地产开发有限公司、中建二局第三建筑工程有限公司：

2019 年 11 月 6 日，你们通过广东省建设工程造价纠纷处理系统，申请解决东莞市黄江镇晨熙花园项目总承包工程项目涉及脚手架计算规则争议的来函及相关资料收悉。

从 2017 年 7 月 10 日签订的《中国东莞市黄江镇晨熙花园项目总承包工程补充合同》（合同编号：GS-DG-RD-1Q-JA-016）（以下简称补充合同）显示，本项目地点在东莞黄江宝山社区，发包人东莞市融达房地产开发有限公司，采用邀请招标方式，由承包人中建二局第三建筑工程有限公司负责承建。合同约定工程质量标准为合格，工期总日历天数为655 天。工程采用清单计价方式，清单工程量计算规则与报价要求除合同另有约定外，均依据《建设工程工程量清单计价规范》GB 50500—2013 相关规则，工程采用模拟清单招标，以暂定总价签订施工合同，双方约定在施工许可证获取 3 个月内进行重新计量，确认合同总价并包干执行，竣工后按照包干的合同价款、工程变更价款以及按合同约定计算的可调整价差等费用之和确定结算价款。依据所上传的项目资料，经研究，现对来函涉及的工程计价争议事项答复如下：

本项目计算脚手架工程量时，双方对于若干部位如 300mm 厚剪力墙与 200mm 厚砌体墙的交界处的凹凸线是否按延长米计算其脚手架长度，与阳台板一同浇筑的飘板是否要回缩至剪力墙的外边线计算脚手架面积，飘板位置有结构柱是否按结构柱边缘线计取脚手架长度，以室外地坪还是以垫层或者地下室顶板为起点计算脚手架高度产生争议。发包人认为，飘板、结构柱位置的脚手架不应按凹凸线计取长度，应该以直线拉通的长度计取；脚手架应根据《广东省建筑与装饰工程综合定额 2010》规定以室外地坪为起点计算高度。承包人认为，飘板、结构柱位置的脚手架应按凹凸线计取长度，脚手架应按未回填前的地下室顶板为起点计算高度。

我站认为，发承包双方于 2017 年 1 月 12 日签订了《晨熙花园 4 号商业、办公楼，5～8 号住宅楼、9 号商业楼、10 号垃圾房、11 号地下室总承包工程合同》（合同编号：2016-GS-DG-CXHY-QQ-020），2017 年 7 月 10 日签订了《中国东莞市黄江镇晨熙花园项目总承包工程补充合同文件》（合同编号：GS-DG-RD-1Q-JA-O16）（以下简称补充合同），2018 年 5 月 21 日，双方根据重新计量确认的造价成果，签订了《中国东莞市黄江镇晨熙花园项目总承包工程补充合同文件补充协议一》（合同编号：GS-DG-RD-1Q-JA-016-补-01）（以下简称补充协议一），确定了包干合同总价，则脚手架费用已经双方定价包干；另外，根据补充合同的《工程量计算规则及单价说明》第 37 条措施费项目编制说明"第 18）地下室及底商、幼儿园，高层标准层里脚手架、综合脚手架采用传统扣件式钢管脚手架，按建筑面积包干"的规定，并且从补充协议一中的"土建安装措施项目清单"序号 18 综合脚手架、单项脚手架、防护架、靠脚手架安全挡板、垂直封闭及安全防护网措施项目清单和序号 19 里脚手架、满堂架、电梯井架措施项目清单的计算规则均为"按图纸面积"，以及"土建投标分析"有关表格显示脚手架以建筑面积为单位报价等信息，双方已经按建筑面积为单位确认脚手架费用，与脚手架搭拆长度、高度无关，因此，争议涉及的脚手架费用应按建筑面积计算，并已在包干合同总价内，不作调整。

　　专此函复。

广东省建设工程标准定额站

2020 年 2 月 10 日

关于肇庆天骄御景二期 A 标段 5♯、6♯楼及 2♯地下室土建工程计价争议的复函

粤标定函〔2020〕17 号

东莞市建安集团有限公司肇庆分公司、广州德圣建筑劳务有限公司：

2019 年 12 月 25 日，你们通过广东省建设工程造价纠纷处理系统申请解决肇庆天骄御景二期 A 标段 5♯、6♯楼及 2♯地下室土建工程涉及面积计算争议的来函及相关资料收悉。

从 2018 年 5 月 6 日签订的劳务分包合同（ZQ—肇庆天骄御景二期 01C20180009）显示，肇庆天骄御景二期 A 标段 5♯、6♯楼及 2♯地下室土建工程项目地点在肇庆市端州区蓝塘四路（肇庆中学旁边），发包人为东莞市建安集团有限公司肇庆分公司，承包人为广州德圣建筑劳务有限公司。分包范围为肇庆天骄御景二期 A 标段 5♯、6♯楼及 2♯地下室土建主体分项工程，合同约定工程质量标准为合格，合同价格形式为分项劳务固定单价，其中模板工程、钢筋工程、混凝土工程、脚手架工程、安全文明施工、测量放线、实测实量及现场管理等都按建筑面积乘以合同综合单价。依据所上传的项目资料，经研究，现对来函涉及建筑面积计算争议问题答复如下：

关于标准层所有窗台能否计算建筑面积及如何计算建筑面积，双方产生争议。发包人认为该位置属于飘窗，不计算建筑面积。承包人认为该位置属于落地窗，按现行建筑面积计算规则，应以投影全面积作为建筑面积。

经查阅，双方在合同约定的建筑面积按国家现行的建筑面积计算规则计算，则本项目建筑面积应以《建筑工程建筑面积计算规范》GB/T 50353—2013 为计算依据。该规范中术语 2.0.15 凸窗（飘窗）定义为"凸出建筑物外墙面的窗户"，相应的 2.0.15 条文说明为"凸窗（飘窗）既作为窗，就有别于楼（地）板的延伸，也就是不能把楼（地）板延伸出去的窗称为凸窗（飘窗）。凸窗（飘窗）的窗台应只是墙面的一部分且距（楼）地面应有一定的高度"。

根据报送的墙身大样图显示，本项目的楼板延伸出去至窗边，窗台也不是墙面的一部分，因此该部位不能定义为凸窗（飘窗）；同时，本项目楼板延伸至窗边且窗下墙体为外墙面，属于外墙结构，该部分应计算建筑面积。依据该规范第 3.0.1 条"建筑物的建筑面积应按自然层外墙结构外围水平面积之和计算。结构层高在 2.20m 及以上的，应计算全面积；结构层高在 2.2m 以下的，应计算 1/2 面积"的规定，以及术语第 2.0.3 条结构层高为"楼面或地面结构层上表面至上部结构层上表面之间的垂直距离"的定义，双方上传的肇庆天骄御景"5♯-结构-回复_t3 图纸图号 GS-41 墙身大样图①"显示窗台位置结构

117

层标高为结构楼面标高，"5 号楼施工图 2017.03.30 _ t3 _ t3 图号 JS-25 墙身大样图一①"显示窗台高度 500mm，地面结构层上表面按结构图中楼面结构层标高计算，则结构层高为 3m。

综上所述，我站认为，根据《建筑工程建筑面积计算规范》GB/T 50353—2013 规定，该窗台位置不属于飘窗，属于外墙结构。同时结构层高为 3m，窗台高度为 500mm，适用规范第 3.0.1 条"结构层高在 2.20m 及以上的，应计算全面积"，因此本项目计价争议涉及的窗台位置应按投影的全面积作为其建筑面积。

专此函复。

广东省建设工程标准定额站

2020 年 2 月 17 日

关于佛山市领地·海纳龙庭
建设工程项目涉及计价争议的复函

粤标定函〔2020〕18 号

佛山市禅城区领悦房地产开发有限公司、浙江新东方建设集团有限公司：

2019 年 12 月 13 日，你们通过广东省建设工程造价纠纷处理系统申请解决领地×广东海纳龙庭建设工程项目涉及计价争议的来函及相关资料收悉。

从 2014 年 8 月签订的《领地·海纳龙庭建设工程施工总承包》合同显示，本项目地点位于广东省佛山市禅城区，佛山市禅城区领悦房地产开发有限公司（以下简称发包人）采用邀请招标方式，由浙江新东方建设集团有限公司（以下简称承包人）负责承建，承包范围为地下室一层，16 层住宅 13 栋，商业写字楼 1 栋，低层商业楼 3 栋，总建筑面积 11.4 万 m^2，合同约定工程质量标准为合格。本工程除外墙保温工程、防水工程以双方约定的综合单价包干外，其他工程采用现行相关定额进行计价。依据所上传的项目资料，经研究，现对来函涉及的工程计价争议事项答复如下：

本项目双方约定了可调价材料范围和调整办法，但对于未列入可调价范围的材料的结算价格如何确定产生争议。发包人认为合同约定为定额计价，未列入可调价范围的材料的结算价格应按照现行定额基价中相应的材料价格执行。承包人认为本工程招标和签约时间为 2014 年，与双方约定执行的 2010 年版广东省建设工程计价依据编制期的材料价格发生较大变化，合同对可调价材料的范围和调整方法进行了约定，其余未列入可调价范围的材料价格应按招标投标时期的价格计取，而投标下浮率正是基于该时期的价格水平报出的。我站认为，双方争议在于对"定额计价"的理解不一致。经查阅，合同第 1 条"词语含义"并无专门对"定额计价"进行释义，因此，应视为双方是认同以现有相关工程计价的法律法规、标准规范、规章制度及交易习惯作为标准来理解和适用"定额计价"。国家标准《工程造价术语标准》GB/T 50875—2013 通用术语中，第 2.3.14 条明确"定额基价"是指"反映完成定额项目规定的单位建筑安装产品，在定额编制基期所需的人工费、材料费、施工机械使用费或其总和"，即定额基价反映的是编制基期的价格水平；此外，依据合同条款第 39.2 条"本工程外墙保温工程、防水工程以清单综合单价包干结算，其他工程执行《广东省建筑和装饰工程综合定额 2010》《广东省安装工程综合定额 2010》及相关配套文件"的约定，查询与该定额相关配套使用的《广东省建设工程计价通则 2010》术语内容，其中第 2.0.3 条明确规定"定额计价"是指"按照广东省建设工程综合定额规定计算建设工程造价的计价"，即定额计价是一种计价方法，其具体方法详见《广东省建设工程计价通则 2010》及工程所在地造价管理部门颁发的计价程序、费率与应用规定等；

综上所述，在双方并无专门定义的情况下，按照行业约定俗成的理解，定额计价是计算工程造价的方法之一，结算时，未列入可调价范围的材料价格应是编制投标报价时期的价格。

专此函复。

广东省建设工程标准定额站

2020 年 2 月 17 日

关于阳江市直属粮库第五期
工程项目计价争议的复函

粤标定函〔2020〕23 号

阳江市粮油储备公司（发包人）、广东新华建工程有限公司（承包人）：

2020 年 1 月 16 日，你们通过广东省建设工程造价纠纷处理系统申请解决工程计价争议的来函及相关资料收悉。从 2016 年 9 月 30 日签订的《阳江市直属粮库第五期工程项目施工合同》显示，本项目地点在阳江市江城区，资金来源是市财政资金和中央专项补贴资金，发包人采用公开招标方式，由广东新华建工程有限公司负责承建，合同约定工程质量标准为合格，计价方式为工程量清单计价，合同为固定总价合同，合同工期为 200 天，工程现处于竣工结算阶段。依据所上传的项目资料，经研究，现对来函涉及的工程计价争议事项答复如下：

一、关于按照粤人社规〔2015〕5 号文规定购买的工伤保险是否可以按发票结算
   的争议

承包人在项目属地根据《关于进一步做好我省建筑业工伤保险工作的实施意见》（粤人社规〔2015〕5 号）规定"以建设项目为单位参保的，按照建设项目工程合同总造价的一定比例计算缴纳工伤保险费"办理参保手续，实际缴纳比例为工程合同总造价的 1.5‰，申请人对该项费用在结算时是否按发票结算产生争议。发包人认为费用已含在合同总价内，不同意结算时增加该项费用；承包人认为施工单位是按粤人社规〔2015〕5 号文规定购买的工伤保险，费用应由发包人承担，应按发票结算。

我站认为，根据《广东省建设工程计价通则 2010》"4 计价元素"规定，人工费和管理费已分别包含施工人员和管理人员应该缴纳的工伤保险费，而本项目合同并无对人工费、管理费的范畴另有约定，则应依据《广东省建设工程计价通则 2010》相关规定，合同价格的人工费、管理费均已包含工伤保险费用。此外，粤人社规〔2015〕5 号文只是规定了工伤保险费的缴费方式和缴纳比例，除了属地造价管理机构另有规定予以调整的外，否则与工程造价如何计算确定没有关联，结算应按照合同的计价方式、费用划分标准及调整方式来确定。同时，本合同的费用是固定总价包干，工伤保险费已包含在固定总价内，综上所述，本项目结算时不能按照实际缴纳的金额来调整。

二、关于分部分项工程人材机价格调整，是否可以调整安全文明施工措施费的争议

合同双方对分部分项工程人材机调整价差，是否需要相应调整安全文明施工措施费产生争议。发包人认为，不需要调整安全文明施工措施费；承包人认为，安全文明施工措施费的计算基础与分部分项工程费有关联，人材机调整价差，影响了分部分项工程费用，则应相应调整安全文明施工措施费。

　　我站认为，本项目合同采用的是工程量清单计价方式，安全文明施工措施费在投标报价时可能与分部分项工程费有关联，但是涉及措施费的调整，应依据本项目合同专用条款第 71.3 、72.3 条约定"调整措施项目费的方法：安全文明施工费，按照实际发生变化的措施项目调整。如果一方当事人未按本款规定事先将拟实施的方案提交，则认为当事人放弃调整措施项目费的权利。"因此，在工程量清单计价模式下，安全文明施工措施没有变化的，则不予调整，与分部分项工程人材机调整的价差无关。

　　专此函复。

广东省建设工程标准定额站

2020 年 3 月 3 日

关于中山市岐江公路顶管
工程计价争议的复函

粤标定函〔2020〕55号

中山市横栏镇永兴污水处理有限公司、中山市岐安市政工程有限公司：

2020年3月13日，你们通过广东省建设工程造价纠纷处理系统，申请解决岐江公路顶管工程计价争议的来函及相关资料收悉。

从2015年4月10日签订的施工合同显示，岐江公路顶管工程项目位于中山市横栏镇，资金来源为政府投资，采用公开招标方式，由中山市岐安市政工程有限公司负责承建，合同约定工程质量标准为合格，采用清单计价方式，合同工期为180日历天，目前工程处于竣工结算阶段。依据所上传的项目资料，现对来函涉及的工程计价争议事项答复如下：

本工程在实施期间公路管理部门要求对主干管进行了由路中向路侧的设计线位调整，调整了DN1200顶管工作井、接收井数量、间距，并将井筒处土体原设计的水泥搅拌桩加固止水措施变更为水泥搅拌桩加高压旋喷注浆的方案，双方对因变更造成的措施费如何结算产生争议。发包人认为，招标文件注明本工程为固定总价合同，即便原设计的水泥搅拌桩加固止水措施变更为水泥搅拌桩加高压旋喷注浆的方案，补充合同中的止水措施费用也应视为总价包干而不作调整。承包人认为，止水措施方案变更属于由设计院作出的非承包人原因引起的工程变更，应按合同约定的变更工程计价方法据实结算。

经查阅相关资料，本工程水泥搅拌桩加固止水措施变更为水泥搅拌桩加高压旋喷注浆，是发包人依据设计院提供的工程变更单向承包人发出的指令，属于非承包人原因引起的设计变更。根据总包合同专用条款第68条"合同价款的调整因素包括工程变更"，因此，本工程的工程变更费用应按照总包合同及招标文件的约定进行调整，不含在固定总价合同内。

另外，根据合同关于变更价款调整的计算方式约定："由于非承包方原因，由设计单位所做的工程修改、变更，按以下方式结算：1）合同中已有使用于变更工程的单价，按合同已有的单价变更合同价款。2）合同中已有类似于变更工程的单价，可参照类似单价变更合同价款。3）合同中没有使用或类似变更工程的单价，按照广东省建设工程计价依据、工程所在地造价管理机构有关规定和发布的价格信息，依据工程变更签证，由承包方提出适当的变更价格，按本招标说明的规定作出预算经市财政局审核后结算。结算单价按中标价与招标控制价的相应比例折算执行"，我站认为，本工程因公路管理要求，将水泥搅拌桩加固止水措施变更为水泥搅拌桩加高压旋喷注浆的指令属于非承包人原因引起的设计变更，费用不含在固定总价合同内；变更的工程量应按照设计变更单和现场签证的打桩记录据实计算；变更工程的单价应按照合同约定计算。

专此函复。

广东省建设工程标准定额站

2020 年 4 月 7 日

关于中山市西园上境花园
工程计价争议的复函

粤标定函〔2020〕56号

中山上境房地产开发有限公司、中国建筑第二工程局有限公司：

2020年2月28日，你们通过广东省建设工程造价纠纷处理系统，申请解决西园上境花园工程计价争议的来函及相关资料收悉。

从2016年12月2日签订的《西园上境花园建设工程施工合同》（合同编号：ZSSJ-GC-2016-002）及2017年8月31日签订的《西园上境花园补充建设工程施工合同》（合同编号：ZSSJ-GC-2016-002-补1）显示，本项目地点在中山市西区金港路130号，资金来源是自筹，发包人中山上境房地产开发有限公司采用邀请招标方式，由承包人中国建筑第二工程局有限公司负责承建，合同约定工程质量标准为合格，采用定额计价方式，按《广东省建筑与装饰工程综合定额2010》《广东省安装工程综合定额2010》等文件执行，工程现处于合同履行阶段。依据所上传的项目资料，经研究，现对来函涉及的工程计价争议事项答复如下：

一、关于钢筋工程量计算规则的争议

承发包双方在计算钢筋工程量时，对非设计接驳、设计搭接及钢筋接头的工程量计算产生争议。发包人认为，定额已考虑施工损耗以及因钢筋加工综合开料和钢筋出厂定尺长度所引起的钢筋非设计接驳，广联达软件计算时钢筋定尺长度应设置长度可为上限5000米。承包人认为，发包人按定尺长度5000米设置，没有考虑梁、板的贯通钢筋国家设计标准图集设计接驳及水平方向的梁板钢筋接头要求。

我站认为，采用定额计价方式的，发承包双方在计算钢筋工程量时，不得以使用软件的参数设置为依据，而是应把握以下三点规则作为计算依据：一是关于钢筋的定尺长度引起的钢筋接驳工程量，应根据《广东省建筑与装饰工程综合定额2010》A.4混凝土及钢筋混凝土章说明第208页第四条第4点"定额已考虑施工损耗以及钢筋加工综合开料和钢筋出厂长度定尺所引起的钢筋非设计接驳"规定确定；二是关于设计图示及规范要求的设计搭接工程数量，应根据《广东省建筑与装饰工程综合定额2010》第213页第4.3条第3点"钢筋搭接按设计、规范规定计算，墙、柱、电梯井壁的竖向钢筋；梁、楼板及地下室底板的贯通钢筋；墙、电梯井壁的水平转角筋，以上钢筋的连接区、连接方式、连接长度均按设计图纸和有关规范、规程、国家标准图册的规定计算"的规定计算；三是《广东省建筑与装饰工程综合定额2010》第284页钢筋接头子目适用于已按设计图纸和有关规范、规程、国家标准图集规定计算出钢筋接头的钢筋混凝土梁、板、柱、墙构件，以"个"为

125

单位计算，但计算钢筋接头后，不能再计算该处的钢筋搭接长度。

二、关于钢筋长度计量的争议

双方对钢筋长度是按钢筋外皮还是中轴线计量产生争议。发包人认为，按《关于广东省建设工程定额动态管理系统定额咨询问题解答的函（第 1 期）》(粤标定函〔2019〕9 号)第 2 条解释按钢筋中轴线计算。承包人认为，根据国家设计标准图集 16G101-1 第 16、56页的规定按照钢筋外皮计算。

我站认为，国家设计标准图集所注明的钢筋外皮尺寸只是为了说明所标注尺寸之间的关系，不适用于定额工程量的计算规则。本工程合同约定的计价依据为《广东省建筑与装饰工程综合定额 2010》，钢筋工程量的计算必须按照所适用定额的工程量计算规则进行计算。因此，本工程的钢筋工程量应按照《关于广东省建设工程定额动态管理系统定额咨询问题解答的函（第 1 期）》(粤标定函〔2019〕9 号) 第 2 条的解答，按钢筋中轴线并考虑弯曲调整值计算钢筋长度，计算结果按向上取整＋1 取定。

三、关于花架的梁模板套用定额子目的争议

双方对花架的梁模板套用定额子目产生争议。发包人认为，梁与板一起组合成有梁板的梁模板，应套用有梁板模板子目计价，花架中的梁为单梁或者连续梁，则按单梁、连续梁模板子目计价。承包人认为，有梁板、花架的梁模板全部应按单梁、连续梁模板子目计价。

我站根据申请人提供的施工图纸，认为图纸 1 是有梁板，可参考《关于广东省建设工程定额动态管理系统定额咨询问题解答的函（第 3 期）》(粤标定函〔2020〕6 号) 第 12 条的解答，有梁板中的梁模板应套用梁模板相应的子目计算；图纸 2 是花架梁，应按照《广东省建筑与装饰工程综合定额 2010》规定，套用单梁、连续梁模板子目计算。

专此函复。

广东省建设工程标准定额站
2020 年 4 月 7 日

关于珠海市香洲区问题河涌（含黑臭水体）管养提升项目计价争议的复函

粤标定函〔2020〕57 号

珠海市香洲区城市管理和综合执法局、珠海正圆市政建设有限公司：

2020 年 1 月 21 日，你们通过广东省建设工程造价纠纷处理系统，申请解决珠海市香洲区问题河涌（含黑臭水体）管养提升项目计价争议的来函及相关资料收悉。

从 2019 年 10 月 12 日签订的合同显示，本工程为非招标工程，项目所在地是珠海市香洲区，工程现处于合同履行阶段，合同为暂定价，计价方式为定额计价，以现行清单计价规范、《广东省建设工程计价依据 2018》及其配套定额、《广东省房屋建筑和市政修缮工程综合定额 2012》等作为计价依据。根据所有提交的资料，经研究，现对来函涉及的计价争议事项答复如下：

一、关于黄金叶等植物栽种工程量计算及套用定额子目的争议

本工程图纸设计标示栽种的植物和种植密度为：黄金叶自然高 50～55cm，冠幅 50～55cm，16 盆/m²、红花檵木自然高 50～55cm，冠幅 50～55cm，16 盆/m²、红花勒杜鹃自然高 80～85cm，冠幅 75～80cm，9 盆/m²，双方对黄金叶、红花檵木、红花勒杜鹃等植物栽种工程量如何计算及套用定额子目的计价问题产生争议。发包人认为，设计图为成片栽植，应按套露地花卉工程量按"m²"计算，套用露地花卉 E1-2-75 子目；而承包人则认为，设计植物均为灌木，设计苗木规格与地被不相符，工程量应按"株"计算，套用栽植灌木定额子目更合理。

按照申请人提供的设计图纸，黄金叶、红花檵木、红花勒杜鹃等植物都是木本植物，采用片栽的种植方式，种植密度为 9～16 盆/m²。从申请人提供的现场施工图片的种植方式和配置要求来看，苗木功能作用是路边的防护和隔离，符合《广东省园林绿化工程综合定额 2018》第 271 页附录二名词解释第三条第 9 点"以片状形式密植于路边或各种用地边界的树丛、灌木带"规定，上述植物应按照《广东省园林绿化工程综合定额 2018》第 87 页工程量计算规则第五条规定：片栽绿篱按设计图示尺寸以"m²"计算。按照植物的高度不同，分别套用 E.1.2.5 栽植绿篱子目，种植密度与定额不同时，可以调整。

二、关于支护工程打拔拉森Ⅲ型钢板桩工程计入分部分项工程项目还是措施项目的争议

双方就本项目开挖沟槽的支护项目打拔拉森Ⅲ型钢板桩支护工程计入分部分项工程项目还是措施项目产生争议。发包人认为，本项目打拔拉森钢板桩属于开挖沟槽的施工支护措施项目，宜放入措施项目中；而承包人认为，打拔拉森钢板桩应放在分部分项工程项目中更合理。

我站认为，本工程采用定额计价方式，根据《广东省市政工程综合定额 2018》第一册通用项目第 7 页册说明第一条及第 89 页第一条的规定，沟槽及基坑钢支撑属于 D.1.3 软基处理、桩及支护工程，围护支护及桩工程在定额中属于分部分项工程项目，不属于措施项目。因此，根据定额规定，本项目基坑支护打拔拉森Ⅲ型钢板桩工程应计入分部分项工程项目。

三、关于支护工程打拔拉森Ⅲ型钢板桩钢管支撑安装、拆除工程套用定额子目的争议

本项目支护工程设计图纸做法为：沟槽宽度在 4m 内，打拔拉森Ⅲ型钢板桩 6～12m、1～2 道型钢围檩、间距 4m 钢管支撑、对应横撑设置牛腿做法的基坑支护，双方就本项目打拔拉森Ⅲ型钢板桩钢管支撑安装、拆除工程套用定额子目计价问题产生争议。发包人认为，按照定额子目 D1-3-219 执行，实际消耗的用钢量不一致时，按定额规定不应调整；而承包人则认为，套用定额 D1-3-220 钢板桩钢管支撑安装、拆除更合理。

我站认为，定额的消耗量和费用标准是按正常的施工条件，以全省建筑企业机械、工期、工艺、劳动组织综合测定的，反映了社会平均水平，除定额明确说明可以调整的情形外，当项目的实际消耗量与定额不一致的，不得调整。另外，根据本项目设计图纸，结合《广东省市政工程综合定额 2018》第一册第 97 页工程量计算规则第二十二条规定："1. 一般沟槽钢支撑安装拆除工程量（支撑宽度 4m 内）按设计要求支撑的沟槽长度以'm'为单位；2. 一般沟槽钢支撑安装拆除工程量（支撑宽度 4～7m 内）按设计图示尺寸以't'计算"，本工程支撑宽度 4m 内，槽钢支撑安装拆除工程量（支撑宽度 4m 内）按设计要求支撑的沟槽长度以"m"计算，槽钢支撑安装、拆除工程应套用 D1-3-219 定额子目计算，消耗量不得调整。

专此函复。

广东省建设工程标准定额站

2020 年 4 月 7 日

关于广州市创维华南总部及广州
研发中心工程计价争议的复函

粤标定函〔2020〕77 号

广州创维电子有限公司、中国华西企业有限公司：

2020 年 3 月 20 日，你们通过广东省建设工程造价纠纷处理系统申请解决创维华南总部及广州研发中心项目外脚手架安全网计价争议的来函及相关资料收悉。

从 2018 年 11 月 16 日签订的本工程施工合同显示，项目落址于广州市黄埔区，资金来源为企业自筹，发包人广州创维电子有限公司采用邀请招标方式，由中国华西企业有限公司负责承建。合同约定工程质量标准为合格，采用工程量清单计价方式，合同价格形式为固定单价加部分固定总价，合同工期为 512 日历天，工程现处于合同履约阶段。依据所上传的项目资料，现对来函涉及的工程计价争议事项答复如下：

2019 年 6 月 11 日，广州市黄埔区住房和城乡建设局及广州开发区建设和交通局共同发布了《关于在全区建设项目推广使用封闭式外脚手架金属防护网的通知》（穗埔建〔2019〕66 号）（以下简称"66 号文"），要求"在全区范围内推广使用安全性能更好、更环保的封闭式外脚手架金属防护网"。经发包人同意，本工程使用封闭式外脚手架金属防护网替代传统安全网，现双方就外脚手架围蔽由金属防护网代替原密目式安全网的费用如何确定产生争议。发包人认为，金属防护网作为周转材料，应扣除 5% 残值后进行 2～3 次摊销计算材料费用；承包人认为，该金属防护网的使用是应政府主管部门和发包人要求进行采购安装，无法周转到其他项目使用，不应计算摊销，且材料价格应参照当期市场价格水平。

我站认为，本工程合同签订时间为 2018 年 11 月 16 日，属于 66 号文中第三条（三）款规定的"已完成招标投标工作或已签署施工合同的项目"范围，发包人据此下达指令属于工程变更。

根据双方提供的工程量清单，脚手架工程为固定单价，结合本工程合同通用条款 52.2 条发包人确认单价的权利规定，因工程变更引起的金属防护网替代传统安全网的封闭式外脚手架综合单价在合同中没有类似工程量清单项目参考，应按合同约定的新增单价计算。由于我站尚未收集到有关采用金属防护网的脚手架摊销次数、残值率、市场价格等数据，建议双方参考 66 号文"建设单位应对施工单位予以相应的安全措施经费支持，可参照脚手架工程定额工程量计算规则及当期市场价格水平，计算使用封闭式外脚手架金属防护网所增加的费用，调增项目绿色施工安全防护措施费或对施工单位给予专项资金补偿"规定协商定价，并相应扣除合同清单中传统安全网费用。协商中如有疑惑应先到发文部门咨询了解，参照同时期类似工程使用费用计算；双方协商采用一次性摊销的，则金属防护网的残值由发包人回收处理。

专此函复。

广东省建设工程标准定额站
2020 年 4 月 28 日

关于云浮市郁南县江滨路路面升级改造工程项目计价争议的复函

粤标定函〔2020〕88号

郁南县城市管理局、广东鹏宇建设工程有限公司：

2020年3月26日你们通过广东省建设工程造价纠纷处理系统申请解决郁南县江滨路路面升级改造工程项目计价争议的来函及相关资料收悉。

从2018年1月3日签订的施工合同显示，该工程位于云浮市郁南县，资金来源为县财政统筹，采用公开招标方式，由广东鹏宇建设工程有限公司负责承建。本工程采用工程量清单计价方式，合同价格形式为固定单价，实际开工日期为2018年2月6日，实际竣工日期为2018年5月5日。现对来函涉及的工程计价争议事项答复如下：

本工程的最高投标限价采用一般计税法，同时在招标文件规定"税金报价统一按工程所在地税收费率11％进行报价，不得调整"，并据此列入施工合同条款。在合同履行阶段，承包人实际为小规模纳税人，对其中进度款分别于2018年1月18日、3月30日、4月2日向发包人开具税率为3％的增值税普通发票，2018年10月承包人由小规模纳税人变更为一般纳税人，结算时双方就税金如何计算产生争议。发包人认为承包人未按照合同约定的税率缴纳增值税，结算应按实际开具的增值税发票对应的增值税率计价；承包人认为合同约定的增值税计算规定是用于确定含税工程造价，与实际缴纳方式与金额无关，因此不同意调整。

我站认为，双方提交的相关资料显示，本工程最高投标限价采用一般计税法编制，增值税税率为11％，招标文件第10.2.8条规定"承包本合同工程需缴纳的一切税费均由投标人承担，并包括在总报价中或所报单价内。投标时税金统一按工程所在地税收费率11％进行报价，不得调整"，并写入合同条款中由于采用一般计税法或简易计税法计算所需的工料机等要素价格分别以不含税价格方式和含税价格方式，相应计算的造价结果也有一定的差异，且招标文件和施工合同并无对承包人的纳税资格和税务方案提出明确要求，因此，本工程采用的计税方法是用于确定投标报价，而与增值税的实际缴纳方式和费率并无关联，结算时应遵循招标文件与合同约定的增值税计税方法计算。

至于税率变化的处理应依据本工程施工合同专用条款的第68.2条"合同价款的调整因素包括"第（1）条"工程造价管理机构发布指令性调整文件或发布指导性调整文件经发包人同意时均可予以安排调整"的约定，结合项目所在地工程造价管理机构发布的税率调整文件规定，以缴纳期对应的增值税税率作为结算计价依据。因此，根据招标文件、施工合同及粤建市函〔2018〕898号、粤建标函〔2019〕819号有关增值税税率调整文件，本工程 2018 年 5 月 1 日前开具增值税发票的工程造价税率以 11% 计算，2018 年 5 月 1 至 2019 年 3 月 31 日开具增值税发票的工程造价税率为 10% 计算，2019 年 4 月 1 日后开具增值税发票的工程造价税率为 9% 计算。

专此函复。

广东省建设工程标准定额站
2020 年 5 月 12 日

关于潮州市湘桥区意桂线道路建设工程项目涉及工程计价争议的复函

粤标定函〔2020〕92号

潮州市湘桥区住房和城乡建设局、广东恒辉建设集团股份有限公司：

2020年4月16日你们通过广东省建设工程造价纠纷处理系统，申请解决潮州市湘桥区意桂线道路建设工程项目涉及工程计价争议的来函及相关资料收悉。

从2019年4月25日签订的施工合同显示，本项目位于潮州市湘桥区，资金来源是融资银行贷款及自筹，采用公开招标方式由广东恒辉建设集团股份有限公司负责承建，承包范围为道路建设工程，采用工程量清单计价方式，合同价格形式为固定总价包干，工期总日历天数为90天。现对来函涉及的争议事项答复如下：

一、关于总承包管理费计取的争议

发包人在招标时未将K0+240—K5+373.12路段的排水工程（以下简称"新增排水工程"）纳入招标范围，后因该道路片区建设的需要，新增排水工程经公开招标由广州市第三市政工程有限公司承建。发承包双方就该新增排水工程是否计取总承包管理费发生争议。发包人认为道路工程和排水工程均属于发包人招标确定的施工总承包单位，施工过程本应相互配合完成整个项目的建设任务，不同意计取。承包人认为原招标范围的排水工程是道路工程中的分部工程，并且道路的路面工程需在包含新增排水工程完成后才能继续施工，因此需要对新增的排水工程造价计取4%的总承包管理费。

我站认为，新增排水工程属于发包人另外发包的工程项目，但实际施工是与本项目在同一地点同期施工。查阅本项目的招标工程量清单和招标文件以及施工合同，未有对新增排水工程需要承包人进行管理服务的要求与相关费用计算的约定，即本项目合同价格未含对新增排水工程的总承包管理费用。根据《建设工程工程量清单计价规范》GB 50500—2013 2.0.21总承包服务费"总承包人为配合协调发包人进行的专业工程发包，对发包人自行采购的材料、工程设备等进行保管以及施工现场管理、竣工资料汇总整理等服务所需的费用"的规定，本项目是否应计取总包服务费，应当根据现场是否发生总承包服务费相关工作进行判断。如果事实已发生或部分发生，则参考《建设工程工程量清单计价规范》GB 50500—2013总承包服务费的有关规定计取总承包管理费，费率与计算规则由双方协商确定，协商不成的，可参考现行相应专业定额规定计算。

二、关于工期延误的费用补偿的争议

根据双方提供的资料显示，新增排水管道施工时需暂停道路工程部分作业路段的施工，完工后才能恢复路面工程施工，影响了道路工程的施工进度计划。双方就因新增排水

133

工程施工引起的工期延误的费用补偿问题产生争议。发包人认为施工合同中没有对此进行补偿的约定，不同意补偿；承包人认为新增排水工程的施工造成道路工程施工工期延长，属于发包人原因，应给予补偿。

我站认为，新增排水工程是在本合同工程之外的项目，本合同约定的工期是基于本合同承包范围的进度综合考虑的。因新增排水工程与承包范围发生交叉施工引起的总工期变化，建议双方先对合同工期的合法合规性进行分析，如果不存在任意压缩工期的，再结合延误的事实对双方责任进行认定，属于非承包人原因导致工期延误的，应按合同相应的约定确定工期延误责任及索赔事项。

专此复函。

广东省建设工程标准定额站

2020 年 5 月 14 日

关于东莞市供热管网项目涉及
工程计价争议的复函

粤标定函〔2020〕100 号

东莞恒运新能源有限公司、广州恒运电力工程技术有限公司：

2020 年 4 月 16 日，你们通过广东省建设工程造价纠纷处理系统，申请解决东莞恒运新能源有限公司供热管网桁架管理和管网日常管理服务项目涉及工程计价争议的来函及相关资料收悉。

从 2019 年 7 月 1 日签订施工合同显示，本项目位于广州市经济开发区，资金来源为企业自筹，发包人东莞恒运新能源有限公司采用直接委托的方式，由承包人广州恒运电力工程技术有限公司负责提供供热管网桁架管理和管网日常管理服务。现对来函涉及的计价争议事项答复如下：

根据本项目合同显示，常规管理服务工作每年承包价为总价包干，管网检修、抢修费用按广东省现行定额计价。在合同履行过程中，发包人安排承包人对管网进行检修，双方对检修中发生的管道保温层保护性拆除费用在套用相应定额子目时，适用的拆除系数如何确定发生争议。发包人认为根据《广东省房屋建筑和市政修缮工程综合定额 2012》第二册《安装修缮工程定额》册说明第三条第 3 点拆除系数表格内容规定，保温隔热工程的拆除系数取值应为 0.2。承包人认为定额的拆除系数取值应分为保护性拆除和非保护性拆除，该项目是保护性拆除系数取值应为 0.6。

我站认为，结合施工时间和合同承包内容，本项目发生的管道保温层拆除符合修缮工程的保温隔热工程特征，应执行《广东省房屋建筑和市政修缮工程综合定额 2012》第二册《安装修缮工程定额》。依据该定额册说明第三条第 1 点相关内容，明确了拆除形式划分标准，即保护性拆除是指被拆除的主要材料、设备基本保持完整，设备附着的建筑物结构没有或者仅有轻度破坏，反之则为非保护性拆除，并且明确了该定额的拆除子目均是按照保护性拆除要求施工的。因此，本项目实施保护性拆除的，可以直接套用相应子目；实施非保护性拆除的，则按相应子目乘以系数 0.6 计算。另外，该定额未包含的拆除项目，则按照册说明第三条第 3 点规定执行。

专此函复。

广东省建设工程标准定额站
2020 年 5 月 21 日

关于阳江市合山通用机场改扩建项目计价争议的复函

粤标定函〔2020〕124 号

阳江通用机场管理有限公司、广东省水利水电第三工程局有限公司：

2020 年 5 月 6 日，你们通过广东省建设工程造价纠纷处理系统，申请解决阳江合山通用机场改扩建项目（一期）二三标工程量清单计价争议的来函及相关资料收悉。

从 2016 年 1 月 30 日签订的施工合同显示，项目位于阳江市合山机场内，资金来源为自筹，发包人阳江通用机场管理有限公司采用公开招标方式，由广东省水利水电第三工程局有限公司负责承建，合同约定采用清单计价方式。依据所上传的项目资料，经研究，现对来函涉及的工程计价争议事项答复如下：

本工程不上人屋面采用 R-5 双层压型钢板复合保温屋面，在设计图纸上对该屋面做法描述为"1.≥0.6mm 厚上层压型钢板；2.≥0.49mm 纺粘聚乙烯和聚丙烯膜；3.100 厚玻璃棉保温层（玻璃棉卷毡）；4. 隔汽层：≥0.2mm 纸基金属化聚丙烯塑料贴面；5.≥1.5mm 厚镀锌冷弯型钢附檩，用自攻螺丝钉与底层专用压型钢板固定（附檩高度≥保温层高度）；6.≥0.75mm 厚底层专用压型钢板，自攻螺丝钉或专用射钉与钢料连接；7. 屋面钢梁"，而招标工程量清单"型材屋面"的项目特征描述为"双层压型钢板复合保温屋面，安装于 S/C 型轻型钢檩条上彩钢夹芯板"。双方就招标工程量清单中"型材屋面"与"R-5 双层压型钢板复合保温屋面"设计图纸是否属于合同条款"项目特征描述不符事件"存在争议。发包人认为，招标工程量清单"型材屋面"的项目特征描述的名称与图纸名称一致，且最高投标限价已按图纸要求计取相应的施工费用，不属于项目特征描述不符事件，不应作为调整合同价款的依据；承包人认为，本项目设计的双层压型钢板复合保温屋面在市场上没有成品，实际施工中是按照设计图纸逐层施工完成，与招标工程量清单"型材屋面"描述的施工方法、工艺不同，属于项目特征描述不符事件，应该重新组价后调整合同价款。

经我站查阅合同约定执行的《建设工程工程量清单计价规范》GB 50500—2013，双方争议的工程量清单为 010901002 型材屋面。经查双方提供的资料显示，从发包人提供的招标工程量清单"010901002002 型材屋面"的项目特征分析，该清单未能涵盖设计图纸的全部施工内容，即未包含设计图纸中的 100mm 厚玻璃棉保温层（玻璃棉卷毡）保温和≥0.49mm 纺粘聚乙烯和聚丙烯膜防水等内容及其做法，属于项目特征描述不符事件。但是否就此判断招标工程量清单漏项，需要合同双方核实全部招标工程量清单是否将设计要求的保温和防水单独列清单。如招标人编制的工程量清单已将保温层和防水隔汽层单独清单列项，则不属于清单漏项，不构成合同约定的价款调整情形；如招标人编制的工程量清单未将保温层和防水隔汽层单独列项，则属于招标工程量清单漏项，符合合同专用条款 68.2 合同价款的调整事件，应依据专用条款 71.1 清单缺项漏项的价款调整约定执行。

专此函复。

广东省建设工程标准定额站

2020 年 6 月 9 日

关于珠海市中星微总部基地项目争议的复函

粤标定函〔2020〕127 号

珠海中星微科技发展有限公司、浙江宝盛建设集团有限公司：

2020 年 4 月 8 日，你们通过广东省建设工程造价纠纷处理系统申请解决中星微总部基地项目水泥搅拌桩的冒浆工程计价争议的来函及相关资料收悉。

从 2019 年 5 月 9 日签订的施工合同显示，项目位于珠海市横琴新区，资金来源为企业自筹，发包人珠海中星微科技发展有限公司采用直接发包的形式由浙江宝盛建设集团有限公司负责承建，合同约定采用定额计价方式，执行《广东省房屋建筑与装饰工程综合定额 2018》(以下简称"18 土建定额")，工程正处于预算核对阶段。依据所上传的项目资料，现对来函涉及的工程计价争议事项答复如下：

本工程的基坑支护采用深层搅拌桩、三轴搅拌桩、高压旋喷桩、粉喷桩，在施工过程中冒浆，双方对冒浆如何计量计价产生争议。承包人认为三轴搅拌桩、高压旋喷桩冒浆量可以参考浙江省建筑定额有关规则，按桩长体积的 20% 作为冒浆量计算(深层搅拌桩、粉喷桩泥浆量按桩长体积的 25% 作为冒浆量计算)，并套用外运土方子目；发包人认为因项目在广东省珠海市，应执行广东省相关定额计量计价规则。

我站认为，本工程所在地为广东省珠海市，并且根据总包合同约定，工程计价以 18 土建定额为依据，因此双方争议应遵循 18 土建定额相关规定处理。经查阅，本工程争议的"冒浆"在该定额中称之为在灌桩过程中溢出的"泥浆"。根据 18 土建定额 A.1.2.2 高压旋喷桩和 A.1.2.3 深层搅拌桩章节相关定额子目的工作内容显示，定额已包含泥浆场内清除的费用，但未包括土方(或泥浆)场外运输的费用，项目实际发生土方(或泥浆)外运时，应根据现场签证确认的工程量计量。

专此函复。

广东省建设工程标准定额站

2020 年 6 月 22 日

关于广州能源站土建及配套基坑支护计价争议的复函

粤标定函〔2020〕136 号

广州南投房地产开发有限公司、中铁隧道局集团有限公司：

2020 年 5 月 20 日，你们通过广东省建设工程造价纠纷处理系统，申请解决广州南沙 2018NJY-2 地块项目一期（能源站土建及配套基坑支护工程）工程勘察设计施工总承包项目涉及工程计价争议的来函及相关资料收悉。

从 2018 年 12 月签订的勘察设计施工总承包合同显示，本项目位于广州市南沙区，资金来源为自筹，采用公开招标方式，由中铁隧道局集团有限公司（联合体主办方）、广州市城市规划勘测设计研究院（联合体成员）和广东省工程勘察院（联合体成员）三家公司组成的联合体承担项目的勘探、设计及施工等建设工作。合同价款为暂定价，实际合同价款待概预算评审后，以补充协议形式修正合同价款。施工图预算采用定额计价方式，参照《广东省建设工程计价通则 2010》《广东省市政工程综合定额 2010》《广东省安装工程综合定额 2010》《广东省建筑与装饰工程综合定额 2010》等相关计价依据编制。现对来函涉及的计价争议事项答复如下：

本工程基坑支护工程采用三轴搅拌桩作为隔水帷幕，三轴搅拌桩工程套用《广东省建筑与装饰工程综合定额 2010》中（补 A2-124-1）ϕ850 三轴水泥搅拌桩的定额子目，发承包双方就三轴搅拌桩施工时产生余土（或泥浆）的外运工作内容，是否已包含在定额子目内存在争议。发包人认为三轴搅拌桩施工过程中所产生的余土外运，已包含在定额子目（补 A2-124-1）ϕ850 三轴水泥搅拌桩中，不应再另行计量。承包人认为三轴搅拌桩属高压旋喷工艺，其注浆压力大导致实际施工中产生土方置换上涌，所产生的余土需要外运，故应该将该部分土方按三轴搅拌桩成桩体积的 20％计量，列入土方外运工程数量中计价。

我站认为，《广东省建筑与装饰工程综合定额 2010》补充子目（补 A2-124-1）ϕ850 三轴水泥搅拌桩的工作内容为"测量放线、桩机位移，挖掘机挖沟槽，定位钻进、喷浆、搅拌、成孔、提升、调制水泥浆、输送、压浆、除浮浆"，即说明定额子目工作内容已包括除浮浆即泥浆场内清除的费用，但未包括土方（或泥浆）场外运输的费用，项目实际发生土方（或泥浆）外运时，余土外运应根据现场签证确认的工程量计量。

专此函复。

广东省建设工程标准定额站
2020 年 6 月 23 日

关于阳江市直属粮库第五期
工程项目申请复议的复函

粤标定函〔2020〕142 号

阳江市粮油储备公司、广东新华建工程有限公司：

2020 年 4 月 29 日，你们通过广东省建设工程造价纠纷处理系统申请复议的来函及相关资料收悉。你们提出的按照粤人社规〔2015〕5 号文规定，购买的工伤保险是否可以按发票结算，以及分部分项工程人材机价格调整是否可以相应调整按系数计算的安全文明施工措施费的争议。2020 年 3 月 3 日，我站《关于阳江市直属粮库第五期工程项目计价争议的复函》（粤标定函〔2020〕23 号）进行了函复。发包人对函复意见无异议，承包人提请复议。为此，我站先后于 5 月 6 日上午和 5 月 29 日下午两次组织视频会议，邀请发承包双方、阳江市财政评审中心和阳江市工程造价站交流讨论，在充分听取各方意见的基础上，展示该复函涉及的相关政策资料，详细介绍该复函的观点和理由。现依据所上传的项目资料和会议交流情况，对复议来函涉及的工程计价争议事项答复如下：

一、关于按照粤人社规〔2015〕5 号文规定购买的工伤保险是否可以按发票结算的争议

（一）粤人社规〔2015〕5 号文规定购买的工伤保险属于社会保险范畴

1.《关于进一步做好我省建筑业工伤保险工作的实施意见》（粤人社规〔2015〕5 号）是贯彻落实 2014 年 12 月 30 日由人力资源社会保障部、住房城乡建设部、国家安全生产监督管理总局、中华全国总工会印发的《关于进一步做好建筑业工伤保险工作的意见》（人社部发〔2014〕103 号）相关规定，在我省的实施意见。经查阅人社部发〔2014〕103 号文，其制定是"依据社会保险法、建筑法、安全生产法、职业病防治法和《工伤保险条例》等法律法规规定"。

2. 查阅现行有效的《工伤保险条例》（国务院令第 586 号）第三条"工伤保险费的征缴按照《社会保险费征缴暂行条例》关于基本养老保险费、基本医疗保险费、失业保险费的征缴规定执行"，而《社会保险费征缴暂行条例》的制定依据为社会保险法，说明该条例所述"工伤保险"属于社会保险法范畴。

3. 查阅现行有效的《中华人民共和国社会保险法》（中华人民共和国主席令第 25 号）第七条"国务院社会保险行政部门负责全国的社会保险管理工作，国务院其他有关部门在各自的职责范围内负责有关的社会保险工作。县级以上地方人民政府社会保险行政部门负责本行政区域的社会保险管理工作，县级以上地方人民政府其他有关部门在各自的职责范围内负责有关的社会保险工作"以及第四章工伤保险相关内容，说明人力资源社会保障部、住房城乡建设部、国家安全生产监督管理总局、中华全国总工会印发的《关于进一步做好建筑业工伤保险工作的意见》（人社部发〔2014〕103号）和广东省人力资源和社会保障厅、广东省住房和城乡建设厅、广东省地方税务局、广东省安全生产监督管理局、广东省总工会印发的《关于进一步做好我省建筑业工伤保险工作的实施意见》（粤人社规〔2015〕5号）是在各自职责范围内负责有关的社会保险工作的具体举措，文中就进一步做好建筑业工伤保险工作涉及的"工伤保险"与《中华人民共和国社会保险法》《工伤保险条例》有关"工伤保险"为同一概念，均属于社会保险范畴。

4. 2013年7月1日起实施的住房城乡建设部、财政部《关于印发〈建筑安装工程费用项目组成〉的通知》（建标〔2013〕44号），明确"按照《社会保险法》《建筑法》的规定，取消原规费中危险作业意外伤害保险费，增加工伤保险费、生育保险费"，明确了危险作业意外伤害保险费不属于社会保险范畴。我站从缴费办理了危险作业意外伤害保险费的项目提供的票据显示，均为商业保险机构提供的保险合同和发票，并非税务部门开具的票据（按相关规定，社保费用由税务部门征缴，缴纳票据为税务部门开具）。因此，危险作业意外伤害保险费属于商业保险品种之一，并且不在各地办理施工许可必须提交的资料目录中，即不属于强制缴费办理项目。

5. 关于《社会保险法》和《保险法》的区别，在《社会保险法实施细则》（人社部令13号）颁发之际的问答中做了解释，明确表述"社会保障是社会保险的上位法概念，也就是说社会保险仅仅是社会保障中的一块组成部分。而这一部分，采用的是和商业保险一样的方式，交保费，领保险金的模式。社会保险中看，保险只是运作保值增值的方式，而实质是社会保障的一个表现形式。而商业保险并不是社会保障，而是一种私力的保障"。因此，危险作业意外伤害保险费虽然是交保费、领保险金的模式，但并不是社会保障，而是一种私力的保障，除非发承包合同约定，承包人必须办理危险作业意外伤害保险费并且由发包人支付，否则该商业保险费应由承包人承担。查阅本项目施工合同，双方在"第一部分协议书"第五条合同价款组成列明建筑意外伤害保险费3070.79元，并约定"暂列金额和建筑意外伤害保险费若发生的计算，不发生的不能计算"，经过两次视频会议交流，承包人均未能出具与商业保险机构购买的保险合同和缴费凭据，无法证明承包人已经购买该险种。

（二）工伤保险费用已在人工费和管理费中包含

1. 本项目施工合同约定采用清单计价，但并未有对工料机等计价要素进行定义和规定，结合我省贯彻执行《建设工程工程量清单计价规范》GB 50500—2013的实施意见，合同没有约定的，工料机等计价要素按《广东省建设工程计价通则2010》相关规定执行。《关于阳江市直属粮库第五期工程项目计价争议的复函》（粤标定函〔2020〕23号）已有解释，属于生产工人的社会保险费包含在人工费中、属于管理人员的社会保险费包含在管理费中。工伤保险属于社会保险范畴，其费用同样已分别在人工费和管理费中包含。

2. 《广东省建设工程计价通则2010》由于多年执行过程中，组成人工费和管理费的各部分内容随政策和市场变化，分别有相应调整，工伤保险费在各类费用中的占比与编制期相比较也随之变化，并且工程费用的计价是采用综合测算分析确定的，与实际缴纳方式无必然关联，不能以粤人社规〔2015〕5号文规定的方式和比例来衡量。

3. 我省较早实施定额改革，目前采用的是全费用人工单价，包括《广东省建设工程计价通则 2010》在内的《广东省建设工程计价依据 2010》自执行起，社会保险费并未列入工程计价的"规费"项中，并且在实践中已被社会接受，不能认为没有单列工伤保险费用或作为不可竞争费用单列就不属于粤人社规〔2015〕5 号文规定的"工伤保险费"。

4. 按照我省工程计价规定，人工费和管理费等费用的动态调整由各地市工程造价管理部门测算并颁布。粤人社规〔2015〕5 号文规定了工伤保险费的缴费方式和缴纳比例，但包括阳江市工程造价站在内的各地市造价管理机构经过测算分析，认为无需调整而未发布调整规定，因此，是否需要相应调整定额人工费和管理费以及工伤保险费等，除了属地造价管理机构另有规定予以调整的，均不作调整。

（三）工伤保险费不以实际缴纳金额结算

粤人社规〔2015〕5 号文规定了工伤保险费的缴费方式和缴纳比例，但工程造价已有相应的方式、方法、规则等予以计算与确定，并无缺失漏项。同时，本合同价格方式采用固定总价包干，按照上述（一）和（二）内容以及合同专用条款第 68 条"合同价款的约定与调整"相关约定，工伤保险费已包含在固定总价内，结算时不能按照实际缴纳的金额来调整。

二、关于分部分项工程人材机价格调整是否可以相应调整按系数计算的安全文明施工措施费的争议

1. 本项目采用固定总价包干方式，通用条款约定的价款调整事件不适用的，均对应在专用条款做了明确。关于物价涨落事件对合同价款的调整，发承包双方约定参照阳住建〔2010〕60 号文的规定，合同履行期间，当工程造价管理机构发布的人工、材料、设备和施工机械台班单价或价格涨落超过合同工程招标控制价编制时采用的相应单价或价格，需要承包人承担一定幅度范围的价格涨落风险和超过幅度范围后的价款调整方法在专用条款第 76 条"物价涨落事件"中有详细约定。

2. 从专用条款第 76 条"物价涨落事件"约定可见，合同双方当事人是基于当地工程造价管理机构发布的人工、材料、设备和施工机械台班单价或价格涨落幅度进行调整工程价款，并非针对某项费用的计算基础。组成计算基础的工料机要素的价格涨落，不一定能造成计算基础变化，亦未必超过涨落幅度，因此，基于对计算基础的涨落幅度难以能合理判断，采用清单计价方式时，对以系数计算的安全防护文明施工措施费并无规定必须随计算基础的变化而变化，除非双方有专此约定。

3. 本项目采用清单计价方式，按系数计算的安全文明施工措施费在招标投标时以分部分项工程费为基础计算，仅作为计价的一种方式方法，不能就此说明按系数计算的安全文明施工措施费与分部分项工程费必然有联动变化。因此，涉及措施费的调整，应依据本项目施工合同专用条款第 71.3 、72.3 条"调整措施项目费的方法：安全文明施工费，按照实际发生变化的措施项目调整。如果一方当事人未按本款规定事先将拟实施的方案提交，则认为当事人放弃调整措施项目费的权利"的相关约定执行，不能以人材机调整了价差，影响了分部分项工程费用，就认为可以相应调整按系数计算的安全文明施工措施费。

综上所述，本项目按照粤人社规〔2015〕5 号文规定缴纳的工伤保险费已包含在固定总价内，结算时不能按照实际缴纳的金额来调整；分部分项工程人材机价格调整不可以相应调整按系数计算的安全文明施工措施费。

    专此函复。

广东省建设工程标准定额站

2020 年 6 月 29 日

关于中新广州知识城分布式能源站电力工程项目计价争议的复函

粤标定函〔2020〕155号

广州恒运分布式能源发展有限公司、中国能源建设集团广东火电工程有限公司：

2020年5月22日，你们通过广东省建设工程造价纠纷处理系统，申请解决关于中新广州知识城北起步区分布式能源站电力施工承包项目计价争议的来函及相关资料收悉。

从2017年9月15日签订的施工合同显示，本项目位于广州黄埔区，项目资金来源为企业自筹，发包人广州恒运分布式能源发展有限公司采用公开招标方式，中国能源建设集团广东火电工程有限公司负责承建，采用清单计价方式，合同形式为单价合同，并约定措施费总价包干。现对来函涉及的计价争议事项答复如下：

一、关于电机检查接线和电气调试费用的计价争议

招标工程量清单未单独开列电动阀门检查接线、柴油发电机电气调试、全厂单体调试、全厂电动机检查接线及调试等清单项目，结算时这些项目的费用如何计价，双方产生争议。承包人认为，签订的合同仅说明电机检查接线和电气调试属于承包工作范围，但招标工程量清单并没有注明这些费用包含在本体安装的清单项目中，并且招标图纸资料不齐全，无法判断清单的缺漏项有多少，按照《建设工程工程量清单计价规范》GB 50500—2013相关规定，清单的缺漏项应该由发包人负责，结算时应予以计取。发包人认为，招标文件和合同已要求承包人在投标时已充分理解招标文件、图纸说明、技术要求、承揽义务和招标工程量清单的要求再做出报价的，而不能单独只看工程量清单内的项目特征描述进行推论，认为清单的缺漏项就向发包人提出增加相关费用。

经我站查阅施工合同，按照专用条款第2条有关合同文件组成部分的解释顺序规定，发生项目特征描述不符事件和分部分项工程量清单缺漏项事件的处理办法应以专用条款第70.1条和第71.1条的相关规定为准。专用条款第70.1条约定"承包人在投标时已充分理解招标文件和图纸的要求，并自行计算和复核了工程量清单，亦理解清单内的项目应按项目的工作内容、项目特征、图纸说明、技术文件、计价说明全面理解及报价，承包人确认不会因其对工程量清单内的项目特征描述的理解、推论或结论而向发包人提出任何的索偿，而发包人亦不须回复及考虑此类索偿"，第71.1条对出现的分部分项工程量清单缺漏项的，明确以第62.9条"承包人交回的工程量清单内的所有单价均视作已包括清单的项目特征、工作内容、图纸说明、技术条件说明、《建设工程工程量清单计价规范》及《工程量清单计价说明》所需的一切费用和利润的综合单价。但本合同第68条规定的情况除外，数量的偏差或遗漏按合同条款61.3计算"规定执行。但是，经核查本合同并未有

61.3 条款的约定，无法判断工程量清单漏项处理方法的约定，且无法判断出现清单漏项的处理方法是否与专用条款第 70.1 条或者其他相关通用条款冲突。鉴于电动阀门检查接线、柴油发电机电气调试、全厂单体调试、全厂电动机检查接线及调试等内容可以单独开项计价，亦可以综合考虑在某个清单范围内，因此，专用条款第 70.1 条和第 71.1 条的相关规定对于解决发生项目特征描述不符事件和分部分项工程量清单缺漏项事件具有决定性作用，但由于合同未有第 61.3 条约定，在合同条款约定不明的情况下，工程量清单的偏差和缺漏项建议由双方协商解决。

二、关于变更、签证的项目内容计取相关的措施费的争议

合同专用条款第 56 条约定"除新增工程及合同明确可调整的内容外，其他措施费不予调整"，但双方对变更、签证的项目内容是否可以计取相关的措施费产生争议。承包人认为，依据合同专用条款第 71.1 条约定了分部分项工程量清单错漏项事件处理规定，以及专用条款第 72.2 条有关工程变更引起调整分部分项工程费的方法，因此变更、签证的项目内容属于"合同明确可调整的内容"，则可相应计取措施费。发包人认为，依据专用条款第 56.4 条约定，新增工程为本合同范围外的新增单位工程，可以相应计取措施费，若本合同范围内的变更、签证，该部分相关的措施费不能计取，应属于合同约定包干的措施费范围。

我站认为，本项目为单价合同形式，出现合同价款调整事件是允许调整单价的，合同必然存在可调整的内容。但从合同整体分析，并结合专用条款第 56 条"合同履行期间，承包人可以提出工程变更建议。承包人提出工程变更建议的，应以书面形式向监理工程师提出，同时抄送发包人、造价工程师，详细说明变更的原因、变更方案情况。经发包人采纳的建议，若需增加费用的，增加的费用一般由承包人自行承担，除非发包人在采纳建议的同时确认可增加费用的，则按工程变更的计价方式计算；经监理工程师同意采用承包人合理化建议，节约资金或使发包人获得收益的，由发包人和承包人另行约定分担或分享。除承包人自身承包范围内的工程外，若发包人另行新增委托给承包人施工的新增工程，该新增工程的措施费可予计算。新增工程指发包人签发的《新增工程委托书》中明确的工程。新增工程的措施费按委托书明确的计取方式执行，除新增工程及合同明确可调整的内容外，其他措施费不予调整"的理解，不能将有关合同价款调整事件视为属于专用条款第 56 条的"合同明确可调整的内容"，因此，工程变更和现场签证引起措施费变化的，增加的费用一般由承包人自行承担，除非发包人确认可增加费用的，则按工程变更的计价方式计算。

专此函复。

广东省建设工程标准定额站
2020 年 7 月 13 日

关于惠州市大亚湾美悦湾项目
工程计价争议问题的复函

粤标定函〔2020〕159号

惠州市大金洲房地产开发有限公司、广东磊鼎房地产开发有限公司、珠海市建设集团有限公司:

2020年5月18日,你们通过广东省建设工程造价纠纷处理系统,申请解决惠州市大亚湾美悦湾项目工程计价争议的来函及相关资料收悉。

从2017年1月4日签订的施工总承包合同显示,本项目位于惠州市大亚湾,资金来源是自筹,发包方惠州市大金洲房地产开发有限公司、广东磊鼎房地产开发有限公司采用邀请招标方式,确定由珠海市建设集团有限公司负责承建。合同采用定额计价方式,计价依据包括《广东省建筑与装饰综合定额2010》等,工程现处于竣工结算阶段。现对来函涉及的工程计价争议事项答复如下:

一、关于旋挖桩泥浆外运费用计价的争议

本项目基础形式采用旋挖桩泥浆护壁成孔,施工过程中产生泥浆,双方对泥浆运输工程量计算产生争议。发包人认为前期现场实际情况为经晾晒后外运,应套用挖土机装土自卸汽车运土子目,按桩工程量以体积计算。承包人认为旋挖桩泥浆护壁成孔,桩内土方、强风化、中风化、淤泥等挖出孔外的都搅拌在一起,应套用泥浆外运子目,按桩工程量以体积计算。

我站认为,A.2.3.5旋挖成孔灌注桩定额子目的工作内容显示,定额已包含旋挖、清渣、成孔工作内容,但未包括土方(或泥浆)场外运输的费用。项目实际发生土方(或泥浆)外运时,承发包双方应确认施工过程中泥浆是否经现场晾晒后运出,若泥浆经晾晒后再运出,套用相应的土方外运定额子目;若未经晾晒后运出的泥浆,套用相应的泥浆运输子目。同时,外运土方或泥浆工程量应根据现场签证确认的工程数量计量。

二、关于钢筋调直费用计价的争议

本项目混凝土灌注桩(旋挖桩)施工完毕后,在人工或机械截(凿)桩头过程中,大部分桩头钢筋会因为碰撞而弯曲变形,为了保证钢筋锚固长度,应按规范进行钢筋调直,双方对钢筋调直费用是否单独计价产生争议。发包人认为桩基础及人工或机械截(凿)桩头均包含钢筋调直工作内容,不应另外计取;承包人认为钢筋调直需要额外计算工程量,套用桩头钢筋截断子目。

我站认为,定额是根据现行国家产品标准、设计规范和施工验收规范、质量评定标准、安全操作规程编制的,子目工作内容简单扼要说明主要的施工工序,次要的工序虽未具体说明，但均已考虑在内。钢筋弯曲变形是因为施工碰撞原因造成，按规范进行钢筋调直，是前后工序之间的正常连接工作范畴，属于次要的工序和必要的施工内容，并且根据合同专用条款第 19 条由作为施工总承包方的承包人做好成品保护的约定，不能另外计算钢筋调直费用。

三、关于泥浆池措施费的争议

本项目混凝土灌注桩（旋挖桩）施工图纸采用泥浆护壁，为满足施工环保要求和泥浆重复使用，现场需要设置泥浆池。发包人认为施工现场泥浆池现场做法是挖出部分土坑作为泥浆池，施工现场未按定额规定砌筑泥浆池，也不符合定额措施其他项目费用标准 28.4 第 1 条泥浆池砌筑及拆除的计算规则，施工单位未能提供泥浆池的专项方案，不应计取。承包人认为现场有桩基础的专项方案并经双方确认，现场实际发生需要用泥浆成孔，应按定额相关规则计算。

我站认为，本项目泥浆池是否已按照施工方案施工，应由双方根据现场实际情况进行确认。以挖出部分土坑直接作为泥浆池不得另外计算费用；如现场根据泥浆池施工方案进行施工的，根据双方的施工合同专用条款第 4.3.2 条不得计取的其他施工措施费用的约定，泥浆池、槽的砌筑及拆除均属于合同约定的不得计取的其他施工措施费用，因此泥浆池、槽的砌筑及拆除费用也不得单独计算费用。

四、关于旋挖桩成孔长度计算的争议

双方对旋挖桩的成孔长度工程量计算规则产生争议。发包人认为由于已经出具了详细的超前钻地质资料，依据超前钻地质资料，以及图纸要求的桩端持力层入岩要求，承包人在桩基施工过程中，针对超出部分的工程量，并未出具书面函件报监理及发包人进行原因分析和认可，是承包人原因造成的入岩深度增加，故应按照超前钻地质资料及设计图纸计算。承包人认为超前钻资料属于前期施工的指导，该地块地下岩层分布成断崖式 18 米至 43 米不等，破碎中风化较多，与原超前钻不符，不能用超前钻作为结算依据，应按三方签字盖章确认的施工记录表作为结算依据。

我站认为，超前钻资料属于探知桩基地质情况的勘察资料，是桩基础工程设计及施工准备的指导性资料。由于超前钻的勘测布点影响，勘察报告与桩点位的实际地层分布会有一定不同，依据《广东省建筑与装饰综合定额 2010》A.2 桩基础工程章说明第二十条"所有桩的长度，除另有规定外，预算按设计长度；结算按实际入土桩的长度（单独制作的桩尖除外）计算，超出地面的桩长度不得计算，成孔灌注混凝土桩的计算桩长以成孔长度为准"的规定，本工程处于竣工结算阶段，桩成孔长度应结合双方确认的实际入土桩长度计算。

五、关于入岩增加费计价的争议

根据超前钻地质资料的柱状图显示，本项目存在部分强风化夹中风化岩块，双方对该处入岩工程量计算产生争议。发包人认为成孔记录、超前钻资料无法明确中风化岩层厚度，施工难度比中风化低，应按强风化计算，不能按照中风化计算入岩增加费。承包人认为根据超前钻地质资料显示该处岩层是强风化夹中风化岩块，施工难度大，旋挖时间等同于中风化，应按 50% 计算中风化入岩增加费。

我站认为，根据《广东省建筑与装饰综合定额 2010》A1.2 桩基础章说明第十条"全

风化岩、强风化岩不作入岩，微风化岩作入岩计算，中风化岩按入岩相应子目乘以系数0.7"规定，本项目的强风化夹中风化岩块，需要双方依据地质资料及现场事实确定中风化和强风化工程量，全风化岩、强风化岩不计算入岩增加费，微风化岩按照定额计算规则计算入岩增加费，中风化岩按定额入岩增加费子目乘以系数 0.7 计算入岩增加费。

六、关于采用钢护筒扩大部分增加的费用计价争议

根据旋挖桩施工方案显示，本工程场内地面下淤泥厚 6.4～11.8m，流动性大，产生塌孔，采用了钢护筒作为施工质量的保证措施。双方对钢护筒扩大部分增加的成孔挖土方、桩芯混凝土、泥浆外运费用计算产生争议。发包人认为，根据定额计算规则，旋挖桩工程量按桩长乘以设计截面面积以体积计算，不计算钢护筒扩大部分增加的成孔挖土方、桩芯混凝土、泥浆外运工程量。承包人认为，由于现场地质情况复杂，根据双方确认的旋挖桩专项方案，旋挖桩施工中使用钢护筒防止塌孔会增加成孔、桩芯混凝土、泥浆外运的工程量应单独计算扩大部分增加的成孔挖土方、桩芯混凝土、泥浆外运费用。

我站认为，根据《广东省建筑与装饰综合定额 2010》计算规则，A2-84 旋挖桩定额子目已包含旋挖、清渣、成孔、混凝土灌注等工作内容，但未包括土方（或泥浆）场外运输的费用，旋挖桩工程量按桩长乘以设计截面面积以体积计算，不能将成孔、桩芯混凝土工程量单独计算；土方或泥浆外运工程量是根据发包人和承包人现场实际发生工程量计算。

专此复函。

广东省建设工程标准定额站
2020 年 7 月 14 日

关于肇庆保利商务中心一期
工程项目计价争议的复函

粤标定函〔2020〕163号

肇庆鑫荣房地产有限公司、富利建设集团有限公司：

2020年5月26日，你们通过广东省建设工程造价纠纷处理系统，申请解决肇庆保利商务中心一期项目计价争议的来函及相关资料收悉。

从2016年3月28日签订的施工合同显示，本项目位于肇庆市，发包人肇庆鑫荣房地产有限公司采用邀请招标方式，确定由承包人富利建设集团有限公司负责承建。合同约定的计价方式为定额计价，执行《广东省建筑与装饰工程综合定额2010》《广东省安装工程综合定额2010》等，目前双方处于竣工结算阶段。现对来函涉及的工程计价争议事项答复如下：

一、关于悬挑工字钢、槽钢等费用计算的争议

本项目采用悬挑工字钢架作为扣件式钢管脚手架立杆基础进行支模，其中（1-2～1-17轴）交（1-C～1-D轴）在第十七层至天面层采用工字钢架悬挑出外立面作为扣件式钢管脚手架立杆基础后，最大支模高度为13.35m；（1-1A～1-18A轴）交（1-AA～1-CA轴）在第十四层至天面层采用槽钢架悬挑出外立面作为扣件式钢管脚手架立杆基础后，最大支模高度为25m。现双方对悬挑工字钢、槽钢的工程量和单价如何计算产生争议。发包人认为悬挑工字钢、槽钢应套用佛山2013年补充定额子目F-1-24悬挑脚手架支架，摊销量按定额计算，工字钢、槽钢含量根据实际施工尺寸按定额尺寸换算。承包人认为本工程钢结构悬挑（主要构件：40a♯工字钢、32a♯槽钢、18♯工字钢）用于14层、17层高大支模使用，体量、单构件尺寸偏大，施工难度、安全系数及施工降效较高，工程具有特殊性，施工成本较高，定额中也无相关计价子目，故要求按实结算，计取加工费、检测费、运输费、吊装费（及人工配合费用）、材料一次性投入费用，拆除费、降效费、管理费、规费及税费等合理费用。

我站认为，悬挑工字钢、槽钢等悬挑型钢架作为支模立杆的基础，属于脚手架措施费用，在《广东省建筑与装饰工程综合定额2010》无相应适用的定额子目，属于定额缺项情形，合同中也未就定额缺项的费用如何计算进行约定，建议双方协商处理。

二、关于高支模工程中模板支架的计价争议

本项目的ABC三栋商业均存在支撑体系高度超过8m的高大支模，双方对高支模工程中模板支架的工程量和单价计算产生争议。发包人认为本工程合同采用定额计价，执行《广东省建筑与装饰工程综合定额2010》规定，支模高度在30m以内，按合同约定的定额计价，支模高度超过 30m 时，按施工方案另行确定。承包人认为本工程因结构特殊，高支工程量大（总量约 17 万 m³），情况复杂且使用时间长，按《广东省建筑与装饰工程综合定额 2010》计算相关高支模费用远远无法满足实际成本支出，应按实际发生费用进行结算，即人工费按照甲乙双方询价确定的市场价格计算，材料费按照实际确认的使用时间及相关材料市场租赁费用计算，再计取管理费、规费及税费。

我站认为，由于本项目合同约定采用定额计价，并明确以签约时的广东省各专业定额为结算依据，实施中发生以定额计算的费用与实际有偏差的，除非合同或者定额另有说明允许可以调整的，结算时均不得以定额与实际不符提出不按定额规定执行的要求。根据本项目合同约定采用的《广东省建筑与装饰工程综合定额 2010》第 1139 页 A.21 模板工程章说明第二点"…支模高度超过 3.6m 时，超过部分按相应的每增加 1m 以内子目计算。支模高度达到 10m 时，套用支模高度 10m 内相应子目；支模高度超过 10m 时，超过部分按相应的每增加 1m 以内子目计算。支模高度达到 20m 时，套用支模高度 20m 内相应子目；支模高度超过 20m 时，超过部分按相应的每增加 1m 以内子目计算。支模高度超过 30m 时，按施工方案另行确定"的规定，以及合同专用条款第 42.3 条"发生计费的施工方案必须经过甲方审批，并施工完成后按手续办理签证"的约定，对支模高度在 30m 以内的高大模板根据支模高度分别套用定额子目计价；对支模高度超过 30m 的高大模板，应根据经甲方审批的高大模板安全专项施工方案，办理有关现场签证，双方协商计算相关费用。

专此函复。

广东省建设工程标准定额站
2020 年 7 月 15 日

关于珠海市香洲区问题河涌
管养提升项目计价争议的复函

粤标定函〔2020〕165号

珠海市城市管理和综合执法局、珠海正圆市政建设有限公司：

2020年7月2日，你们通过广东省建设工程造价纠纷处理系统，申请解决珠海市香洲区问题河涌（含黑臭水体）管养提升项目涉及工程计价争议的来函及相关资料收悉。

从2019年10月12日签订的施工合同显示，本项目位于珠海市香洲区，发包人珠海市城市管理和综合执法局直接委托珠海正圆市政建设有限公司负责承建，合同计价方式为定额计价，执行《广东省市政工程综合定额2018》。现对来函涉及的工程计价争议事项答复如下：

本项目的现场围挡采用移动式塑料注水围挡长度652m，使用180天，围挡规格为950长×1800高×140上宽×350下宽，而定额子目中的围挡规格为1350长×700高×140上宽×280下宽，双方就不同规格围挡材料的价格换算方法产生争议。发包人认为不同规格围挡的价格应按体积比例换算，且消耗量应按承包人实际采购使用数量计算并考虑残值回收，理由为：定额D1-9-5中塑料注水围挡材料规格为1350长×700高×140上宽×280下宽，单价为70元/个，按本工程计算工程量为652×180=117360m·天，套取定额围挡消耗量为1931.74个；（1）如果按定额说明只调整材料价格的方式进行调整：本项目实际注水围挡规格950长×1800高×140上宽×350下宽，根据体积换算材料价为（0.95×1.8×0.245）×70/（1.35×0.7×0.21）=147.78元/个，定额围挡材料价：1931.74×147.78=285468元，综合单价3.33元/m；（2）如果按实际施工投入量进行调整：652m/0.95m=686个，现场采购不含税价为140.7元/个，暂按6个月完全一次摊销使用计算，实际发生的不含税材料总价为686×140.7=96520.2元，综合单价为1.72元/m；（3）依据以上两种计算对比分析，按2018市政综合定额说明规格不同时，可换算材料价，其他不变调整后，比实际按全部摊销使用费用的综合单价高1.94倍，且经了解本项目使用6个月后，存在着少部分塑料注水围挡仍可利用的情况；（4）由于此项目注水围挡不论按体积、单个面积等换算材料价，定额所计算出的费用均大于一次性摊销费用，因此建议此项目围挡子目根据现场实际消耗（或最高按实际一次摊销的消耗）调整围挡消耗量，其人工、机具费、其他材料费按定额消耗量不做调整。承包人认为，考虑到定额编制围挡高度为0.7m，实际围挡高度为1.8m，建议按实际围挡高度进行换算，换算价为1.8/0.7×70=180元/个；关于围挡的消耗量，认为围挡消耗量低于定额消耗量是因其投入专职人员进行管理（未额外计取费用）以及选用了合适的围挡材料，建议围挡消耗量按定额规定的消耗量计取，不考虑残值回收。

我站认为，《广东省市政工程综合定额 2018》第一册通用项目 D.1.9.2 封闭式、移动式施工护栏定额子目材料表显示，"塑料注水围挡"以"个"为单位，定额消耗量是以围挡作为整体材料产品考虑，并非是按体积、高度考虑的，故发承包人意见的理由分析缺乏与定额编制的原则、思路、方法等的统一性。根据该定额子目的注 2 "移动式塑料注水围挡按规格 1350 长×700 高×140 上宽×280 下宽编制，规格不同时，可换算材料价，其他不变"规定，定额编制时已经综合考虑了材料的折旧、摊销、残值等因素，实际规格与定额不符时，仅材料价可以换算，消耗量不得换算。综上所述，本项目塑料注水围挡规格与定额不一致的，实际使用的塑料注水围挡可按"个"换算材料价格，相应的塑料注水围挡消耗量及其他工料机消耗量均不作调整，同时，实际规格的塑料注水围挡材料价格的确定按合同约定计算。

专此函复。

广东省建设工程标准定额站

2020 年 7 月 23 日

关于江门市滨江新区启动区 52 号地块建设项目工程计价争议的复函

粤标定函〔2020〕171 号

江门市滨江房地产开发投资有限公司、中国建筑第五工程局有限公司：

2020 年 7 月 3 日，你们通过广东省建设工程造价纠纷处理系统，申请解决江门市滨江新区启动区 52 号地块建设项目工程计价争议的来函及相关资料已收悉。

从 2018 年 11 月 23 日签订的施工合同显示，本项目位于江门市蓬江区，发包人江门市滨江建设投资管理有限公司采用公开招标方式，由中国建筑第五工程局有限公司负责承建。2019 年 3 月 15 日签订补充协议，发包人江门市滨江建设投资管理有限公司将合同中的全部权利与义务转移至江门市滨江房地产开发投资有限公司。合同约定采用定额计价方式，执行《广东省建筑与装饰工程综合定额 2010》。争议事项处于预算审核阶段。依据所上传的项目资料，现对来函涉及的工程计价争议事项答复如下：

本工程采用先打管桩再进行地下室基坑大开挖的工序，双方对桩间土计算范围产生争议。发包人认为桩承台中心距在 5～8m 之间，满足正常土方开挖要求，故桩间土工程量只计算承台面对应的部分；承包人认为基坑范围内均施打了管桩，桩边缘距离基本在 1～3m 间距不等，在开挖过程中需考虑防止对桩的破坏，开挖难度增加，故基坑范围内的所有桩之间土方均应按桩间土计算。

我站认为，在挖桩间土时，因桩间的间距较小，为保护桩体而导致施工降效，定额计价时，采取系数调整相应子目来计算增加的费用；清单计价时，在项目特征加以描述考虑在综合单价中。在实践中，结合工程特点也有先开挖土方再打桩的施工方案，从成本管控上可以避免挖桩间土而增加费用。因此，基坑开挖与打桩方案应根据合同约定，核实是否需要得到发包人审批认可，经审批的施工方案引起费用的变化亦应按照合同约定处理。本项目如果施工方案通过审批，出现桩间土开挖的，则按照受桩间较小间距影响的土方工程量，依据《广东省建筑与装饰工程综合定额 2010》A.1 土石方工程章说明第二条第 3 条"挖桩间土不扣除桩芯直径 60cm 以内的桩或类似尺寸障碍物所占体积。人工挖桩间土方，按定额相应子目的人工消耗量乘以系数 1.30；机械挖桩间土方，按定额相应子目的人工、机械台班消耗量乘以系数 1.10"规定计价。其中，受桩间较小间距影响的土方工程量开挖，结合施工方案，由双方协商确定，协商不成的，建议按以下原则确定工程量：

1. 以桩间净距小于 4 倍桩径（或桩边长）的桩间挖土为界定标准；

2. 土方工程量按受影响的桩群外围桩体的外边缘包围面积乘以开挖深度，并扣除桩芯直径 60cm 以外的桩或类似尺寸障碍物所占体积计算；

3. 开挖深度按凿桩头后的桩顶设计标高至设计基础垫层底标高计算，深度不一致的按受影响桩群的平均深度计算。

专此函复。

广东省建设工程标准定额站

2020 年 7 月 27 日

关于珑山居商住小区工程计价争议的复函

粤标定函〔2020〕184 号

江门市江海区泰安地产有限公司、广东协鸿建设工程有限公司：

2020 年 4 月 14 日，你们通过广东省建设工程造价纠纷处理系统，申请解决珑山居商住小区工程计价争议的来函及相关资料收悉。

据所提供资料显示，项目位于江门市江海区，资金来源为企业自筹，发包人江门市江海区泰安地产有限公司采用公开招标方式，确定由广东协鸿建设工程有限公司负责承建。合同约定采用定额计价方式，执行《广东省建筑与装饰工程综合定额 2010》（以下简称 2010 土建定额）。依据双方提交的项目资料，现对来函涉及的工程计价争议事项答复如下：

一、关于砌块砌体是否可以根据砌筑形状划分为墙、柱、其他零星砌体计价的争议

本工程为框剪结构高层建筑，除了厨房及卫生间内墙墙体采用蒸压加气混凝土砌块外，部分梁柱采用蒸压加气混凝土砌块填充部分界面尺寸较小，双方对于此部分砌块界定产生争议。发包人认为，砌筑构件不能依据定额中混凝土墙、柱界定方法进行定义，现有争议砌体中大部分设有构造柱，应属于填充砌体墙，个别没构造柱的砌体，单个体积超0.1m³，按照定额的相关规定也不属于零星砌体。承包人认为，砌体墙与柱的划分界限可参照混凝土墙柱的划分方法"长度与厚度的 4 倍作为墙与柱分界"，按照定额砌体工程的相关章说明，本工程中剪力墙外侧砌筑成内空形状的砌体不与砌筑墙体相连，且因砌筑过程需要大量砍砖，可套用定额中"竖风道、房上烟囱"零星砌体子目。

我站认为，确认所砌筑部分构件是否属于柱、竖风道、房上烟囱，首先应按照施工图的设计功能进行认定。施工图无明确功能认定，对于框架结构中出现的填充砌块，具有房间分隔功能的墙体或者具备一定装饰效果的附墙的垛、腰线等水平或竖向装饰线条，按照现行定额规则，应并入相应的墙体工程量。对于本项目争议的砌筑构件，具有不与砌筑墙体相连、断面形式为中空的特点，虽断面形式类似竖风道、房上烟囱，由于定额中无此类情形的明确规定，建议承发包双方视断面尺寸大小协商解决。定额中规定的"其他零星包括竖风道、房上烟囱"，是基于竖风道、房上烟囱的断面尺寸较小、相应材料损耗大及工效较低等因素确定的，如该工程争议构件的截面尺寸小于竖风道、房上烟囱的常规尺寸，且协商不成的，可参照按照竖风道、房上烟囱相关规定执行。

二、关于砌块柱、零星砌块是否可以参考砖柱及其他零星砌体定额子目计价的争议

由于砌块砌体定额子目只有墙体，对于界面尺寸小或者零星砌块砌体是否可以参照砖柱及其他零星砌体定额子目计价，双方产生争议。发包人认为，本工程砌块砌体作为填充墙不是砖柱或其他零星砌体，且由于相同厚度的砌块墙体和标准砖墙体对应的定额子目的人工和辅材消耗量差距大，砌块砌体不能参照砖砌体定额的相应子目计价。承包人认为，由于定额内砌块工程仅有墙体子目，而没有柱、零星子目，所以柱、零星的砌块定额可参照砖柱以及其他零星砌体定额子目，并根据砌块尺寸调整材料消耗量。

我站认为，发承包双方首先应确认争议部分的构件类型属于柱还是其他零星砌体；对于已经确认按照砖柱、其他零星砌体工程子目执行的部分，按 2010 土建定额问题解答（一）第 3.1 条的规定，块材规格不同时，可以相关规范的灰缝构造要求，调整块材及砂浆的含量，其他保持不变。

三、关于预制过梁从首层运输到安装楼层的运输费是否计取的争议

本工程采用预制过梁，预制过梁在首层升降货梯附近集中制作，再利用升降货梯运输到各楼层安装，关于预制过梁此部分运输费是否计取双方发生争议。发包人认为，预制构件的垂直运输费已包含在预制过梁子目和预算包干费中，不应另外计算。承包人认为，预制过梁制作定额子目及预制过梁安装定额子目工作内容不包括构件运输，且预算包干费中的二次运输也不包含预制构件的垂直运输，因此应该计算构件从首层运输到各楼层的费用。

我站认为，根据 2010 土建定额 A.4 混凝土及钢筋混凝土工程章说明第三条第 5 点"预制混凝土构件安装包括场内运输"的规定，因此，预制过梁的从首层运输到各层安装的运输费不应另行计取。

四、关于混凝土楼板表面抹光机处理费用能否计价的争议

本工程在混凝土楼板收水后采用抹光机处理，抹光机处理费用是否计取双方产生争议。发包人认为，根据施工现场实际情况，本项目采用抹光机处理，属于质量缺陷预防和修复的工序，该工序内容已在楼板混凝土浇筑子目中包含，且交楼前清场发现楼板面已出现不同程度的凹凸不平小坑的情况，不符合抹光定额子目的工艺要求，因此不应另外套取抹光定额。承包人认为，混凝土工程相应定额子目的工作内容未包括抹光，且没有抹光机的机械消耗；且在混凝土捣制后采用混凝土抹平机抹光，面层也不可能是完全光滑，只有另加一层水泥砂浆面层撒上水泥粉采用人工的灰匙压光，才能达到光滑效果，因此本项目虽表面凹凸，因采用混凝土抹平机抹面，在套取混凝土捣制定额后，还应套取随捣随抹定额子目。

我站认为，2010 土建定额楼板混凝土浇捣子目中包含的为保证混凝土板表面平整度要求的收光工艺，是在已浇筑混凝土表面直接进行的随捣随抹平，施工过程中可采用人工随捣随抹，也可采用抹光机处理，工艺不同的除了定额另有说明允许调整外，均不作调整。2010 土建定额地面工程中的混凝土面层抹光是指加浆抹光，形成光滑表面，由于两个子目对于所形成的光面要求具有较大差异，发包人与承包人应确认混凝土楼板表面抹光机进行抹光的光面需求程度，如是设计或者发包人有明确要求进行的加浆抹光，可在混凝土楼板浇捣子目基础上，另外套用楼地面混凝土面层抹光子目。

五、关于内墙抹灰为水泥石灰砂浆一层粗面完，如何套取定额子目争议

本工程内墙抹灰实际做法为水泥石灰砂浆一层粗面完，在套取定额子目时双方争议。发包人认为，因施工前通过联系函已经通知承包人所有内墙采用混合砂浆批荡，粗面交楼，不需要罩面和压光，因此应套用底层抹灰子目。承包人认为，根据省标定站于 2019

年 1 月 9 日发布的《关于广东省建设工程定额动态管理系统定额咨询问题解答的函（第 1 期）》（粤标定函〔2019〕9 号）第 20 条"墙柱面有块料面层的套取底层抹灰，其余套取一般抹灰"，因此应套取一般抹灰定额子目。

我站认为，根据《关于广东省建设工程定额动态管理系统定额咨询问题解答的函（第 1 期）》（粤标定函〔2019〕9 号）第 20 条的解答内容，对于抹灰工程交付竣工验收时如无块料面层的，应套取一般抹灰子目。本项目发包人已有明确交付要求的，应遵循交付要求执行，超过交付要求且未经发包人同意的，由承包人承担。

六、关于内墙抹灰压入纤维网是否按照抹灰子目的人工乘以系数 1.30 计价的争议

本工程内墙抹灰需压入纤维网，对于压入纤维网部分的抹灰是否按照抹灰子目人工乘以系数 1.30 计价，双方发生争议。发包人认为，在已计算内墙灰面压入纤维网的相关费用的前提下，不应另外执行内墙抹灰子目人工乘以系数 1.30 的相关规定；承包人认为，内墙抹灰面加入玻纤网的子目仅为网植入的相关消耗，而内墙抹灰工程因挂压纤维网影响而增大了抹灰子目的人工消耗，需要对挂网部分的抹灰工程套取定额时子目的人工乘以系数 1.30。

我站认为，2010 土建定额 A.10 墙柱面工程章说明第四条第 4 点"钉（挂）网部分的墙面抹灰人工费消耗乘以系数 1.30"，是考虑有钉（挂）网的墙面，由于砂浆与墙面的黏结贴合难度增加造成抹灰时的人工降效，而非钉（挂）网过程的人工消耗。因此，在套用压入纤维网相关子目的基础上，对于压入纤维网部分的内墙抹灰人工费消耗量应乘以系数 1.30，计入人工降效费用，未挂网部分执行原子目人工费消耗不予调整。

七、关于外墙抹灰厚度增加如何计算的争议

对于外墙抹灰厚度如何计算双方产生争议，发包人认为应按整幅墙面划分成多个高度区间分别增加不同厚度计算。承包人认为，在主体框架施工时，由于外墙垂直高度的增加，框架外边的垂直度误差也会增大，因此，依照 2010 土建定额 A.10 墙柱面工程章说明第二点，外墙抹灰（包括墙面、柱面、零星面）在同一垂直面时，厚度增加应是按整幅墙面的高度确定抹灰厚度增加值。

我站认为，根据 2010 土建定额 A.10 墙柱面工程章说明第二条规定，外墙抹灰厚度增加应是按照处于同一垂直面的整幅墙面高度确定，以整幅抹灰的高度按定额规定调整厚度，不应将整幅墙面划分成多个高度区间分别增加不同厚度。

八、关于外墙柱面、零星面抹灰钉挂钢丝网能否按照抹灰子目人工乘以系数 1.30 计价的争议

与争议六同理，我站认为外墙柱面、零星抹灰工程有钉挂钢丝网的，钉挂网部分的抹灰人工消耗量可乘以系数 1.30。

九、关于外墙饰面砖（包括墙面、柱面、零星面）工程量计算的争议

在计算外墙饰面砖工程量时，双方就是否考虑抹灰及块料的厚度发生争议。发包人认为，应按建筑图的图纸尺寸计算块料面积，不计抹灰厚度和块料厚度所导致的增加面积。承包人认为，建筑图示尺寸均为主体框架（含砌体）表面的尺寸，定额工程量计算规则中的镶贴表面积应是饰面砖的外表面积，计算时应增加抹灰层与镶贴饰面砖层的厚度。

我站认为，根据 2010 土建定额 A.10 墙柱面工程工程量计算规则第 10.2 条，块料面层工程量按设计图示尺寸以镶贴表面积计算，其中镶贴表面积不能理解为镶贴后的表面

积，而是应该为按镶贴部位结构的图示尺寸计算，抹灰层及镶贴材料厚度引起的表面积增加值已在定额中综合考虑，不需另行计算。

十、若"争议一"砌体工程划分出柱、零星子目，则该部位的饰面砖能否同样划分为柱、零星子目计价的争议

本部分的争议主要在于饰面砖子目的选择方法。发包人认为，应按 2010 土建定额 A.10 墙柱面工程章说明第 9 条第 4 点"零星抹灰和零星镶贴块料面层项目适用于挑檐、天沟、腰线、窗台线、门窗套、压顶、扶手、遮阳板、雨篷周边、碗柜、过人洞、暖气壁龛池槽、花台以及单体 0.5m² 以内少量分散的抹灰和块料面层"执行。承包人认为，饰面砖应根据"争议一"划分的柱及零星砌筑项目，根据 2010 土建定额 A.10 墙柱面工程章说明第 3 条"内外附墙柱、梁面的抹灰和块料镶贴，不论柱、梁面与墙相平或凸出，均按墙面计算"。

我站认为，饰面砖部分适用子目应按照墙柱面装饰工程相关说明确定，无论砌体是否划分为柱、零星，其饰面砖部分能否执行柱、零星等子目应按墙柱面工程章说明第九条"零星抹灰和零星镶贴块料面层项目适用于挑檐、天沟、腰线、窗台线、门窗套、压顶、扶手、遮阳板、雨篷周边、碗柜、过人洞、暖气壁龛池槽、花台以及单体 0.5m² 以内少量分散的抹灰和块料面层"规定执行。

十一、关于外墙综合脚手架、垂直运输、建筑物超高增加人工机械的步距计算起点争议

本工程外脚手架、垂直运输及建筑物超高的高度步距选取原则双方发生争议。发包人认为，外墙综合脚手架计算步距以设计室外地坪为分界，地坪以下步距从地下室底板垫层底标高计算到室外地坪标高，地坪以上步距从室外地坪标高到女儿墙顶标高；垂直运输高度是以设计室外地坪为分界，地坪以下高度从地下室底板标高计算到室外地坪标高，地坪以上高度从室外地坪标高到檐口标高；超高增加人工机械降效，地下室由于高度不符合章说明不计算，地下室以上高度计算从室外地坪标高至檐口标高。承包人认为，外墙综合脚手架工程量计算起点为开始搭设的基面，外墙综合脚手架的步距计算起点应为整栋单体楼各面综合脚手架的最低点；垂直运输高度计算起点应为运输井字架安装、施工场地的地面标高；建筑物超高增加人工机械的建筑物高度计算起点也应为运输井字架安装、施工场地的地面标高。

我站认为，外墙综合脚手架的搭设起点应该为脚手架立杆的支撑点所在标高，且本工程中的绿化工程由发包人在单体土建完成后另行分包施工，虽然本工程设计立面图标注了绿化完成后地面标高为"设计外地坪"标高，但并非脚手架立杆的支撑位置。因此，根据该工程的施工流程，外墙综合脚手架搭设起点为地下室顶板顶面，地上部分外墙综合脚手架的高度步距应该是从地下室顶板顶面至女儿墙顶面，而地下室外墙综合脚手架的高度应是从地下室底板垫层底至地下室顶板顶面；根据垂直运输定额中高度确定的规定，地下部分的垂直运输高度应该由地下室底板垫层底面至地下室顶板顶面，地上部分的垂直运输高度应该是由地下室顶板顶面至檐口的高度；计算建筑物超高增加人工、机械时的建筑物高度应该是由地下室顶板顶面至檐口的高度。

专此函复。

广东省建设工程标准定额站
2020 年 8 月 7 日

关于惠州市中洲江山美苑四期
工程计价争议的复函

粤标定函〔2020〕186号

惠州市银泰达实业有限公司、中建二局第三建筑工程有限公司：

2020年6月1日，你们通过广东省建设工程造价纠纷处理系统，申请解决中洲江山美苑四期项目施工总承包工程计价争议的来函及相关资料收悉。

从2018年8月27日签订的施工合同显示，本项目位于惠州市，资金来源是企业自筹，发包人惠州市银泰达实业有限公司采用邀请招标方式，由中建二局第三建筑工程有限公司负责承建，合同约定采用清单计价方式，合同价格形式为单价合同。现对来函涉及剪力墙的边缘约束构件、暗柱、暗梁和短肢剪力墙的混凝土及模板计量和计价争议事项答复如下：

根据申请人提供的施工图纸和资料显示，双方对剪力墙及剪力墙的边缘约束构件、暗柱、暗梁、短肢剪力墙等混凝土和模板计量计价发生争议。发包人认为招标工程量清单中的"直型（弧形）墙混凝土"清单项目和"直型墙（含井壁）模板"清单项目已经综合考虑了剪力墙的边缘约束构件、暗柱、暗梁、短肢剪力墙等情况，相关的混凝土和模板工程量分别考虑在上述两个清单项目中，无须再另行列项计算。承包人认为剪力墙的边缘约束构件、暗柱、暗梁、短肢剪力墙应根据图纸实际情况区分按"短肢剪力墙""异形柱"等清单分别列项，但招标工程量清单未有相应项目，属于清单缺项，应依据合同第一部分协议书中第六条约定的"工程量清单报价表"无适用或类似相应固定综合单价的项目，可按工程开工时广东省与惠州市的定额文件及配套费用定额（即2010年定额）计价。

我站认为，本工程采用清单计价方式，模拟清单招标，混凝土和模板的工程量应遵循合同约定的《房屋建筑与装饰工程工程量计算规范》GB 50854—2013（以下简称"房建计量规范"）相关规定计量。根据房建计量规范E.4现浇混凝土墙工程量计算规则"短肢剪力墙是指截面厚度不大于300mm，各肢截面高度和厚度之比的最大值大于4但不大于8的剪力墙；各肢截面高度与厚度之比的最大值不大于4的剪力墙按柱项目编码列项。"规定，结合所上传的设计图纸计算如下：

1. 一字型构件截面厚度为不大于300mm、高度与厚度之比分别为2，应按"直型墙混凝土、弧形墙混凝土"清单和"直型墙（含井壁）模板"清单列项；

2. L型构件截面厚度为不大于300mm，各肢高度与厚度之比为3和5，各肢高度与厚度最大值是5，应按"短肢剪力墙混凝土"和"短肢剪力墙、电梯井壁模板"清单列项。

根据本项目提供的合同清单，直型墙混凝土和弧形墙混凝土清单项为合并列项，并入直型（弧形）墙混凝土工程量中计算。因此，根据合同约定及房建计量规范 E.4 的规定，本项目一字型构件的边缘约束构件、暗柱、暗梁设计图纸尺寸不符合房建计量规范 E.4 短肢剪力墙或异型柱单独列项的规定，不属于清单缺项，应并入直型（弧形）墙混凝土工程量中计算，单价按该合同清单价格执行；附墙柱、暗梁、暗柱混凝土模板及支架工程量并入直型墙（含井壁）模板清单工程量内计算，单价按该合同清单价格执行；L 型构件的设计图纸尺寸符合房建计量规范 E.4 短肢剪力墙单独列项的规定，应按"短肢剪力墙混凝土"和"短肢剪力墙模板"列项，属于合同清单缺项，应根据合同协议书第六条计价方式第 5 款第 3 项计价原则，确定工程量清单缺项的处理方式。

如本项目其他图纸和部位存在类似争议的，请双方依据房建计量规范 E.4 的短肢剪力墙或异形柱的规定，参照以上计算原则处理。

专此函复。

广东省建设工程标准定额站

2020 年 8 月 10 日

关于汕头大学东校区暨亚青会场馆项目
（二期）工程计价争议的复函

粤标定函〔2020〕198号

汕头市东部城市经济带建设开发管理中心、广东省第二建筑工程有限公司：

2020年7月29日，你们通过广东省建设工程造价纠纷处理系统，申请解决汕头大学东校区暨亚青会场馆项目（二期）工程计价争议的来函及相关资料收悉。

从2019年8月15日签订的设计施工总承包合同显示，本项目位于汕头市，资金来源为财政统筹，发包人汕头市东部城市经济带建设开发管理中心采用公开招标的方式，确定由承包人广东省第二建筑工程有限公司（牵头人）、广东省建筑设计研究院（成员）负责承建，采用定额计价方式，执行《广东省房屋建筑与装饰工程综合定额2018》《广东省市政工程综合定额2018》等现行计价依据与文件。现对来函涉及采用就地固化技术进行河涌软基处理的工程计价争议事项答复如下：

本项目采用就地固化技术进行河涌软基处理，该处理技术是一种利用固化剂对软土等土体进行就地固化处理，使土体达到一定强度或其他使用要求的原位土体加固技术。合同双方对就地固化软基处理如何计价产生争议。发包人认为由于没有获得市场询价作为定价依据，暂套用《广东省市政工程综合定额2018》软基处理工程干法喷粉单头（D1-3-49）进行材料换算。承包人认为本工程虽然执行《广东省建设工程计价依据2018》，但目前该计价依据中没有适用的定额子目可供套用，建议咨询定额站解决。

我站认为，本项目采用的就地固化软基处理是一项新技术，在《广东省房屋建筑与装饰工程综合定额2018》《广东省市政工程综合定额2018》等现行计价依据中均无相适应的定额子目，属于定额缺项情形。由于合同中未就定额缺项的费用计算方法进行约定，并且该工艺为新技术应用，在国内市场价格信息较少，难以询价确认，建议发承包双方协商定价，协商不成的，双方可根据施工方案，结合现场实施情况，收集测算工料机消耗与相关管理费用等资料，通过"广东省建设工程定额动态管理系统"提交，由我站组织编制补充定额。

广东省建设工程标准定额站

2020年8月26日

关于广东省知识产权服务业聚集中心项目计价争议的复函

粤标定函〔2020〕199 号

广州市市政工程设计研究总院有限公司，广东省工业设备安装有限公司：

2020 年 7 月 28 日，你们通过广东省建设工程造价纠纷处理系统，申请解决广东省知识产权服务业集聚中心项目施工图预算中塔吊基础费用计价争议的来函及相关资料收悉。

从 2019 年 7 月 3 日签订的设计施工承包合同显示，本项目位于广州市中新知识城南起步区，资金来源是财政资金。发包人广州市市政工程设计研究总院有限公司在初步设计完成后进行设计施工总承包公开招标，确定由广东省工业设备安装有限公司（主办）与广州市建筑科学研究院新技术开发中心有限公司（成员）联合体负责承建，采用清单计价方式，执行《建设工程工程量清单计价规范》GB 50500—2013，合同价格由经审定的施工图预算实行总价包干，其中施工图预算采用模拟清单投标单价计价，图纸有但是招标工程量清单没有的则采用相应定额计取。现对来函涉及的工程计价争议事项答复如下：

本项目的垂直运输设备包含塔吊 2 台，经批准的施工方案中需要设置 2 座塔吊基础，施工内容包括土方开挖、余土弃置、土方回填、打桩、混凝土基础浇筑、模板安拆、钢筋制安等。在中标后审定施工图预算阶段，发承包双方对塔吊基础是否按施工方案的实际工程量计算费用产生争议。发包人认为报价文件中地下室结构部分措施项目大型机械设备进出场及安拆费用已包含塔吊基础费用，按合同专用条款第13.5（3）条措施项目费的计算方式约定，塔吊基础费为合价包干费用，不能按可计算工程量的措施项目费另行计算。承包人认为根据合同专用条款第 13.5（3）条措施项目费的计算方式约定，应按照已批准的塔吊基础施工方案计算工程量乘以合同条款规定的单价或合价调整。

我站认为，本项目采用设计施工总承包，发包人根据初步设计方案编制模拟招标清单，投标人按照模拟招标清单进行报价，中标后由承包人进行施工图设计，然后编制施工图预算，预算审定后为包干价。查阅其招标工程量清单资料，序号 116 "011703001001 垂直运输"清单，在特征描述第 3 点注明"包括但不限于规范和图纸的一切相关工作内容"，而本项目相应执行的《房屋建筑与装饰工程工程量计算规范》GB 50854—2013 中，编号 011703001 垂直运输清单项目的工作内容包含"垂直运输机械的固定装置、基础制作、安装"，可见招标工程量清单"垂直运输"不仅包含塔吊基础费用，还包含了规范和图纸施工所需的相关工作内容费用。此外，双方提交的招标答疑资料中，未见投标人对两者差

162

异进行质疑和解释，说明承包人是知道招标工程量清单所含范围，并在投标报价中予以响应。因此，按照合同协议书第五条"合同价格和付款货币"第 3 点关于施工费用"预算中的综合单价按投标综合单价计算"的规则，塔吊基础费用包含在垂直运输投标综合单价中，无需再单独计算。

专此函复。

广东省建设工程标准定额站

2020 年 8 月 26 日

关于珠海市香洲区排水设施清淤疏通抢险工程计价争议的复函

粤标定函〔2020〕209 号

珠海市香洲区城市管理局、广州市绿化公司：

2020 年 8 月 5 日，你们通过广东省建设工程造价纠纷处理系统，申请解决关于珠海市香洲区排水设施清淤疏通抢险工程计价争议的来函及相关资料收悉。

2017 年 9 月 28 日签订的施工合同显示，本项目位于珠海市香洲区，资金来源为政府投资，本项目为应急抢险工程，通过"临时储备库"抽取方式确定项目由广州市绿化公司承建。合同计价方式为定额计价，执行《广东省房屋建筑和市政修缮工程综合定额 2012》。现对来函涉及的计价争议事项答复如下：

因台风"天鸽"影响，需要对主城区排水管道进行清淤疏通，管道疏通为井下施工，施工方法为人工配合机械施工。双方就本项目结算中水力冲洗管道子目是否计算"在洞内、地下室内、库内或暗室内进行施工"增加费产生争议。发包人认为，管道清淤工程定额已含此费用，不应再计入；承包人认为，管道清淤工程属于受限空间作业，尤其在井下无法连续作业，井下作业 1～2 小时后必须上井休息一会才能继续下井，人工效率很低，所以应该计算"在洞内、地下室内、库内或暗室内进行施工"增加费。

我站认为，依据合同约定，本项目结算执行《广东省房屋建筑和市政修缮工程综合定额 2012》第三册《市政修缮工程》"R.3.2 排水工程"章相应子目，根据定额总说明第十三条"本综合定额各项工程质量标准和施工操作均已按现行有关施工验收规范及安全、技术操作规程等规定考虑，已综合考虑修缮工程零星、分散、工程规模较小、连续性作业差、施工保障等人工降效因素"规定，本项目的井下施工无法连续作业，效率降低等因素已在定额中综合考虑，不单独计算施工降效增加费用。

专此函复。

广东省建设工程标准定额站
2020 年 9 月 7 日

关于云浮市翰林春天西区
一期工程计价争议的复函

粤标定函〔2020〕249 号

云浮筠城翠景实业投资有限公司、广东精宏建设有限公司：

2020 年 7 月 6 日你们通过广东省建设工程造价纠纷处理系统申请解决翰林春天西区一期工程计价争议的来函及相关资料收悉。

从 2018 年 6 月 1 日签订的施工合同显示，本工程位于云浮市，资金来源为企业自筹，发包人云浮筠城翠景实业投资有限公司采用邀请招标方式，确定由广东精宏建设有限公司负责承建，合同约定的计价方式为工程量清单计价，建筑面积计算执行《建筑工程建筑面积计算规范》GB/T 50353—2013（以下简称"13 面积计算规范"）。依据所上传的项目资料，现对来函涉及的争议事项答复如下：

本工程有三种造型外墙窗（如附件图所示），发包人与承包人针对外墙窗建筑面积计算方法发生争议。发包人认为本工程三种造型飘窗均不满足飘窗面积计算的条件，故不能计算建筑面积，理由是外飘窗、内飘窗均属于飘窗，本工程凸窗（飘窗）的窗台应只是墙面的一部分且距（楼）地面有一定的高度，满足飘窗的条件，根据 13 面积计算规范，不能计算建筑面积。承包人认为本工程三种飘窗应计算全面积，理由一：根据 13 面积计算规范术语 2.0.15 "凸窗（飘窗）bay window 凸出建筑物外墙面的窗户"，本工程飘窗是没有飘出外墙面的，故不能按飘窗计算；理由二：根据 13 面积计算规范条文说明 2.0.15 "凸窗（飘窗）有别于楼（地）板的延伸，不能把楼（地）板延伸出去的窗称为凸窗（飘窗）。凸窗（飘窗）的窗台应只是墙面的一部分且距（楼）地面应有一定的高度"，因此本工程所指位置不属于飘窗，根据 13 面积计算规范计算建筑面积的规定"3.0.1 建筑物的建筑面积应按自然层外墙结构外围水平面积之和计算。结构层高在 2.20m 及以上的，应计算全面积；结构层高在 2.20m 以下的，应计算 1/2 面积。"

一、关于造型一外墙窗的建筑面积计算

我站认为，应同时满足 13 面积计算规范条文说明 2.0.15 及术语 2.0.15，才能认定为飘窗。依据剖面图所示，本争议的外墙窗下方镂空且与外墙面有一定的距离（外墙窗下的装饰板不属于外墙面），符合凸出建筑物外墙面的条件，楼层的混凝土结构楼板在外墙面处结束，并没有延伸至外墙窗下方，符合不是楼（地）板的延伸的条件，窗台符合只是墙面的一部分且距（楼）地面应有一定的高度条件，因此本争议中的外墙窗属于飘窗。通过剖面图可计算出，本争议中外墙窗的窗台距（楼）地面高度为 0.45m，不符合凸窗（飘窗）计算面积的条件。因此本处的外墙窗应不计算建筑面积。

二、关于造型二及造型三外墙窗的建筑面积计算

我站认为，依据剖面图所示，本争议的外墙窗是从楼板延伸出去的，且未凸出建筑物外墙面，根据 13 面积计算规范条文说明 2.0.15 及术语 2.0.15 条约定，此类型外墙窗不能认定为飘窗，其建筑面积应按 13 面积计算规范计算建筑面积的规定"3.0.1 建筑物的建筑面积应按自然层外墙结构外围水平面积之和计算。结构层高在 2.20m 及以上的，应计算全面积；结构层高在 2.20m 以下的，应计算 1/2 面积"的规定计算，且通过剖面可看出，结构层高度大于 2.20m，故应按外墙结构外围水平面积计算全面积。

专此函复。

广东省建设工程标准定额站
2020 年 10 月 29 日

关于佛山市白坭镇红涌及周家涌截污工程计价争议的复函

粤标定函〔2020〕250号

佛山市三水西江发展投资有限公司、广东湜森工程有限公司：

2020年8月28日，你们通过广东省建设工程造价纠纷处理系统申请解决关于白坭镇红涌及周家涌截污工程计价争议的来函及相关资料收悉。

从2018年8月15日签订的施工合同显示，本项目位于佛山市，资金来源为镇财政资金。发包人佛山市三水西江发展投资有限公司通过公开招标方式，确定由广东湜森工程有限公司负责承建，合同的计价方式为工程量清单计价，执行《建设工程工程量清单计价规范》GB 50500—2013，合同价格形式为固定单价。现对来函涉及的结算计价争议事项答复如下：

本项目基础形式采用高压水泥旋喷桩，合同清单项目中只有高压水泥旋喷桩清单子目，空桩部分无单独清单子目，在结算时，双方对高压水泥旋喷桩子目的计价发生争议。发包人认为合同清单项中高压水泥旋喷桩清单为实桩部分清单项目，结算时实桩部分应按合同综合单价计取，空桩部分重新组价或只计算实桩工程量，不计算空桩工程量。承包人认为合同高压旋喷桩综合单价综合考虑了实桩和空桩，工程量应按实桩加空桩计算。

我站认为，根据《市政工程工程量计算规范》GB 50857—2013规定，招标工程量清单项目特征应清晰描述地层情况、空桩长度、桩长、桩截面、注浆类型及方法、水泥强度等级，与之配套的招标工程量计算规则为"按设计图示尺寸以桩长计算"，结算时依据发承包双方确认的工程量与已标价工程量清单的综合单价计算。经查询双方上传的相关资料，已标价工程量清单的"高压旋喷桩"综合单价应为实桩综合单价，不包含空桩的费用。根据所提供的图纸显示，地基处理桩顶设计标高为井刃脚面，刃脚面以下为实喷（实桩），刃脚面以上为空喷（空桩），旋喷桩止水帷幕全桩长实喷（实桩），"高压旋喷桩空桩"清单项目属于招标清单缺项，应按合同专用条款10.4.1变更估价原则进行价格确定。

专此函复。

广东省建设工程标准定额站
2020年10月29日

关于云浮市尚东世纪项目工程计价争议的复函

粤标定函〔2020〕251 号

云浮市安达美房地产开发有限公司、台山市长兴建筑工程有限公司：

2020 年 7 月 10 日，你们通过广东省建设工程造价纠纷处理系统申请解决关于阳台建筑面积计算争议的来函及相关资料已收悉。

从 2017 年 11 月 15 日签订的施工合同显示，本项目位于云浮市，资金来源为企业自筹，发包人云浮市安达美房地产开发有限公司采用直接发包方式，确定由台山市长兴建筑工程有限公司负责承建。本工程的计价方式为按照建筑面积固定综合单价包干，合同约定的建筑面积按照《建筑工程建筑面积计算规范》GB/T 50353—2013（以下简称"13 面积计算规范"）计算，工程现处于竣工结算阶段。现对来函涉争议事项答复如下：

一、关于 3♯、8♯户型生活阳台建筑面积的争议

3♯、8♯户型生活阳台部分位于柱外边线以内，部分位于柱外边线以外（如图一所示），双方就柱边线以内部分的阳台如何计算建筑面积产生争议。发包人认为阳台不在主体结构线内，应按其结构底板水平投影面积计算 1/2 面积。承包人认为柱外边线以内部分属于结构内阳台应按全面积计算，柱外边线以外部分属于结构外阳台，应按其结构底板水平投影面积计算 1/2 面积。

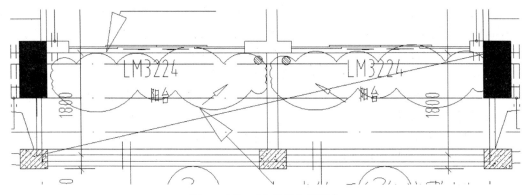

图一　3♯、8♯户型生活阳台

我站认为，据施工图所示，3♯、8♯户型生活阳台左右两侧为突出外墙面的框架柱，且阳台分户墙位于框架梁上，根据《建筑工程建筑面积计算规范》宣贯辅助教材第三部分条文详解第 3.0.21 条第 2 点第 2 款 "框架结构：柱梁体系之内为主体结构内，柱梁体系之外为主体结构外"，故此阳台属于主体结构外阳台，根据 13 面积计算规范第 3.0.21 条 "在主体结构外的阳台，应按其结构底板水平投影面积计算 1/2 面积。" 此阳台应按其结构底板水平投影面积计算 1/2 面积。

二、关于 1♯、2♯入户阳台（入户花园）建筑面积的争议

　　1♯、2♯入户阳台（入户花园）位于结构轮廓线以外（如图二所示），就此阳台如何计算建筑面积双方产生争议。发包人认为入户阳台（入户花园）不在主体结构线内，应按其结构底板水平投影面积计算 1/2 面积。承包人认为入户阳台（入户花园）属于结构内阳台应按全面积计算。

　　我站认为，根据 1♯、2♯户型入户阳台（入户花园）的结构图所示，两个垂直外墙面在结构外边线上，悬挑部分的另外两面垂直相交在构造角柱，由于构造角柱为非承重结构，故该入户阳台应为主体结构外的阳台，应按其结构底板水平投影面积计算 1/2 面积。

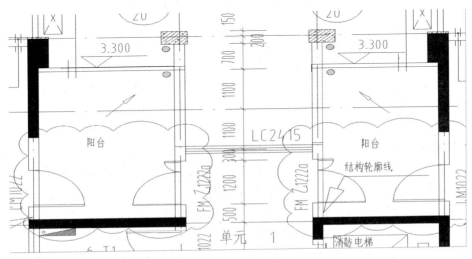

图二　1♯、2♯入户阳台

三、关于结构外阳台计算建筑面积的争议

　　结构外阳台是否按结构底板外边线计算建筑面积双方产生争议。发包人认为按结构梁边线计算建筑面积。承包人认为根据《建筑工程建筑面积计算规范》宣贯辅助教材第三部分条文详解第 3.0.21 条第 7 点"阳台在主体结构外时，按结构底板计算建筑面积，此时无论围护设施是否垂直于水平面，都按结构底板计算建筑面积，同时应包括底板处突出的檐。"故应该按结构底板外边线计算建筑面积。

　　我站认为，应根据《建筑工程建筑面积计算规范》宣贯辅助教材第三部分条文详解第 3.0.21 条第 7 点的说明"按结构底板计算建筑面积，同时应包括底板处突出的檐"执行。

　　专此复函。

广东省建设工程标准定额站

2020 年 10 月 29 日

关于江门市新会装备产业园司前园区基础配套设施工程 PPP 项目工程计价的复函

（粤标定函〔2020〕253号）

江门市新会区工业园区管理委员会，江门海悦建设有限公司：

2020年9月14日，你们通过广东省建设工程造价纠纷处理系统，申请解决江门市新会装备产业园司前园区（启动区）基础配套设施工程PPP项目涉及土石方计价争议的来函及相关资料收悉。

从2019年2月26日签订的PPP项目合同显示，该工程项目地点在江门市新会区，资金来源是社会资本，采用公开招标方式由中建国际投资（中国）有限公司、中建国际工程有限公司、中国建筑西南设计研究院有限公司组成联合体中标，中标方组建江门海悦建设有限公司为项目公司，负责本项目的设计、施工、管理等工作。合同约定采用定额计价方式，执行《广东省市政工程综合定额2018》等配套文件，目前项目处于施工图预算编审阶段，现对来函涉及的工程计价答复如下：

本项目勘察报告中强风化变质砂岩的岩土定性为极软岩，现场主要使用普通的履带式单斗液压挖掘机（铲斗容量1.6～1.8m³、功率120～200kW）进行土石方开挖及装车，未使用凿岩机、破碎锤等石方开挖设备，也没有使用爆破施工工艺。本工程在审核施工图预算时，甲、乙双方对于土石方工程定额套用存在争议。发包人认为，施工过程中不仅施工机械与定额对应的子目不符，且采用的施工工艺与定额对应的子目也不符，故土石方开挖应套用"D1-1-124挖掘机挖装松散石方"子目；现场是挖掘机直接挖装运，不存在凿岩机破碎后堆放、再挖装运过程，极软岩开挖后已成松散状态，类似土方，故土石方外运套用《广东省市政工程综合定额2018》中"D1-1-53自卸汽车运土方"子目。承包人认为，根据地勘报告显示现场为软岩、极软岩，符合定额岩石分类表中的内容，定性为软岩、极软岩；承包人根据现场地质情况，采用了先进、适用的土石方开挖设备，满足了工程要求，根据粤标定函〔2020〕138号第2条"在项目实际施工中使用的施工机械与定额不同时，除定额说明可以调整外，所有机具均不作调整。"的问题解答，根据《广东省市政工程综合定额2018》说明中关于岩石的开挖方式，挖石方应套用定额子目为"D1-1-93凿岩机破碎岩石"，并且软岩、极软岩归属为石方，装车按《广东省市政工程综合定额2018》中"D1-1-124挖掘机挖装松散石方"相关定额套用，运输按"D1-1-126自卸汽车运石方"相关定额套用。

我站认为，本工程计价依据采用的《广东省市政工程综合定额2018》第一册《通用项目》D.1.1土石方工程定额是按照土方工程和石方工程划分使用的，根据章说明第二条

"2. 土石方工程土壤和岩石类别的划分，依照工程勘测资料与《土壤分类表》《岩石分类表》对照后确定的"规定，表明定额在编制时已经综合考虑各种施工方法和机械配置情况，因此土石方项目相关定额的选择，不能以实际使用的施工机械和方法来选择定额子目，应结合工程地质勘察报告结果来划分土石方类型和工程数量，发生实际使用的施工机械与定额不同时，除定额说明可以调整外，执行时所有机具均不作调整。同时，定额子目的设置与水平是在执行现行国家产品标准、设计规范和施工验收规范、质量评定标准、安全操作规程、绿色施工评价标准等基础上，按照正常的施工条件与合理的施工工期以及合理的施工工艺下，测算完成单位工程量所需的人工、材料、机具等消耗量及相关费用标准等社会平均水平编制的，套用定额时不论采用何种施工机具或者施工方案，执行时均得以体现完整的常规施工流程的定额子目套用，故土石方项目相关定额的选择，除定额说明可以调整或补充有相应定额外，应包含挖（破）、堆、装、运、卸等流程。

专此函复。

广东省建设工程标准定额站

2020 年 11 月 2 日

关于广东省审计厅广东省质量技术监督局办公大楼工程施工监理费计价争议的复函

粤标定函〔2020〕266号

广东省审计厅、广东省市场监督管理局、广州市广州工程建设监理有限公司：

2020年9月17日，你们通过广东省建设工程造价纠纷处理系统，申请解决广东省审计厅、广东省质量技术监督局办公大楼工程项目施工监理收费基准价计价争议的来函及相关资料收悉。

从2009年4月24日签订的合同显示，本项目位于广州市天河区，资金来源是财政资金，发包人广东省审计厅、广东省市场监督管理局（合称"委托人"）采用公开招标方式，确定由广州市广州工程建设监理有限公司（简称"监理人"）负责全过程监理服务，本合同的监理费为暂定总价，实际监理费以财政、审计等政府相关部门审定的工程造价，按《建设工程监理与相关服务收费标准》（发改价格〔2007〕670号）规定计算。现对来函涉及的争议事项答复如下：

本工程的智能分频多联机空调为委托人独立采购，供货单位不包安装。空调到货后，委托人分别交由机电安装单位进行安装。双方就空调设备购置费是否作为监理费的计费基数产生争议。委托人认为，空调设备是发包人独立自行采购，空调设备的采购金额不能作为计算监理费的计费基数，仅同意把空调设备的安装工程费作为计算监理费的计费基数；监理人认为，空调设备到货后，监理人需要进行开箱检查，安装过程跟踪，系统调整，组织验收并移交建设单位使用，空调设备购置应属于监理合同范围内容，应作为监理费的计费基数。

我站认为，根据合同协议书第2.1条监理范围及4.1条监理报酬的约定，本项目监理范围包含空调及通风工程，合同为暂定总价，实际监理费以财政、审计等政府相关部门审定的工程造价，依据《建设工程监理与相关服务收费标准》（发改价格〔2007〕670号）相关规定计算。根据《建设工程监理与相关服务收费标准》（发改价格〔2007〕670号）第1.0.8条施工监理服务收费的计费额规定，"施工监理服务收费以建设项目工程概算投资额分档定额计费方式收费的，其计费额为工程概算中的建筑安装工程费、设备购置费和联合试运转费之和，即工程概算投资额"，即该收费标准的费率是以建筑安装工程费、设备购置费和联合试运转费之和为基础进行测算取定的，其中建筑安装工程费并未要求剔除甲供材料设备费用；同时，双方协议书亦未对甲供材料设备费用予以剔除的约定。因此，本项目的监理费计费基数应包含委托人独立采购的空调设备购置费和安装费。

特此函复。

广东省建设工程标准定额站

2020 年 11 月 12 日

关于清远市清城区文化中心
大楼工程计价争议的复函

粤标定函〔2020〕272 号

清远市清城区机关事务管理局、清远市恒通建筑工程有限公司:

2020 年 6 月 17 日, 你们通过广东省建设工程造价纠纷处理系统, 申请解决清城区文化中心大楼工程计价争议的来函及相关资料收悉。

从 2018 年 6 月 20 日签订的施工合同显示, 本项目位于清远市, 资金来源是区财政资金。发包人清远市清城区机关事务管理局采用公开招标方式, 确定由清远市恒通建筑工程有限公司负责承建, 采用工程量清单计价方式, 合同价格形式为单价合同, 执行《建设工程工程量清单计价规范》GB 50500—2013, 争议事项处于竣工结算阶段。依据所上传的项目资料, 现对来函涉及的工程计价争议事项答复如下:

一、关于招标工程量清单与招标图纸不符引起的计价争议

招标人发出的工程量清单与招标图纸存在以下不符:

1. 楼板开凿电梯井孔的临时钢支撑

本项目在原有建筑内加装电梯, 施工图纸要求在大楼 G 层、首层的楼板开凿电梯井孔, 开凿前需对断开的原梁、板部位临时采用钢管脚手架支撑加千斤顶对原有荷载进行卸载, 以确保建筑的结构安全, 招标工程量清单中未开列该清单项目。发包人认为该费用属于安全防护、文明施工措施费的内容, 根据合同专用条款第 80.1 和 83.4 条的约定本工程结算时, 安全防护、文明施工措施项目费不作调整。承包人认为按设计要求对断开前的楼板、梁进行临时支撑, 以确保结构安全, 该临时钢支撑的费用应按合同约定的其他措施费条款按实结算。

2. 脚手架搭设高度和方式

招标人在编制工程量清单和招标控制价时, 考虑新建电梯井四周有结构包围, 故外脚手架只按单排脚手架计算。但实际施工中地面以上是三面悬空标高约 49m, 该部分实际需要搭设综合脚手架。发包人认为该部分外综合脚手架的费用属于安全防护、文明施工措施费, 根据施工合同专用条款第 80.1 及 83.4 条的约定, 结算时不予调整。承包人认为该部分外综合脚手架的费用应按实计算, 并调整安全防护、文明施工措施费。

3. 电梯井脚手架的工程数量

本项目招标图纸显示为加装的四台电梯, 东、西侧各两台, 共四个电梯井道, 但招标工程量清单中安全文明施工措施费的电梯井脚手架只开列了两座。发包人认为电梯井脚手架费用属于安全防护、文明施工措施费, 根据施工合同专用条款第 80.1 及 83.4 条的约定属于费用包干的内容，在工程结算时不予调整。承包人认为每个井道需搭设一座电梯井脚手架，四个井道则需搭设四座电梯井脚手架，电梯井脚手架应按四座计算，属于招标清单错误，在结算中应予以调整。

我站认为：1. 因开凿电梯井孔需对断开的原梁、板部位临时采用钢管脚手架支撑属于安全防护、文明施工措施费用，招标工程量清单未按要求开列；2. 招标工程量清单按电梯四周有围护结构包围、搭设高度4.4米内考虑只计算单排脚手架，与设计图纸和现场图片显示电梯四周除地下层和G层外其余三面无围护结构，搭设高度需从一层至天面层的事实不相符；3. 招标工程量清单和招标控制价中计算的电梯井脚手架工程数量为两座，但招标图纸中电梯数量为四座，属于工程量计算错误。根据《建设工程工程量清单计价规范》GB 50500—2013 第 4.1.2 条规定，招标工程量的准确性和完整性应由招标人负责，招标工程量清单的错误由发包人承担，但承包人作为有经验的承包商，对本应在招标阶段发现的问题以及明显的错误却未质疑，并在投标时对招标文件作出实质性的响应；发包人以合同专用条款第 80.1 和 83.4 条约定了本工程结算时安全防护、文明施工措施项目费不作调整的规定，认为属于费用包干的内容不予调整为由，但招标工程量清单的偏差情况显示其编制质量存在瑕疵，且以签证形式认定了招标清单与施工实际不符的事实，达成了事实上的补充协议，按照本合同组成文件优先顺序把补充协议排在第一位置的约定，与专用条款第 80.1 和 83.4 条约定产生矛盾。

鉴于以上的客观事实，上述争议事项中双方均有不同程度的过错，且出现合同条款在履约中产生矛盾的情形，建议双方协商分摊承担上述争议费用。

二、关于设计变更导致重新搭设电梯井脚手架费用的争议

由于设计变更导致井道扩大，两台电梯之间需要加装防护隔离网。加装防护隔离网的设计变更单下发前电梯井脚手架已拆除，为安装该防护隔网需重新搭设操作平台，发、承包双方对重新搭设的两座电梯井脚手架费用产生争议。发包人认为重新搭设的两座电梯井脚手架费用属于安全防护、文明施工措施费，根据施工合同专用条款第 80.1 及 83.4 条的约定，在工程结算时不予调整；承包人认为重新搭设的两座电梯井脚手架费用应按照实际发生费用结算并调整安全防护、文明施工措施费。

我站认为，重新搭设的两座电梯井脚手架费用是因加装防护隔离网设计变更引起的，属于工程变更，结算时应按合同专用条款 68.1 合同价款的可调整因素以及合同通用条款 72.3 工程变更事件调整措施项目费的约定调整合同价款。

三、关于施工过程中承包人垫付的植筋抗拔、焊缝探伤、防火涂层厚度等检测费用结算的争议

施工中为使该工程顺利推进，由承包人先行垫付了植筋抗拔、焊缝探伤、防火涂层厚度等检测的费用，发、承包双方对该垫付检测费用的结算方式发生争议。发包人认为，该费用未在项目立项预算中考虑，暂不作为建安工程费进行结算支付。承包人认为，投标价中的材料检验试验费不包括植筋抗拔、焊缝探伤、防火涂层厚度等检测费用，该费用应该在结算中一并计算并支付。

我站认为，本项目的植筋抗拔、焊缝探伤、防火涂层厚度等检测费用属于专项检测的费用，合同并未约定投标报价需要考虑此部分费用，则应属于列入建设工程其他费用中由发包人支付的检测费用，因此该部分检测费用由发包人另行支付。

专此复函。

广东省建设工程标准定额站

2020 年 11 月 17 日

关于顺德恒大御苑项目主体及配套建设工程计价争议的复函

粤标定函〔2020〕279 号

佛山市顺德协城房地产有限公司、中国华西企业有限公司：

2020 年 8 月 26 日，你们通过广东省建设工程造价纠纷处理系统，申请解决顺德恒大御苑项目主体及配套建设工程计价争议的来函及相关资料收悉。

从 2017 年 2 月 24 日签订的施工合同显示，项目地点位于佛山市，资金来源为自筹，发包人佛山市顺德协城房地产有限公司通过直接发包的方式，确定由中国华西企业有限公司负责承建。合同约定除按含税综合单价包干项目外，采用定额计价方式，执行《广东省安装工程综合定额 2010》等计价文件，本项目目前处于竣工结算阶段。现对来函涉及的工程计价争议事项答复如下：

一、关于主结构厚度为 1.5mm 的金属线槽、钢制桥架的计价争议

本项目采用主结构厚度为 1.5mm 的钢制桥架，双方就钢制桥架如何套用定额子目产生争议。发包人认为主结构厚度等于 1.5mm 钢制桥架项目应执行金属线槽安装相应的定额子目；承包人认为主结构厚度等于 1.5mm 钢制桥架项目应执行钢制桥架相应的定额子目。

我站认为，根据《广东省安装工程综合定额 2010》第二册《电气设备安装工程》C.2.8 章说明第 2.8.14 条规定"金属线槽、钢制桥架的主结构厚度 1.5mm 以下执行金属线槽安装相应项目，主结构厚度 1.5mm 以上执行钢制桥架安装相应项目"，以及定额总说明中第十二条规定"本综合定额中注有'×××以内'或'×××以下'者，均包括×××本身；'×××以外'或'×××以上'者，则不包括×××本身"等相关规则。本争议涉及的主结构厚度等于 1.5mm 钢制桥架应执行金属线槽安装相应项目。

二、关于消防防火桥架的计价争议

本项目桥架设计包括消防防火桥架，双方就消防防火桥架如何套用定额产生争议。发包人认为设计为主结构厚度 1.5mm 以下的消防防火桥架应执行金属线槽相应的定额子目，1.5mm 以上的则执行钢制桥架相应的定额子目；承包人认为设计为消防防火桥架应执行防火桥架相应的定额子目。

我站认为，设计为防火桥架的，按照定额项目设置规则，应对应执行《广东省安装工程综合定额 2010》第二册的防火桥架安装项目。

专此函复。

广东省建设工程标准定额站
2020 年 11 月 23 日

关于珠海市小横琴山南山咀裸露
山体覆绿工程计价争议的复函

（粤标定函〔2020〕298号）

中交横琴投资有限公司、中国交通建设股份有限公司珠海横琴新区综合开发项目总经理部：

2020年5月26日，你们通过广东省建设工程造价纠纷处理系统，申请解决珠海市小横琴山南山咀裸露山体覆绿工程计价争议的来函及相关资料收悉。

从2012年8月签订《珠海市横琴新区综合开发项目投资建设合同》（以下简称《投资建设合同》）及2014年签订的《珠海市横琴新区综合开发项目补充协议》显示，本工程位于珠海市，资金来源为政府和社会资本共同投资并成立项目公司，项目公司的发包人为中交横琴投资有限公司，承包人为中国交通建设股份有限公司珠海横琴新区综合开发项目总经理部。合同计价方式为定额计价，执行《广东省建筑与装饰工程综合定额2010》《广东省市政工程综合定额2010》等。现对来函涉及的工程计价争议事项答复如下：

本工程所在地原先是一处采石场，边坡坡度为45°~70°，局部近直立，现采用格构梁式结构进行复绿，施工图纸要求岩层锚杆成孔直径110mm，发承包双方对本工程锚杆项目的计价无争议，在预算审核阶段，财政投资审核中心与发承包双方就锚杆项目执行定额时发生争议。

发承包双方均认为，本工程锚杆项目计价应执行《广东省建筑与装饰工程综合定额2010》A.2桩基础工程"A2-154、A2-155锚杆钻孔灌浆"的定额子目。理由是：1.《广东省市政工程综合定额2010》第七册隧道工程中的锚杆主要是对不稳定围岩起整体加固作用，阻止部分不稳定岩块滑落或滑移，是初期支护中常用的基本形式，而本工程中设计的锚杆是在强度高的中风化花岗岩中钻孔施工，锚杆除对岩体具有整体加固作用外，其主要作用为承载板槽及格构梁，从而满足后期覆土以达到复绿的目的，且本工程岩层锚杆钻孔孔径为110mm。2.《广东省市政工程综合定额2010》第七册隧道工程中定额子目"D7-1-35 砂浆锚杆5m以内"中凿岩机具为气腿式风动凿岩机，此种机械多为手持式，钻孔孔径一般为26~42mm，无法满足工艺要求，故定额子目"D7-1-35 砂浆锚杆5m以内"不适用于本工程，而《广东省建筑与装饰工程综合定额2010》中定额子目"A2-154、A2-155锚杆钻孔灌浆"中锚杆钻孔机 DHR80A 更接近于本工程钻孔机械，故应采用《广东省建筑与装饰工程综合定额2010》中定额子目计价。3.从定额适用范围分析，本工程也不宜套用隧道工程锚杆定额。《广东省市政工程综合定额2010》隧道工程册说明第一章说明及第7.03条规定，暗挖（矿山法）隧道与明挖隧道适用于城镇管辖范围内新建和扩建的各种车行隧道、人行隧道、越江隧道、地铁隧道、给排水隧道及电缆（公用事业）隧道等工程，本章定额包括暗挖（矿山法）单、双线隧道土、石方开挖及清理，矿山法隧道喷射混凝土、钢格栅及钢筋网、超前小导管、管棚、锚杆、注浆，矿山法隧道衬砌混凝土，矿山法隧道竖井开挖、衬砌、钢筋、钢爬梯、回填、拆除等内容。此定额子目的锚杆是属于矿山法隧道的子项，本工程的锚杆非隧道锚杆，故不宜套用。

审核中心认为，本工程锚杆计价应执行《广东省市政工程综合定额 2010》，套用第七册隧道工程"D7-1-35～D7-1-38 砂浆锚杆"定额子目，不应套用《广东省建筑与装饰工程综合定额 2010》A.2 桩基础工程"A2-154、A2-155 锚杆钻孔灌浆"的定额子目。理由是：1. 本工程实际施工时采用全坡面搭设综合脚手架，手持或单腿气动式轻型机械作业的常规施工方案，常压注浆，并计取了超高降效费与垂直运输费用，施工工艺与《广东省市政工程综合定额 2010》第七册隧道工程定额子目"D7-1-35～D7-1-38 砂浆锚杆"基本相符。2. 从定额的适用性分析，《广东省建筑与装饰工程综合定额 2010》A.2 桩基础工程章说明中一般说明第一点规定"本章桩基础工程指陆地上打桩，包括预制混凝土桩、成孔混凝土灌注桩、钢管桩、锚杆、地下连续墙等，不同土壤类别、机械类别和性能均包括在定额内"以及第十六点"锚杆钻孔、灌浆，高于地面 1.2m 处作业搭设的操作平台，按实际搭设长度乘以 2m 宽，套满堂脚手架相应子目"，上述子目适用于逐层开挖的基坑支护或地面坡度不大的锚杆作业，高于地面 1.2m 则需要搭设操作平台，定额子目"A2-154、A2-155 锚杆钻孔灌浆"的锚杆钻孔机 DHR80A 体型大、重量大，不适合本工程陡峭的高边坡作业，也无法在综合脚手架上连续移动、就位、施钻作业，故不适用于本工程锚杆项目计价。

我站认为，采用定额计价方式，作为其计价依据的各专业定额执行的标准应根据工程专业属性及其适用范围来界定，不是以施工工艺和选用的施工机械来划分。根据本项目《投资建设合同》承包范围和条款约定，本工程为横琴新区北片区防洪及景观工程中的一个子项目，按其工程属性属于市政工程，应执行《广东省市政工程综合定额 2010》相关规定。另外，根据《广东省市政工程综合定额 2010》总说明第三条、第六条及第九条相关规定已经明确，该定额适用于全省行政区域内新建、扩建和改建的市政工程，是按正常的施工条件以及目前我省企业的施工机械装备程度、合理的施工工期、施工工艺、劳动组织为基础综合确定的，定额的机械台班消耗量也是按正常合理的施工机械配备和大多数施工企业的装备程度综合取定的，并且指出当实际与定额不符时，除各章另有说明者外，均不作调整。因此，本工程的锚杆项目计价应执行《广东省市政工程综合定额 2010》，实际施工工艺与施工机械与定额不符时，除各章另有说明者外，均不作调整。

专此函复。

广东省建设工程标准定额站

2020 年 12 月 1 日

关于中山市小榄镇环镇北路和联丰路 改造工程 PPP 项目计价争议的复函

粤标定函〔2020〕314 号

中山榄洋建设项目管理有限公司、太平洋建设集团有限公司：

你们通过广东省建设工程造价纠纷处理系统，申请解决关于中山市小榄镇环镇北路和联丰路改造工程 PPP 项目计价争议的来函及相关资料收悉。

从来函及其相关资料显示，项目位于中山市，项目资金来源为政府与社会资本合作（PPP）模式，采用公开招标方式确定太平洋建设集团有限公司（牵头人）、北京市市政工程设计研究总院有限公司组成的联合体为中标人。中山榄洋建设项目管理有限公司（以下简称发包人）与太平洋建设集团有限公司（以下简称承包人）于 2017 年 8 月订立《中山市小榄镇联丰路改造第二中学交叉口车行道隧道工程勘察设计施工总承包（EPC）合同》（以下简称 EPC 合同），合同内容为联丰路改造第二中学交叉口车行道隧道工程，于 2017 年 8 月订立《中山市小榄镇环镇北路和联丰路改造工程施工合同》（以下简称施工合同），合同内容为小榄镇环镇北路改造工程和联丰路改造工程。本工程采用定额计价，执行《建设工程工程量清单计价规范》GB 50500—2013、《广东省建设工程计价依据 2010》及配套文件。经研究，现对来函涉及的计价争议事项答复如下：

一、关于交通干扰施工增加费计价的争议

中山市小榄镇环镇北路和联丰路改造工程中，设计文件中已有交通疏解图纸，并按设计图纸计取围挡安装、道路标线、交通指示牌、红绿灯等费用。交通疏解分阶段施工，道路施工过程中为保证改建道路行人车辆继续通行，按交通疏解图纸采用左幅车行道分段围挡施工，右幅行人车辆通行或中间通行两侧围挡施工、交叉路口保证车辆通行未封闭等各种方案多次对交通进行疏解，对于此施工条件下是否计取交通干扰施工增加费双方发生争议。发包人认为，设计有交通疏解图纸，并已计取围挡安装、道路标线、交通指示牌、红绿灯等费用，是否需计取交通干扰施工增加费，发包人产生疑问未能下定论。承包人认为，交通干扰施工增加费是指"在行人车辆通行的市政道路上施工中发生的施工降效费用，按在市政道路上施工项目人工费的 10% 计算（在小区内和交通全封闭的道路施工时不能计算）"，本项目道路未全封闭，为保证行人车辆通行，采取分段、分幅、分阶段施工对项目整体施工组织安排造成施工降效影响，应计取相应费用。

我站认为，本项目执行《广东省市政工程综合定额 2010》计价依据，因施工路段不能全封闭，导致需要在施工范围内采取交通疏解措施和分段施工的方案，符合该定额关于在行人车辆通行的市政道路上施工中发生的施工降效可以计取交通干扰施工增加费的规

定，应予按定额规定相应计取该费用。同时，《广东省市政工程综合定额2010》并未考虑采取交通疏解措施而发生的费用，因此，本项目应按照经批准的交通疏解方案与图纸，另行计取围挡安装、道路标线、交通指示牌、红绿灯等费用。

二、关于文明工地增加费计取的争议

中山市小榄镇环镇北路和联丰路改造工程目前已经竣工验收，并被评为省级安全文明工地，对是否计取文明工地增加费双方发生争议。发包人认为，施工合同中未详细约定，不予支付。承包人认为，施工合同中专用条款第67.1条"优质优价奖的约定：合同谈判阶段确定"，且施工合同专用条款附件一第（六）条约定"工程计量和计价中约定按国家标准《建设工程工程量清单计价规范》为准，没有规定的以广东省统一工程计价依据为准。"根据《广东省建设工程计价通则2010》第3.2.5款"1.当建设工程被评定为省、市及文明工地时应计取文明工地增加费。2.工程结算时按照合同约定计算；合同没有约定或约定不明的，按照广东省建设工程综合定额计算。"故我方认为应计取相关费用。

我站认为，本项目虽然在施工合同专用条款第67.1条"优质优价奖的约定：合同谈判阶段确定"，但事实上合同一经签订并不存在"合同谈判阶段"，需要双方遵循当时的真实意愿再对优质优价的奖励进行商议。工程获得省级文明工地，在申报过程中必然需要发包人的支持和认同，故申报以及获得省级文明工地一事，发包人是知晓并且是应该知晓的。因此，建议双方对本项目获得省级文明工地如何给予奖励费用进行协商明确，如果协商不成的，可根据《广东省建设工程计价通则2010》第3.2.5款"2.工程结算时按照合同约定计算；合同没有约定或约定不明的，按照广东省建设工程综合定额计算。"予以计取优质优价奖励费用。

三、关于施工扬尘防治措施及实名制费用计取的争议

本项目施工合同于2017年8月签订，2018年2月23日监理签发开工令，2018年4月27日广东省建设工程标准定额站发布《关于建设工程施工扬尘污染防治措施及用工实名管理费用计价有关事项的通知》（粤建标函〔2018〕106号），双方就施工扬尘防治措施及实名制费用计取问题产生争议。发包人认为，合同签订时未有相关文件，是否计取存疑。承包人认为，施工前已编制扬尘控制方案，监理审核通过并按方案执行，安装实名制控制系统，完成相应工作，应按文件计取相关费用。

我站认为，根据施工合同专用条款第68.2条的约定："合同价款的调整因素包括发包人认可的法律法规的变化"及"发包人认可的工程造价管理机构发布的造价调整"。粤建标函〔2018〕106号文是根据政府部门发布的相关规定而制定，并于2018年4月27日发布，符合专用条款第68.2条的约定范畴。本项目应依据粤建标函〔2018〕106号文第五条"在建项目，除合同另有约定外，以按照本通知有关文件规定开展施工扬尘污染防治或实施用工实名管理期间的工程量为基础，相应增加计算费用"，即由发承包双方确认按照粤建标函〔2018〕106号文提及的有关文件规定，落实相关措施开展施工扬尘污染防治或实施用工实名管理期间的工程量为基础，相应增加计算费用。但如果项目所在地另有规定的，按项目所在地规定计算。

四、关于工程优质费计取的争议

中山市小榄镇环镇北路和联丰路改造工程目前已经竣工验收，项目申报省、市级优良样板工程，对是否计取工程优质费双方产生争议。发包人认为，合同中未详细约定，不予支付。承包人认为，施工合同中专用条款第 67.1 条约定"优质优价奖的约定：合同谈判阶段确定"，在施工合同后专用条款附件一第（六）条约定"工程计量和计价中约定按国家标准《建设工程工程量清单计价规范》为准，没有规定的以广东省统一工程计价依据为准。根据《广东省建设工程计价通则 2010》第 8 页第 3.2.8 条"2 工程结算时按照合同约定计算；合同没有约定或约定不明的，按照广东省建设工程综合定额计算"。故我方认为应按获奖情况计取相关费用。

我站认为，本项目正在申报省、市级优良样板工程，在申报过程中必然需要发包人的支持和认同，因此申报一事，发包人是知晓并且是应该知晓的。鉴于目前仍在申报过程中，建议双方应对优质优价如何奖励费用进行商谈，明确计价方法。

五、关于预算信息价期数确认的争议

2017 年 7 月发承包双方签订《中山市小榄镇环镇北路和联丰路改造工程 PPP 项目合同协议书》（以下简称 PPP 项目协议书）及 2017 年 8 月签订 EPC 合同，约定按施工图预算下浮一定比例作为结算的方式，但关于施工图预算价格基准日期未有明确。双方提交了 2018 年 8 月 11 日召开的《关于项目管理问题及相关程序协调会会议纪要》，显示其中第一条第（三）款第 2 项约定"小榄镇联丰路改造工程施工图预算编制时间采用 PPP 项目合同签订时间"，但双方仍对施工图预算编制信息价基准日期发生争议。发包人认为，PPP 项目协议书中联丰路改造工程包含联丰路下穿隧道子项目（后变更为联丰路改造第二中学交叉口车行道隧道工程），即为 2017 年 8 月订立《中山市小榄镇联丰路改造第二中学交叉口车行道隧道工程勘察设计施工总承包（EPC）合同》（以下简称 EPC 合同）所指项目，因此按 PPP 项目合同签订时间 2017 年 7 月作为该子项目预算信息价基准日。承包人认为，双方 2017 年 8 月签订施工合同及 EPC 合同，在 2018 年 8 月的会议纪要确定了环镇北路的预算信息价采用期数与联丰路改造工程预算信息价采用期数，但文件同时提及联丰路下穿隧道（即联丰路改造第二中学交叉口车行道隧道工程）设计还需镇政府研究，答复时间待定。事实上是在 2019 年 8 月才最终完成联丰路下穿隧道设计变更为跨线桥施工图审批工作，从签订 EPC 合同到施工图完成审批时段过长是因为镇政府对设计意见的大幅度调整，并导致施工无法开始，直至 2019 年 9 月 1 日监理签发开工令，因此承包方申请按施工图审核完成时间作为预算编制信息价基准期。

我站认为，根据 EPC 合同专用合同条款第 16 条约定："在合同实施期间，发包人将按省、市料调差办法进行材料调差"以及《关于项目管理问题及相关程序协调会会议纪要》（2018 年 8 月 21 日）第一条第（三）点第 2 款规定"环镇北路的施工图预算编制时间采用实施单位移交给项目公司施工图时间（2017 年 11 月），小榄镇联丰路改造工程施工图预算编制时间采用 PPP 项目合同签订时间"等内容，中山市小榄镇联丰路改造第二中学交叉口车行道隧道工程施工图预算价格应执行合同约定的 PPP 项目签订时间即 2017 年 7 月信息价期数，在结算时按照合同条款约定调整施工期间的材料价格。但由于非承包人原因导致工期延误且在延误期间物价波动影响价款的，承包人应按照《建设工程工程量清单计价规范》GB 50500—2013 第 9.8.3 条第 1 款"因非承包人原因导致工期延误的，计划进度日期后续工程的价格，应采用计划进度日期与实际进度日期两者的较高者"规定，向发包人索赔价格波动带来的费用增加和工期延长。

专此函复。

广东省建设工程标准定额站

2020 年 12 月 14 日

关于中山市南头家电产业孵化器项目 EPC 工程计价争议的复函

粤标定函〔2020〕315 号

中山市南头镇城建开发有限公司、广州市市政工程机械施工有限公司、广东省建筑设计研究院：

你们通过广东省建设工程造价纠纷处理系统，申请解决中山市南头家电产业孵化器项目 EPC 工程计价争议的来函及相关资料已经收悉。

从 2019 年 7 月 16 日签订的《建设项目工程总承包合同》（以下简称本合同）显示，本项目位于中山市南头镇，资金来源为企业自筹，发包人中山市南头镇城建开发有限公司采用公开招标方式确定由广州市市政工程机械施工有限公司（联合体牵头人）、广东省建筑设计研究院（联合体成员）采用 EPC 总承包方式承建，本工程的计价方式为定额计价。现对来函涉争议事项答复如下：

一、关于执行计价依据的争议

本工程是在初步设计审批完成后进行发包，发包人采用《广东省建设工程计价依据 2010》作为编制依据于 2019 年 2 月 28 日完成概算编制，概算工程造价总额为 11297.69 万元。经发包人审定，招标部分概算金额为 10153.88 万元，其中建安费为 10043.10 万元，设计费为 110.78 万元。发包人于 2019 年 5 月进行公开招标，承包人按招标文件规定以概算下浮率进行报价，中标合同价为建安工程费 9390.30 万元（下浮比例 6.5%）设计费 110.78 万元（总价包干），7 月 16 日双方签订本合同。按本合同协议书第五条约定，结算款是按经发包人审批的施工图中介预算，且按中标下浮率以及变更、价款调整进行计算。现双方对本合同结算采用的计价依据发生争议。发包人认为本项目概算是按照《广东省建设工程计价依据 2010》编制的，所以应采用《广东省建设工程计价依据 2010》作为施工图预算和结算编制的依据；承包人认为根据合同专用条款 20.5 款约定应按照《广东省建设工程计价依据 2018》编制施工图预算和结算。

我站认为，本项目采用概算作为投标最高限价，由投标人采用概算下浮率作为中标依据，并无提供按照现行《建设工程工程量清单计价规范》GB 50500—2013 编制招标工程量清单，并且合同专用条款 20.5 款约定以定额为依据编制施工图预算，因此，本项目实质为定额计价。按本合同协议书第五条约定，结算款是按发包人审批的施工图中介预算按中标下浮率以及变更、价款调整进行计算，以及专用条款 20.5 款约定："本项目的建筑安装工程费，是指在经行业主管部门、发包人、施工图审查机构等审核、修改并最终确定的施工图纸的基础上，由发包人委托独立的第三方专业机构，依据按照国家标准、广东省

184

现行的工程预算综合定额、相关的编制办法及配套文件的规定编制出工程量清单、综合单价及合价。综合单价执行《建设工程工程量清单计价规范》GB 50500—2013 和《广东省建设工程计价依据 2018》等按发包人审定的工程预算中的单价，并按中标下浮率下浮。"本项目施工图预算的编制依据应执行《广东省建设工程计价依据 2018》，招标采用概算作为最高投标限价是发包人进行投资控制和选择中标人的依据，并且合同已对预算、结算的编制方法有明确规定，因此概算的编制依据并非是本合同结算的计价依据。

二、关于超出限额设计上限价调整合同价款和概算的争议

本项目是 EPC 总承包项目，合同约定采用限额设计，双方对工程预算价超出合同约定的上限价，是否可以调整合同价款发生争议。发包人认为，根据招标文件及合同约定，经审核施工图预算超出限额设计上限价，承包人应按要求优化施工图至满足要求，不得超出合同约定的上限价。承包人认为根据合同约定施工图预算依据《广东省建设工程计价依据 2018》编制，概算依据《广东省建设工程计价依据 2010》编制，预算高于概算建安工程费，是因概算与施工图预算执行不同定额造成的，根据《中山市政府投资项目概算调整管理制度》的相关规定属于项目概算可调整的范围，发包人应据此办理相关调整概算的手续。

我站认为，本项目的设计概算是发包人确定最高投标限价、选择中标人、签订总承包合同、考核设计方案和经济合理性及控制施工图预算和施工图设计的依据，包括建筑安装工程费，工程建设其他费，预备费等；施工图预算是甲乙双方确定工程结算价款的依据，包括建筑安装工程费；项目的合同签约价是合同双方根据合同范围、合同条款及招标投标约定的合同履行价格，包括设计费和合同范围内的建筑安装工程费等；三者的编制依据、作用和费用范围不能直接等同。本项目的施工图预算超出合同约定的限额设计上限价，应根据招标文件第五章"发包人要求"第四条"工程监督管理"中"本工程采用限额设计，当施工图中介预算超出限额，承包人应按要求优化施工图至满足要求。""施工图审查合格后，由发包人委托中介单位编制中介预算，项目中介预算价高于工程概算价的施工图将被否决，中标人需进一步优化设计直到项目中介预算价低于工程概算价"等涉及设计阶段、预算阶段、施工阶段等工程计价的约定，说明包括定额变化、物价变化等因素引起预算超过限额的，均将继续进行优化设计直至满足要求。但发包人的变更改变经审批的初步设计文件中确定的工程规模、特征、功能的，或者出现合同约定可调价因素以及发生超出合同约定风险范围之外事件的，并且引起费用变化需调整合同价款，应根据合同专用条款第 13 条变更和合同价款调整约定执行。合同价款调整导致预算超过概算的，由于本项目资金来源为企业自筹，与《中山市政府投资项目概算调整管理制度》所指的财政预算资金投资项目不同，其概算调整方法未在合同中约定可以执行该制度，也未有其他明确约定，还应由双方进行补充约定或协商解决。

专此复函。

广东省建设工程标准定额站

2020 年 12 月 14 日

关于广州市南沙区凤凰二桥
工程计价争议的复函

粤标定函〔2020〕316 号

广州南沙明珠湾区开发有限公司、中交南沙新区明珠湾区工程总承包项目经理部：

你们通过广东省建设工程造价纠纷处理系统，申请解决凤凰二桥工程项目涉及工程计价争议的来函及相关资料收悉。

从 2016 年 5 月 20 日签订的施工合同显示，本项目位于广州市南沙区，资金来源是企业自筹（财政返还），采用公开招标方式确定中交南沙新区明珠湾区工程总承包项目经理部负责承建，合同约定采用清单计价方式，工程处于竣工结算阶段。现对来函涉及的工程计价争议事项答复如下：

本项目设计图纸显示，辅道桥下河涌堤岸挡墙前后采用水泥搅拌桩复合地基加固，挡墙采用放坡开挖结合砂袋围堰的方式实施，且要求先进行挡墙施工后再进行凤凰二桥的墩台及上部结构施工，以防止挡墙基坑开挖影响主桥结构安全。由于"放坡开挖结合砂袋围堰"需待水泥搅拌桩达到龄期后方可进行，无法满足区管委会、指挥部关于凤凰二桥主线于 2016 年 6 月 30 日前贯通的要求；同时因受征地红线影响两侧砂袋围堰也无法实施。因此，设计单位取消原"放坡开挖结合砂袋围堰"的设计方案，向发包人发出了改用"钢板桩支护"的设计方案，并通过专家审查论证，还于 2018 年 11 月 7 日得到《明珠湾指挥部 2018 年第 33 次总指挥办公会会议纪要》确认为变更事项。现进入工程结算阶段，双方就变更后的"钢板桩支护"清单措施项目是否应该计算变更费用产生争议。

发包人认为，由于合同约定该项目结算需经财政投资评审，评审中心根据施工合同的协议书中第三条第 2 款的第 1 项"项目措施费综合合价包干（按系数计算及可计算工程量的措施项目除外），不因施工期间人工、材料及机械价格变化、施工条件、工程规模变化和政府管理部门调整各项收费而调整，招标文件及本合同另有约定除外"和专用条款第 72.3 条第 3 款"综合合价包干的措施项目费不得调整"的约定，认为原设计方案涉及的措施项目清单"纤维袋围堰（3.5m）"在合同价中是以"项"计算的综合合价包干的，故其调整为"钢板桩围堰"后不应增加造价。承包人认为，合同约定项目措施费包干只是针对原设计方案中的"纤维袋围堰"而言，现该设计变更并非承包人原因（包括设计方案的改变及征地红线不足等）引起的，应按约定调整合同价款。

我站认为，引起争议的"凤凰二桥规划河涌处引桥和中桥桥下挡墙及下部结构施工工艺调整"设计变更，是为满足发包人对工期、设计单位对主桥结构安全的要求，在征地红线不足的情况下，经发包人同意、由设计单位发出变更、获工程变更专家审查论证会通过且

186

得到明珠湾指挥部总指挥办公会会议确认的变更事项。"放坡开挖结合砂袋围堰"改为"钢板桩支护"后，改变了施工措施方案，合同中措施项目"纤维袋围堰（3.5m）"清单未有发生，该综合合价的包干前提条件发生了本质变化，该变化不是由于施工合同协议书中第三条第2款第1项约定的"施工期间人工、材料及机械价格变化、施工条件、工程规模变化和政府管理部门调整各项收费"引起的，故施工合同协议书中第三条第2款第1项"项目措施费综合合价包干（按系数计算及可计算工程量的措施项目除外）"及专用条款第72.3（3）条"项目措施费综合合价包干不得调整"的约定，不适用于本设计变更。此外，该设计变更属于承包范围及内容的调整，根据施工合同协议书第三条第3款"根据工程实际情况，经双方协商一致，可对承包范围及内容进行适当调整，并按专用条款第96条约定处理"的指引，按照专用条款第96条"当发生以下情况之一，各方应在事件发生后三个月内签订补充合同（协议），双方另有约定除外：（1）发包人根据合同协议书第4.3款的约定调整承包范围或发生设计变更、工程签证的情况，导致本合同承包范围内的总金额超过本合同条款；（4）发包人、承包人双方认为需要签订补充合同（协议）的其他情形"的约定。双方需就本设计变更签订补充合同确定钢板桩支护价格并相应调整合同价款。

专此函复。

广东省建设工程标准定额站

2020 年 12 月 14 日

关于韶关学院教学（实验）用房基建项目和西区教学实验综合楼工程计价争议的复函

粤标定函〔2020〕317 号

韶关市市政建设工程管理中心、韶关市住宅建筑工程有限公司：

你们通过广东省建设工程造价纠纷处理系统，申请解决韶关学院土木工程楼、音乐楼、美术楼等教学（实验）用房基建项目和韶关学院西区教学实验综合楼工程计价争议的来函及相关资料收悉。

本项目由两个立项组成项目包一起招标，根据立项分别签订了两份施工合同。从 2017 年 5 月 25 日签订的《韶关学院土木工程楼、音乐楼、美术楼等教学（实验）用房基建项目施工合同》和 2017 年 5 月 26 日签订的《韶关学院西区教学实验综合楼项目施工合同》显示，本项目位于韶关市韶关学院大塘校区，资金来源是学校自筹资金为主，争取省、市财政支持为辅。发包人韶关市市政建设工程管理中心通过公开招标方式确定由韶关市住宅建筑工程有限公司承建，采用工程量清单计价方式。现对来函涉及的结算调差对应的基准日期争议事项答复如下：

本项目两份《施工合同》附页第 4 页〔合同价款的约定与调整〕第二点"竣工结算原则"第 2.4.6 点都约定："当合同履行期间，因人工、材料、工程设备、机械台班价格波动影响合同价款时，引起工程所在地工程造价管理机构发布的价格信息中材料、工程设备价格（单指钢材、商品混凝土、水泥、砂、石，或经双方认可的其他主要材料及工程设备）变化超过 5% 或施工机械使用费变化超过 10% 时，发包人或承包人材料价格可调整 5% 以外的部分、施工机械使用费可调整 10% 以外的部分。注：人工工日、材料单价、设备单价的价差调整基数是以施工当月《韶关建筑工程造价信息》公布的人工工日、材料单价、机械台班（F1）与 2017 年第 1 期《韶关建筑工程造价信息》公布的人工工日、材料单价、机械台班（F0）比较〔若调整后的人工工日（材料单价、机械台班）价差＋投标标书的人工工日（材料单价、机械台班）单价之和超过施工当月《韶关建筑工程造价信息》公布的人工工日（材料单价、机械台班）单价时，则按施工当月《韶关建筑工程造价信息》公布的人工工日（材料单价、机械台班）单价进行结算〕"。但由于 2017 年第 1 期《韶关建筑工程造价信息》内分别发布了 1 月、2 月、3 月不同时期的价格信息，结算时双方就确定人工工日、材料单价、设备单价的价差调整的基准日期产生争议。发包人认为应以 2017 年第 1 期《韶关建筑工程造价信息》中 3 月份的价格作为调差基准价格，承包人认为应以 2017 年第 1 期《韶关建筑工程造价信息》中 1 月份的价格作为调差基准价格。

经我站查阅所提供资料，本项目于 2017 年 3 月 28 日发布招标公告，电子投标文件上传截止时间及纸质投标文件递交时间为 2017 年 4 月 21 日，2017 年 5 月 2 日确定中标单位。两份《施工合同》的"协议书"第七点都对"词语含义"约定采用"通用条款"第 1 条，通用条款 1.27 条约定"基准日期：指招标工程递交投标文件截止日期前 28 天的日期"，以此推算，本项目施工合同约定的基准日期应为 2017 年 3 月 24 日。因此，我站认为，本合同约定的基准日期为 2017 年 3 月 24 日，应以基准日期对应的 2017 年第 1 期《韶关建筑工程造价信息》3 月份人工、材料、机械台班价格作为调差基准价格。

专此函复。

广东省建设工程标准定额站

2020 年 12 月 14 日

关于珠海市金湾区华阳路
道路工程计价争议的复函

粤标定函〔2020〕318号

珠海三灶城市资源运营有限公司、广东省第一建筑工程有限公司:

你们通过广东省建设工程造价纠纷处理系统,申请解决珠海市金湾区华阳路道路水泥搅拌桩工程计价争议的来函及相关资料已经收悉。

根据2019年7月23日签订的施工合同显示,本项目位于珠海市金湾区,资金来源为财政资金,发包人珠海三灶城市资源运营有限公司通过公开招标方式确定由广东省第一建筑工程有限公司负责承建,合同约定的计价方式为清单计价,合同价格形式为固定单价,工程结算价最终以结算终审部门审定为准。工程现处于结算阶段。现对来函涉水泥搅拌桩工程计价争议事项答复如下:

2019年7月22日《关于印发〈广东省建设工程计价依据(2018)〉勘误(一)的通知》(粤标定函〔2019〕163号)中"取消水泥搅拌桩人工、机具调整系数1.43系数。"双方对定额勘误引起的水泥搅拌桩合同综合单价是否调整发生争议。发包人认为根据招标文件及施工合同专用合同10.1条款"变更范围中其他事项约定:在合同期间,因市场波动、工程造价管理机构或行业主管部门发布的造价调整及有关文件规定导致的造价变化。"定额勘误属于行业主管部门发布的造价调整,按照合同约定应该取消其系数,应核减计价金额约457万元(实际结算财政审核为准)。承包人认为合同约定为综合单价包干,投标报价中水泥搅拌桩综合单价为施工单位考虑承担的各种风险费用、试验费及检测费、现场施工条件,工期限制等因素综合作出的合理自主报价,甲乙双方应该遵循公平、公正、诚实信用及契约精神的原则,不应调整合同单价,按合同清单价执行。

我站认为,依据《建设工程工程量清单计价规范》GB 50500—2013第6.2.1条规则,承包人是根据"企业定额、国家或省级、行业建设主管部门颁发的计价定额和计价办法"等,结合"施工现场情况、工程特点及投标时拟定的施工组织设计或施工方案"等进行投标报价,中标后在合同中予以确认。本项目采用工程量清单计价,招标文件并无约定投标人必须按政府发布的定额进行报价,说明双方是基于《建设工程工程量清单计价规范》GB 50500—2013相关规则进行报价、定价的。此外,《关于印发〈广东省建设工程计价依据(2018)〉勘误(一)的通知》(粤标定函〔2019〕163号)的勘误,适用于采用定额作为依据且尚未办理阶段性造价成果文件的工程计价,并不适用于本项目合同专用合同条款第10条及第10.4.1条其他事项第7点"工程造价管理机构或行业主管部门发布的造价调整及有关文件规定等导致的造价变化"约定,同样不适用于发生变更的估价原则"经招标人及结算审核部门确认，工程预算及招标工程量属于多列的工程造价，招标人、相关部门审核结算或审计中全部扣减，这种情况不受工程量误差调整条款限制，请投标人在投标报价时充分考虑"。因此，采用工程量清单计价的本工程，中标价格不受定额勘误影响，结算时无需调整。

专此复函。

广东省建设工程标准定额站
2020 年 12 月 14 日

关于珠海市横琴新区旧村居环境
整治提升工程计价争议的复函

粤标定函〔2020〕319 号

珠海大横琴置业有限公司、珠海市建安集团有限公司：

你们通过广东省建设工程造价纠纷处理系统，申请解决横琴新区旧村居环境整治提升工程计价争议的来函及相关资料收悉。

从 2018 年 9 月 24 日签订的施工合同显示，本项目位于珠海市横琴新区，发包人珠海大横琴置业有限公司采用公开招标方式由珠海市建安集团有限公司负责承建，资金来源是财政资金，采用工程量清单计价方式，合同价格形式为固定单价合同，目前处于预算审核阶段。现对来函涉及的工程计价争议事项答复如下：

在项目实施过程中，发包人要求新增 2 号楼加固及周边环境整治建设内容，设计院按要求出具设计变更图纸，采用柱外包钢及灌注改性环氧树脂浆液方式，但在合同价格中既没有适用的综合单价项目，也没有类似的综合单价适用于该变更计价。该合同通用条款第 25.3 条（2）及专用条款第 33.2.4 条（3）的相关约定，若合同清单中既没有适用的综合单价项目，也不能按换算综合单价项目作换算处理，则作为合同外新增项目按照《广东省建筑与装饰工程综合定额 2010》《广东省房屋建筑和市政修缮工程综合定额 2012》等确定人工、材料和机械的消耗量，上述定额查找不到的可参考其他相关定额（按就低不就高的原则），没有其他相关定额参考的则由发包人与承包人协商确定。因此，发承包双方据此套用相关定额确定该设计变更，但在如何套用子目计价发生争议。发包人认为：设计图纸柱外包钢应套用定额子目 R1-4-34，钢材侧面封闭应套用混凝土裂缝表面封闭 R1-4-28 子目计价，不删除人工费。承包人认为：设计图纸柱外包钢及改性环氧树脂浆液做法与实际施工吻合，应套用定额子目 R1-4-34，钢材侧面封闭应套用混凝土裂缝表面封闭 R1-4-28 子目计价。预算审核单位认为：柱面灌浆的定额子目 R1-4-34 套用存在与实际施工不完全吻合的情况，不计取该灌浆定额子目的人工费。根据设计图及施工照片，钢材侧面封闭的费用，应按砖柱、墙勾缝修补 R1-8-15 子目计价。

我站认为，从提交的相关资料显示，本工程采用的是工程量清单计价方式，柱外包钢灌浆加固采用的施工方案为柱外包钢及灌注改性环氧树脂浆液加固，原合同清单中既没有适用的清单项目，也不能按类似的综合单价换算处理，属于合同外新增单价。该施工方案中的灌浆、钢材侧面封闭与《广东省房屋建筑和市政修缮工程综合定额 2012》中混凝土裂缝表面封闭灌浆、混凝土裂缝表面封闭虽工艺相近，但注浆量、封胶边、注孔数量、施工机具均不相同，不应直接套用或借用。根据合同专用条款第 33.2.4 款约定，合同外新增工程没有适用的综合单价项目，也没有其他相关定额参考的，应由发包人与承包人协商确定。

　　专此函复。

广东省建设工程标准定额站

2020 年 12 月 14 日

关于江门市国省道（国道 G325、五邑路等）项目工程计价争议的复函

粤标定函〔2021〕4 号

中电建路桥集团江门建设有限公司、中电建路桥集团有限公司、江门市政府投资工程建设管理中心：

2020 年 7 月 1 日你们通过广东省建设工程造价纠纷处理系统申请解决江门市国省道（国道 G325、五邑路等）PPP 项目工程计价争议的来函及相关资料收悉。

从 2016 年 11 月 1 日签订的《江门市国省道（国道 G325、五邑路等）PPP 项目合同》（以下简称投资合同）显示，本项目位于江门市，资金来源为政府和社会资本共同投资。江门市公路局通过公开招标的方式，确定由中电建路桥集团有限公司作为本项目中标社会资本方，江门市公路局委托江门市政府投资工程建设管理中心作为代建方，根据投资合同约定成立项目公司即本工程发包人中电建路桥集团江门建设有限公司。发包人于 2017 年 8 月与承包人中电建路桥集团有限公司签订《江门市国省道（国道 G325、五邑路等）PPP 项目施工总承包合同》，合同约定的计价方式为清单计价，其中施工图预算执行 2013 年国标清单计量计价规范，以《广东省市政工程综合定额 2010》、《广东省建设工程计价通则 2010》等定额文件组价确定综合单价。现对来函涉及的工程计价争议事项答复如下：

白石大道东段（丰乐路—甘棠路）改造工程为本 PPP 项目的市政工程，其施工图纸中工程地质勘察资料显示，在钻探所达深度范围内场地岩土分为 5 个主层，分别为①素填土（Q4ml），厚 1.20～5.2m；②黏土（Q4al），厚 0.50～2.2m；③淤泥（Q4mc），厚 1.50～17.3m；④粉砂（Q4al），厚 0.30～3.00m；⑤细砂（Q4al），厚 2.60～9.50m；⑥粉质黏土（Qel），厚 2.20～6.00m；⑦粉质黏土（Qel），厚 1.85～9.65m。《江门市财政投资评审中心工程预算造价审查定案单》显示的土方工程量清单的项目特征描述土质为综合考虑土壤类别。根据双方提供的两份设计变更，原水稳层底面以下挖素土方变更为挖石渣，并且现场图片显示，现场存在较多的块石、片石及松散石块，及有部分较大的块石，双方对于因设计变更引起的土石方如何计价发生争议。发包人认为变更工程应按挖运四类土方套用定额，承包人认为变更工程应按挖运松散石方套用定额。

我站认为，本项目属于市政公用项目，其施工图预算根据施工总承包合同约定"本项目范围内，属于市政公用项目的，其施工图预算造价金额的计算原则：按经过行业主管部门审查通过并完成修编的施工图设计文件、《建设工程工程量清单计价规范》GB 50500—2013、《广东省市政工程综合定额 2010》《广东省建设工程计价通则 2010》、质量检验标准、行业规范等文件编制。"等相关规定，采用定额组价确定清单综合单价的计价方式，

应按照设计变更前即施工图阶段对应的勘察报告显示的土质套用《广东省市政工程综合定额 2010》第一册《通用项目》相应子目计价。设计变更后，土石方的界定及其类别划分，不能仅凭所提供的现场照片下定论，而应以有资质资格的勘察企业重新勘察的报告结果为准。如果勘察结果为土质的，则仍符合原清单特征描述为综合考虑土壤类别范畴，结算时综合单价不予调整；如果勘察结果为石方的，则原土方开挖清单综合单价不适用，应按合同约定的价款调整规则计价。

　　专此函复。

广东省建设工程标准定额站

2021 年 1 月 8 日

关于中山市健康智汇园创业孵化器工程计价争议的复函

粤标定函〔2021〕13 号

中山市健康基地集团有限公司、深圳市兴派建筑工程有限公司：

你们通过广东省建设工程造价纠纷处理系统，申请解决中山市健康智汇园创业孵化器工程计价争议的来函及相关资料收悉。

根据 2017 年 8 月 1 日签订的施工合同显示，本项目位于中山市火炬开发区，项目资金来源为集体自筹，发包人中山市健康基地集团有限公司通过公开招标方式，确定由深圳市兴派建筑工程有限公司负责承建，合同约定总工期为 300 日历天，合同约定的计价方式为清单计价，合同价格形式为总价合同，工程处于竣工结算阶段。现对来函涉及的计价争议事项答复如下：

一、关于误期赔偿费计算的争议

本工程合同协议书、招标投标文件以及中标通知书中都已明确约定总工期为 300 天，合同履行时实际工期为：工业厂房 A7 栋、科研楼和仓库以及工业厂房 A8—A12 栋为 479 天，配套宿舍为 611 天，实际工期与合同工期有较大偏差，结算时双方就误期赔偿费的计算发生争议。发包人认为项目的招标投标工期和合同工期均为 300 天，并要求投标人在投标报价中考虑赶工措施费用，承包人在投标时对招标工期并无异议并按招标文件的要求填报了赶工措施费，中标后也以合同工期为目标提交了施工组织设计方案，总工期应按招标文件及合同的约定执行，误期赔偿费应按实际工期减去合同工期计算违约金。承包人认为合同工期为 300 天，按《广东省建设工程施工标准工期定额 2011》计算的标准工期为 696 天，合同工期只达到标准工期的 43％，结合《建设工程质量管理条例》（国务院令第 279 号）、《广东省住房和城乡建设厅关于建设工程施工工期的管理办法》（粤建法〔2012〕112 号）等有关政策精神，合同工期不合理，不应支付误期赔偿费。

我站认为，判断招标时拟定的合同工期是否合理，双方应依据招标时的相关资料按照现行的《广东省建设工程施工标准工期定额 2011》相关规定计算施工标准工期，与合同工期对比后，再依据不同的对比结果选择处理方法：

1. 如合同压缩工期在施工标准工期的 20％以内，或者合同工期虽短于施工标准工期的 80％但通过论证是可行的，并且已要求投标人考虑赶工措施费用，则误期赔偿费应按合同约定计算。

2. 如合同工期短于施工标准工期的 80％但未通过论证可行的，则发包人缺乏充分的依据证明招标工期的合理性，或证明自身没有违背《建设工程质量管理条例》（国务院令第 279 号）第十条"建设工程发包单位不得迫使承包方以低于成本的价格竞标，不得任意压缩合理工期"的规定，可能导致由于未能提供事实可行的工期目标从而让投标人未能在充分考量的基础上合理报价，故发包人应对合同工期的合法合规承担责任；同时，承包人在招投标阶段未对工期是否合理、依据是否充分提出质疑，未能尽到一个作为有经验承包商的应有之责。因此，建议发承包结合双方过错程度、过错与损失之间的因果关系等因素，协商确定误期赔偿费的计算。

二、关于招标工程量清单错漏项计价的争议

本工程属于工程量清单招标，合同约定价格形式为总价合同，对于招标工程量清单错漏项是否可以计取双方发生争议。发包人认为合同价格形式为总价合同，工程量清单错漏项不应计算。承包人认为合同协议书第一条工程概况第 6 点工程承包范围约定"健康智汇园创业孵化器工程，包括制集集化、研发、符合 GMP 生产一体化标准厂房和配套生活区等，工程内容具体详见施工图、中介预算。为了完成前述工程内容，承包人应施工完成至符合验收和交付条件所需全部辅助性工作或服务，包括工程量清单中未列入或所列数量不足的项目，也均属工程承包范围，由承包人承担施工，其费用按实际发生结算。"虽然合同价格形式为总价合同，是采用工程量清单方式形成的总价，不是施工图纸范围内容的总价，错漏项应依据合同条款按实际发生结算。

我站认为，虽然合同协议书第四条第 2 点约定"合同价格形式为：总价合同"，但合同协议书中第一条第 6 条工程承包范围约定"……承包人应施工完成至符合验收和交付条件所需全部辅助性工作或服务，包括工程量清单中未列入或所列数量不足的项目，也均属工程承包范围，由承包人承担施工，其费用按实际发生结算。"可见，本项目合同价格形式虽为总价合同，但其总价包干范围界定不明，并且前后两款约定内容有一定的冲突，同时专用条款亦无相应约定，根据合同通用条款中第 1.13 条工程量清单错误的修正约定"除专用合同条款另有约定外，发包人提供的工程量清单，应被认为是准确的和完整的。出现下列情形之一时，发包人应予以修正，并相应调整合同价格：（1）工程量清单存在缺项、漏项的；（2）工程量清单偏差超出专用合同条款约定的工程量偏差范围的；（3）未按照国家现行计量规范强制性规定计量的。"故缺项、漏项的应修正清单项，并相应调整合同价格。

专此复函。

广东省建设工程标准定额站

2021 年 1 月 12 日

关于广州市花都凤凰路地块项目计价争议的复函

粤标定函〔2021〕20 号

广州宏耀房地产开发有限公司、上海建工五建集团有限公司：

你们通过广东省建设工程造价纠纷处理系统，申请解决花都凤凰路地块项目施工总承包工程涉及计价争议的来函及相关资料收悉。

根据 2018 年 3 月 1 日施工总承包合同显示，本项目位于广州市，资金来源是自筹资金，发包人广州宏耀房地产开发有限公司通过邀请招标的方式，确定由上海建工五建集团有限公司负责承建。工程采用清单计价方式，合同价款部分为不含税固定总价包干，部分为不含税综合单价包干。依据所上传的项目资料，经研究现对来函涉及的工程计价争议事项答复如下：

本工程投标时采用旋挖桩和冲孔桩，由于已施工的桩施工进度慢、成桩质量差，所以将负二层未施工部分及 B 地块的冲孔桩和旋挖桩，变更为 CFG 桩施工。因场地土洞发育，有砂层及薄弱的土体，根据图纸要求"施工中遇洞时，混凝土灌注桩原则用混凝土填充"，造成部分桩施工后混凝土超灌，部分混凝土超灌量大于 1.5 以上。若遇上大土（溶）洞时，需缓冲半个小时再进行灌注，则会造成部分人员机械停滞。发承包双方对 CFG 桩超灌混凝土是否计取灌注费用以及费用如何计取产生争议。发包人认为现场溶洞已用水泥浆灌注进行处理，依据《广东省建筑与装饰工程综合定额 2010》A.2 桩基础工程章说明第八条"沉管混凝土灌注桩，钻（冲）孔灌注桩、水泥粉煤灰碎石灌注（CFG）桩和地下连续墙的混凝土含量按 1.20 扩散系数考虑，实际灌注量不同时，可调整混凝土量，其他不变"，超灌混凝土只调整混凝土量，不应计算超灌费用。承包人认为发包人提出的"现场溶洞已用水泥浆灌注处理"属于 B 地块溶洞壳顶小于 0.5 米部分的处理，造成现场部分桩施工后严重超灌混凝土，属于土体松散和土（溶）洞引起的，应计算超灌部分灌注费，综合单价应参考合同溶（土）洞处理单价。

我站认为，CFG 桩施工过程中出现异常超灌情形，建议组织五方（建设单位、施工单位、监理单位、设计单位、勘察单位）或组织专家论证进行现场鉴定，明确属于溶（土）洞处理浇灌量还是属于桩基超灌混凝土量，再依据不同的划分结果选择处理方法：

1. 混凝土浇灌属于处理溶（土）洞的，根据施工合同专用条款 62.9.8 第（1）点约定"工程量清单中有适用的价格，按适用的价格计算"，则混凝土灌注费用的综合单价按照清单"010201009002 溶（土）洞处理"的合同综合单价计价，工程量按溶（土）洞处理浇灌的工程量计算。

2. 属于因土体松散、一般孔洞及塌孔等原因引起桩基超灌混凝土，则按 CFG 桩超灌处理，由于 CFG 桩施工为工程变更，根据施工合同专用条款 62.9.8 第（4）点"工程量清单中没有类似和适用的价格，采用固定计价程序和固定的有关费率，具体计价程序和费率按清单外计价方式计算"等条款，显示双方约定变更后新增价格以《广东省建筑与装饰工程综合定额 2010》等专业定额含量为基础，按固定计价程序和固定的有关费率计算综合单价。另外，根据定额 A.2 桩基础工程工程量计算规则 2.3.2"水泥粉煤灰碎石桩（CFG 桩）工程量，按桩长乘以设计截面面积以体积计算"，根据定额 A.2 桩基础工程章说明第八条"沉管混凝土灌注桩、钻（冲）孔灌注桩、水泥粉煤灰碎石灌注（CFG）桩和地下连续墙的混凝土含量按 1.20 扩散系数考虑，实际灌注量不同时，可调整混凝土量，其他不变"，因此只按实际灌入量调整混凝土用量，其他不变，不计算混凝土灌注费，桩长计算时对于位于桩基施工范围内已做溶（土）洞处理的长度应作相应扣减。

专此复函。

广东省建设工程标准定额站
2021 年 1 月 25 日

关于广州市三英温泉酒店二期工程
项目涉及工程计价争议的复函

粤标定函〔2021〕33 号

广州市三英温泉酒店投资有限公司、新地能源工程技术有限公司：

你们通过广东省建设工程造价纠纷处理系统，申请解决广州市三英温泉酒店二期工程项目涉及工程计价争议的来函及相关资料收悉。

从 2017 年 3 月 31 日双方签订的施工合同显示，本项目位于广州市增城区，资金来源是企业自筹，发包人广州市三英温泉酒店投资有限公司采用邀请招标方式，确定项目由新地能源工程技术有限公司负责承建，采用定额计价方式，执行《广东省建设工程计价依据 2010》。本项目目前处于竣工验收阶段。依据所上传的项目资料，现对来函涉及的工程计价争议事项答复如下：

关于混凝土实体结构检测费和外墙砖面粘贴强度抗拔检测费的计价，发承包双方产生争议。发包人认为混凝土实体结构检测是对于已完成建筑物进行的质量检测，是建筑法规定建筑材料应为合格材料，其责任由施工单位承担。理由是，根据合同通用条款 50.4 条约定"除合同价款已包括外，材料和工程设备的检验试验费，按照实际发生的费用计算。（1）材料和工程设备使用前的检验试验，发包人供用材料和工程设备的，检验试验费由发包人承担；承包人采购材料和工程设备的，检验试验费由承包人承担。（2）施工过程中材料和工程设备的检验试验，合格的，检验试验费由发包人承担……"上述的检测费应由承包人承担。承包人认为根据合同通用条款 50.4 条第（2）点约定，检测合格的，费用由发包人承担，不合格由承包人承担，上述争议的检测费属于专项检测，不包含在定额的材料检验试验费，应由发包人承担。

我站认为，根据《广东省建筑与装饰工程综合定额 2010》总说明第十三条"本综合定额未包括依据国家有关法律法规和工程建设强制性标准，对地基基础工程（含桩基础）、主体结构工程、幕墙工程、门窗工程、钢结构工程、消防、防雷等涉及结构安全项目和民用建筑工程室内环境污染控制、建筑节能等项目的抽样检测费用"的规定，对于争议的混凝土实体结构检测费和外墙砖面粘贴强度抗拔检测费，按照《建设工程质量检测管理办法》（中华人民共和国建设部令第 141 号）、《广州市城乡建设委员会印发〈关于进一步加强广州市建设工程质量检测委托管理工作方案〉的通知》（穗建质〔2012〕1767 号）的相关规定，属于工程质量的抽样检测费用，应列入工程建设其他费用中由发包人支付，但检测不合格的，该检测费用由承包单位承担。

专此函复。

广东省建设工程标准定额站
2021 年 2 月 5 日

关于怡翠尊堤观园工程计价争议的复函

粤标定函〔2021〕34 号

佛山市凯能房地产开发有限公司、广东省化州市建筑工程总公司：

你们通过广东省建设工程造价纠纷处理系统，申请解决怡翠尊堤观园工程计价争议的来函及相关资料收悉。

从 2016 年 3 月 7 日签订的施工合同显示，本工程位于佛山市南海区，资金来源是企业自筹，发包人为佛山市凯能房地产开发有限公司采用邀请招标方式，确定项目由广东省化州市建筑工程总公司负责承建。采用定额计价，执行《广东省建设工程计价依据2010》。依据所上传的项目资料，现对来函涉及的工程计价争议事项答复如下：

本项目在建设中发生第三方实体检测费、饰面砖黏结强度检测费、植筋保护层厚度检测费、抹灰砂浆现场拉伸黏奶结强度检测费，双方对其计价发生争议。发包人认为该检测费用已包含在施工企业管理费中，应由承包单位支付；承包人认为该费用属于第三方检测机构检测所发生的专项检测费用，应由发包单位支付。

我站认为，根据《广东省建筑与装饰工程综合定额 2010》总说明第十三条"本综合定额未包括依据国家有关法律法规和工程建设强制性标准，对地基基础（含桩基础）、主体结构工程、幕墙工程、门窗工程、钢结构工程、消防、防雷等涉及结构安全项目和民用建筑工程室内环境污染控制、建筑节能等项目的抽样检测费用"和《建设工程质量检测管理办法》（中华人民共和国建设部令第 141 号）的相关规定，上述争议的第三方实体检测费、饰面砖黏结强度检测费、植筋保护层厚度检测费、抹灰砂浆现场拉伸黏结强度检测费属于工程质量的抽样检测费用，应列入工程建设其他费用中由发包人支付，但检测不合格的，该检测费用由承包单位承担。

专此函复。

广东省建设工程标准定额站

2021 年 2 月 5 日

关于韶关恒大城 3#地块工程计价争议的复函

（粤标定函〔2021〕36号）

恒大地产集团韶关有限公司、汕头市达濠建筑总公司：

你们通过广东省建设工程造价纠纷处理系统，申请解决韶关恒大城 3#地块 63-66 栋、67-70 栋、幼儿园、小学、商业主体及配套工程计价争议的来函及相关资料收悉。

从 2016 年 4 月签订的施工合同显示，本项目位于韶关市西联新区，资金来源是企业自筹，发包人恒大地产集团韶关有限公司采用邀请招标方式，确定项目由汕头市达濠建筑总公司负责承建。合同价格形式为暂定总价，采用定额计价和部分含税综合单价包干，定额计价执行《广东省建设工程计价依据 2010》，本项目目前处于竣工结算阶段。依据所上传的项目资料，现对来函涉及的工程计价争议事项答复如下：

一、关于连梁模板定额子目套用的争议

本工程为现浇混凝土剪力墙结构，其中梁配筋图中编号以 LL 开头的连梁如何计价双方发生争议。发包人认为编号以 LL 开头的梁属于墙的一部分，其模板应按墙定额子目计算。承包人认为编号以 LL 开头的梁，其两端以暗柱为支座，梁不是附在剪力墙上，梁底悬空，其施工工艺与梁施工无区别，应按梁模板子目计算。

我站认为，根据合同约定，模板工程按定额计价，依据所提供的施工图，该部位标注为 LL 连梁，两端连接剪力墙，不属于《广东省建筑与装饰工程综合定额 2010》A.21 模板工程章说明第十九条所指的"附墙柱及混凝土中的暗柱、暗梁及墙突出部分"，因此，本项目的连梁应按梁模板定额子目计算。

二、关于电梯井剪力墙模板计价的争议

由于电梯井剪力墙模板有内侧、外侧模板之分，对于外侧模板如何计价双方产生争议。发包人认为电梯井剪力墙模板，应区分内、外侧模板，分别套用定额子目"A21-43 电梯坑、井墙模板"和"A21-37 直形墙模板"。承包人认为，电梯井剪力墙的模板，属于一个整体，不应拆分，应统一套用定额子目"A21-43 电梯坑、井墙模板"。

我站认为，根据 A.21 模板工程工程量计算规则第 21.1 条第 1 点"现浇混凝土建筑物模板工程量，除另有规定外，均按混凝土与模板的接触面积以面积计算"，因此电梯井模板应按混凝土接触面积，不区分内外墙面，套用"A21-43 电梯坑、井墙模板"定额子目。

三、关于外墙综合脚手架步距和计算高度的争议

本工程外墙综合脚手架从地下室结构顶板面开始搭设，外墙综合脚手架的步距和计算

高度双方发生争议。发包人认为根据定额 A.22 脚手架工程工程量计算规则，外墙综合脚手架的步距和计算高度为"设计外地坪至外墙的顶板面或檐口的高度（有女儿墙者，高度和步距计至女儿墙顶面）"。承包人认为由于施工顺序的原因，塔楼脚手架实际从地下室结构顶板面开始搭设，应按现场签证确认的实际施工情况，按从地下室结构顶板面至外墙的顶板面或檐口的高度（有女儿墙者，高度和步距计至女儿墙顶面）计算外墙综合脚手架的步距和高度。

我站认为，本工程由于地下室顶板设有后浇带，无法回填，根据经监理单位及发包人确认的施工方案，外墙综合脚手架搭设起点为地下室顶板顶面。按照合同专用条款第七条合同价第二款（一）项约定"工程量的计量方式：除双方另有约定，计量方式如下：按工程施工图、竣工图和说明，结合经发包人审批同意的施工组织设计（须发包人现场代表确认）、图纸会审记录、设计变更、隐蔽验收记录及签证、根据本合同约定的定额计算规则计算实际完成工程量。"因此，根据该工程的施工流程，地下室顶板以上部分的外墙综合脚手架的步距和计算高度应该从地下室顶板顶面计至女儿墙顶面。

专此函复。

广东省建设工程标准定额站
2021 年 2 月 7 日

关于广州国际文化中心项目基坑工程施工专业承包计价争议的复函

粤标定函〔2021〕44号

广东南传广场开发有限公司、广东省基础工程集团有限公司：

你们通过广东省建设工程造价纠纷处理系统，申请解决广州国际文化中心项目基坑工程施工专业承包工程计价争议的来函及相关资料收悉。

从 2019 年 3 月签订的施工合同显示，本项目位于广州市海珠区，资金来源是企业自筹，发包人广东南传广场开发有限公司采用公开招标方式，确定项目由广东省基础工程集团有限公司负责承建，合同约定采用清单计价方式，合同价格形式为综合单价包干、项目措施费合价包干，工程的计量规则和计价办法执行《建设工程工程量清单计价规范》GB 50500—2013 和《广东省建设工程计价依据 2010》，现工程处于竣工结算阶段。根据上传的项目资料，经研究，现对来函涉及的工程计价争议事项答复如下：

本项目基坑支护工程基坑西侧与地铁之间加固区搅拌桩修改为 ϕ1400 深层搅拌水泥桩，图纸变更时间是 2019 年 6 月 12 日，主要施工参数为"间距 1200mm，采用两搅两喷，每米 P·O 42.5R 水泥用量 800kg/m，注浆压力 0.4～0.6MPa，深度要求不少于 16m"，发承包双方就 ϕ1400 深层搅拌水泥桩如何计价产生争议。发包人认为 ϕ1400 深层搅拌水泥桩可根据《广东省建筑与装饰工程定额（2018）》已有的 ϕ850～ϕ1200 深层搅拌水泥桩定额子目使用插入法计算，以 ϕ1200 深层搅拌水泥桩定额子目基础上乘 1.58 的系数进行计算人工及机械等费用，水泥用量按实际调整；同时承包人提供的专利证明材料为 2009 年的实用新型专利，距项目实施时间 2019 年已接近 10 年，并经市场了解，现阶段大直径深层搅拌水泥桩施工技术已普及，在承包人一直未能提供 ϕ1400 深层搅拌水泥桩的相关专利资料情况下，不应计算专利增加费。承包人认为发包人提出的换算方法计算的人工及机械费与承包人劳务分包实际价格相差甚大，且 ϕ1400 深层搅拌水泥桩的施工目前在市场上属于专利技术，需要使用专门特制机械，施工成本上相对常规大直径搅拌桩存在机械的专利增加费用，人工机械费要远高于常规大直径搅拌桩换算的费用，应按劳务班组分包的价格进行结算。

我站认为，本次变更涉及的 ϕ1400 深层搅拌水泥桩在合同中没有适用或类似变更工程的综合单价，在《广东省建设工程计价依据 2010》中也没有适用的定额子目，应根据合同专用条款第 72.2 条款第（4）点约定"合同中没有适用或类似项目且无相关定额和指导价格参考的项目，按照施工当时的市场价格编制预算"的约定，双方秉承客观公正、公平合理的原则，应对施工当时的市场价进行充分询价，并按施工期的市场价格水平协商计价。

专此函复。

广东省建设工程标准定额站

2021 年 3 月 5 日

关于河源汇景九里湾花园项目 E 组团建设工程计价争议的复函

粤标定函〔2021〕48 号

东源县东江水乡隆和投资发展有限公司、广东强雄建设集团有限公司：

你们通过广东省建设工程造价纠纷处理系统，申请解决汇景九里湾花园项目 E 组团建设工程涉及工程计价争议的来函及相关资料收悉。

从 2018 年 8 月 15 日签订的施工合同及 2018 年 9 月 30 日签订补充协议显示，本项目位于河源市东源县，资金来源为企业自筹，发包人东源县东江水乡隆和投资发展有限公司通过邀请招标的方式，确定项目由广东强雄建设集团有限公司负责承建，合同约定采用工程量清单计价模式，综合单价套用《广东省建设工程计价依据 2010》确定合同总价，并采用总价包干。现工程处于按定额计算合同包干总价的编制阶段。依据所上传的项目资料，现对来函涉及的工程计价争议事项答复如下：

一、关于地上部分外墙综合脚手架清单工程量计算起点和综合单价套用定额步距的争议

编号 GDQXJLW-22 工作联系单所述 E5、E4 栋所述部位因发包人要求不考虑回填土的施工，实际地上部分的外墙综合脚手架从地下室顶板面或主楼基础顶开始搭设，双方就该外墙综合脚手架工程量计算高度起点和综合单价套用定额步距发生争议。发包人认为根据《广东省建筑与装饰工程综合定额 2010》规定，地上部分的外墙综合脚手架工程量计算高度和定额套用步距的起点为设计室外地坪标高。承包人认为根据发包人要求的实际施工方案，工程联系单所示部位应从地下室顶板面或主楼基础顶开始计算。

我站认为，由于发包人的原因及要求造成编号 GDQXJLW-22 工作联系单所述 E5、E4 栋所示部位的地上部分外墙综合脚手架从地下室顶板面或主楼基础顶开始搭设，外墙综合脚手架的搭设起点应为脚手架立杆的支撑点所在标高，故该部位的地上部分的外墙综合脚手架工程量计算高度起点和综合单价套用定额步距应为地下室顶板面或主楼基础顶的标高。

二、关于地上部分的垂直运输、混凝土泵送增加费、建筑物超高增加人工、机械定额套价步距计算高度的起点争议

本工程因发包人原因及要求，现场签证所示部位地上部分的外墙综合脚手架、人货梯实际上都是从地下室顶板面或主楼基础顶开始搭设，双方就该垂直运输、混凝土泵送增加费、建筑物超高增加人工、机械定额套价步距计算高度的起点发生争议。发包人认为，根

据定额规定，地上部分的垂直运输、混凝土泵送增加费、建筑物超高增加人工、机械定额套价步距高度计算的起点为设计室外地坪标高。承包人认为，应根据实际施工，高度计算的起点应从地下室顶板面或主楼基础顶开始计算。

我站认为，由于发包人原因及要求，地上部分的外墙综合脚手架、人货梯实际上都是从地下室顶板面或主楼基础顶开始搭设的，地上部分的垂直运输定额套价步距计算高度的起点为地下室顶板面或主楼基础顶标高；建筑物超高增加人工、机械定额套价步距计算高度的起点为地下室顶板面或主楼基础顶标高；混凝土泵送增加费与高度无关。

三、关于刮腻子定额子目套价及材料换算争议

本工程腻子做法为 3mm 底基防裂腻子、2mm 面层耐水腻子，双方就综合单价确定时是否分别套用成品腻子定额子目以及腻子的材料含量能否按实调整发生争议。发包人认为不需要套用成品腻子，如套用成品腻子，材料含量已综合考虑，不需要换算。承包人认为，3mm 抗裂腻子的实际含量为 $4kg/m^2$，2mm 耐水腻子的实际含量为 $2.67kg/m^2$，应按实际用量调整材料含量。

我站认为，如现场实际采用成品腻子，可分别套用成品腻子的定额子目，成品腻子定额中材料的含量已综合考虑，实际用量与定额用量不同时，不得换算。

四、关于土方大开挖后是否计取场地平整及原土打夯费用的争议

本工程土方工程由发包人另行发包，土方的施工单位已按设计要求完成大开挖土方工程，并按大开挖后的实测标高移交工作面给承包人，双方就是否计取场地平整及原土打夯费用产生争议。发包人认为不应计算平整场地及原土打夯费用。承包人认为，应计算平整场地及原土打夯费用。

我站认为，发包人另行发包的土石方施工单位按设计要求的标高移交场地的，则土方大开挖的部位不再计算场地平整费用；若土石方施工单位未按设计标高移交场地的，则由双方协商确定场地平整费用。实际原土打夯发生时，可按设计要求计算。

专此函复。

广东省建设工程标准定额站
2021 年 3 月 11 日

关于广东跨境通（肇庆）电子商务产业园一期工程计价争议的复函

粤标定函〔2021〕49号

广东环球易购（肇庆）跨境电子商务有限公司、中核华泰建设有限公司：

你们通过广东省建设工程造价纠纷处理系统，申请解决广东跨境通（肇庆）电子商务产业园一期工程项目涉及工程计价争议的来函及相关资料收悉。

从2018年2月2日签订的合同显示，本项目位于肇庆市，资金来源为自有资金，发包人广东环球易购（肇庆）跨境电子商务有限公司通过邀请招标的方式，确定项目由中核华泰建设有限公司负责承建。合同价格形式为可调总价合同，采用定额计价，执行《广东省建筑与装饰工程综合定额2010》等配套文件。质量标准要求达到"广东省建设工程优质奖"评选标准，钢结构工程创广东省"粤钢奖"，争创国家"钢结构金奖"。依据所上传的项目资料，现对来函涉及的工程计价争议事项答复如下：

一、关于150mm钢筋混凝土层计价的争议

本项目B1～B6仓库地面均为同一地坪施工做法，库区地面做法（自上而下）分为7个构造层，分别为：①固化剂品牌为巴斯夫，每平方米0.35kg，分两遍施工；②100mm厚钢筋C30混凝土（单层双向$\phi4@200$钢筋网片）面层原浆收光，4×6切缝（缝深2cm），中性硅酮耐候密封胶填缝，门边设置$50\times50\times5$角铁，设置分仓缝，分仓缝设置传力杆（$\phi12@500$，两边锚固250mm，使用$\phi15$线管包裹，一侧使用$\phi15$的螺帽包裹）；③150mm厚钢筋C25混凝土（面筋双向$\phi10@200$三级钢筋，底筋双向$\phi10@150$三级钢筋，马凳$\phi10$间距1m纵横布置），增设膨胀带宽1.2m两边设置铁丝网，设置分割缝6m$\times6m$，深度2cm；④柱脚设置菱形隔离缝，菱形大小为1200$\times$1200，隔离板采用塑料板，外边设置洞口加强筋（根据图纸总说明要求），柱脚浇筑混凝土强度等级为C30；⑤（3#仓库，4#仓库，5#仓库，6#仓库）0.3mm厚塑料薄膜；⑥30mm厚石粉垫层；⑦素土夯实（压实系数0.94）。发承包双方对第③项施工做法如何套取定额子目产生争议。发包人认为地面做法在第②项"100mmC30钢筋混凝土层"套取地坪子目，第③项"150mmC25钢筋混凝土层"应套有筋垫层或者筏板基础子目。承包人认为，垫层属于结构层与土之间的过渡层，起到提高结构层施工平整度，方便结构层钢筋绑扎，隔离土层与钢筋等作用，因此确定上述做法与第⑤、⑥项属于垫层，且垫层不属于受力构件，一般是砂、石、素混凝土（C15以下）等，第③项构造为"150mmC25钢筋混凝土层"明显是主要受力构件，且与结构柱分离，属于典型的室内地坪做法，应套取地坪子目。

我站认为，本项目B1～B6仓库地面做法（自上而下），第②层中的100mm厚C30混

209

凝土可套用混凝土找平层子目；第③层中的 150mmC25 混凝土层可套用地坪子目，并依据地坪子目注释内容"1. 地坪子目定额已考虑 30cm 以内的挖运、填土方工日。如不用挖运填土方的应扣除 4.1 工日。2. 地坪内外地台高差超过 30cm 时，超过部分每增加 1cm，增加土方工 0.34 工日，运土距离超过 100m 时，超过部分增加 50cm 内增加土方工 0.46 工日。"的规定执行；第⑥层 30mm 厚石粉垫层可套用垫层子目。

二、关于广东省建设工程优质奖费用的争议

本工程已获得广东省建设工程优质奖，合同约定质量标准为达到"广东省建设工程优质奖"评选标准，但无明确计取费用标准。发承包双方对是否计取工程优质费发生争议。发包人认为，根据合同第三部分专用合同条款第 5.1.1 条 5 特殊质量标准和要求"本工程要求一次性验收合格，工程质量达到'广东省建设工程优质奖'评选标准"，本项目只要求达到"广东省建设工程优质奖"评选标准申报条件即完成合同施工质量要求，并未要求获得"广东省建设工程优质奖"，且合同中也没明确获得"广东省建设工程优质奖"的奖罚措施，因此不需要计取工程优质奖的费用。承包人认为，合同有明确质量要求达到"广东省建设工程优质奖"，是高于国家标准，且合同无明确计费标准，故工程优质费应根据《广东省建筑与装饰工程综合定额 2010》的规定，按分部分项工程项目费的 2.5% 计取。

我站认为，本项目合同协议书第三条质量标准约定为工程质量达到"广东省建设工程优质奖"评选标准，钢结构工程创广东省"粤钢奖"，争创国家"钢结构金奖"，但未对达到相关质量标准的认定方式方法和计价规则。根据本项目计价的依据《广东省建筑与装饰工程综合定额 2010》中其他项目费用标准第 29.2 条工程优质费的规定，即"发包人要求的质量标准超过国家规定，经鉴定或评定达到合同要求质量标准的，工程结算按照合同约定计算优质工程费，合同没有约定的，参照定额规定计算。"本工程被评定为"2020 年度广东省建设工程优质奖"，属于省级质量奖，认定了施工质量符合合同约定，则相应的工程优质费可按定额规定计取，即计算标准应为分部分项工程费的 2.5%。

专此函复。

广东省建设工程标准定额站
2021 年 3 月 11 日

关于陈头岗停车场场站项目（一期）
工程计价争议的复函

粤标定函〔2021〕51 号

广州市品荟房地产开发有限公司、中铁二局集团有限公司：

你们通过广东省建设工程造价纠纷处理系统，申请解决陈头岗停车场场站项目（一期）施工总承包工程项目计价争议的来函及相关资料收悉。

从 2019 年 8 月签订的施工合同显示，本项目位于广州市番禺区陈头岗，资金来源是企业自筹，发包人广州市品荟房地产开发有限公司采用公开招标方式，确定项目由中铁二局集团有限公司负责承建。合同价格形式为单价合同，采用工程量清单计价方式，执行《建设工程工程量清单计价规范》GB 50500—2013，工程目前处于合同履约阶段。依据所上传的项目资料，现对来函涉及的工程计价争议事项答复如下：

一、关于钢结构拼装费的争议

盖上钢结构工程为合同新增工程，由于钢结构构件较大，公路运输超限需分段运输，对该新增项目套用相应定额安装子目后是否还需要套用钢结构拼装子目产生争议。发包人认为新增项目套用 A1-7-18 住宅钢结构钢柱安装每根构件质量≤10t 定额子目后，钢结构原本应在加工厂内完成拼装后再运输到现场，现因为钢结构构件大，不在加工厂内完成拼装而是移到了工地现场拼装，原本是同一道工序，不存在拼装费用的增加。定额 A1-7-18 工作内容已包含拼装，不应再重新套取拼装费用。承包人认为，由于运输条件的限定，构件运输时需要进行分解运输，应分别套取钢结构的安装和拼装定额子目。

我站认为，本合同约定新增项目使用定额组价方式确定综合单价，其中相应定额为《广东省房屋建筑与装饰工程综合定额 2018》，根据定额 A.1.7 金属结构工程章说明第二条第 2 点"钢结构构件安装定额内钢结构构件按成品构件计入安装子目"和第 18 点"钢构件因运输规定限高、限宽、限长限制及非制作安装原因的构件需分段解体或散件（如网架）运输，运抵现场后的构件不能直接进行吊装需在现场拼装后吊装的，套用拼装定额子目。"的相关规定，A1-7-18 定额子目工作内容中包含的构件拼装是指正常情况下的成品构件简单拼装。由于公路运输超限的原因导致需要进行分段运输到现场再进行拼装的可套用拼装定额子目。

二、关于栓钉计量计价的争议

在新增的盖上钢结构工程中，对栓钉计量计价产生争议。发包人认为栓钉的安装已在钢结构安装费用中综合考虑，不需要另外计算栓钉的工程量和费用。承包人认为栓钉的材料以及安装不包含在钢结构的安装费用里，需要另行计量与计价。

我站认为，合同约定新增项目使用定额组价方式确定综合单价，其中相应定额为《广东省房屋建筑与装饰工程综合定额 2018》，根据定额 A.1.7 金属结构工程章说明第二条第 11 点"钢结构构件安装不包结构件的高强螺栓，压型钢楼板安装不包栓钉，高强螺栓、栓钉分别按定额中相关子目计算"的规定，定额钢结构安装子目中不包含栓钉的消耗量及相关费用，栓钉的工程量另行计算并套取相应的定额子目计价。

　　专此函复

广东省建设工程标准定额站

2021 年 3 月 17 日

关于万力集团总部基地施工总承包工程项目计价争议的复函

粤标定函〔2021〕66 号

广州万力集团房地产有限公司、广州工程总承包集团有限公司:

你们通过广东省建设工程造价纠纷处理系统,申请解决万力集团总部基地施工总承包工程项目计价争议的来函及相关资料收悉。

从 2017 年 9 月 25 日签订的施工合同显示,本项目位于广州市海珠区,资金来源为企业自筹,发包人广州万力集团房地产有限公司采用公开招标方式,确定项目由广州工程总承包集团有限公司负责承建,合同价格形式为总价合同,采用清单计价,项目现处于合同履行阶段。依据所上传的项目资料,现对来函涉及的计价争议事项答复如下:

本项目采用总价包干合同,约定了措施费用包干不作调整,但在实施过程中出现工程变更事件,发包人取消了部分办公区域的精装修工程,双方就被取消精装修工程相关的措施费是否扣减产生争议。发包人认为,虽然合同约定了措施费包干,但由于大范围取消了精装修工程,属于招标图纸范围内取消的内容,根据公平公正原则,既然原合同约定新增项目可以计算增加措施费,那么相应的取消项目也应按照造价比例扣减原精装修部分措施费。承包人认为,此事件为图纸变更,根据合同专用条款第 72.2 条约定"投标文件中措施项目所报费用和其他项目清单所报费用为包干价格,施工期间无论发生何种情况,结算时均不予调整(新增加项目除外)",因此,本项目取消了精装修工程,但措施费仍按包干不予扣减。

我站认为,本项目承包方式为按招标图纸总价大包干,是基于招标图纸和技术规范以及相应的合同条款下的总价包干。但在实施过程中,取消了精装修工程,导致原合同约定的工程范围发生变化,属于合同实质性内容的更改,改变了合同签订时的基础和目的,原约定的总价包干的条件也相应发生重大变化。另外,虽然合同专用条款第 72.2 条约定"投标文件中措施项目所报费用和其他项目清单所报费用为包干价格,施工期间无论发生何种情况,结算时均不予调整(新增加项目除外)",也是基于签约时双方认同的基础与目的,以及在双方所能预见的风险、变更等事件发生时所能承担的价格范畴内下作出的约定,并且取消精装修工程属于双方未能预见范围,因此该工程变更引起相关的措施费用变化应予相应调整。因本合同未约定上述变更导致合同价格扣减的方法,因此,具体的调整方法由双方协商。同时,若取消精装修工程导致承包人损失的,双方可通过索赔方式处理。

专此函复。

广东省建设工程标准定额站

2021 年 3 月 31 日

关于珠海市西区水厂扩建工程计价争议的复函

粤标定函〔2021〕68号

珠海水务环境控股集团有限公司、河北省第二建筑工程有限公司：

你们通过广东省建设工程造价纠纷处理系统，申请解决珠海市西区水厂扩建工程计价争议的来函及相关资料收悉。

从2017年11月27日签订的合同显示，本项目位于珠海市斗门区，资金来源为企业自筹，发包人珠海水务环境控股集团有限公司采用公开招标的方式，确定项目由河北省第二建筑工程有限公司负责承建。承包范围为土建工程施工、部分设备采购、部分工艺设备和管道安装、给排水、供电等工程以及其他配套工程施工。合同约定采用工程量清单计价方式，合同价格形式为固定综合单价。工程现处于竣工结算阶段，依据所上传的项目资料，现对来函涉及的工程计价争议事项答复如下：

本项目各单体基坑土石方施工时，出于基坑安全的考虑，开挖的土方不能堆置在基坑周围，经与发包人协商并取得同意后，承包人将基坑挖出的土方临时堆置到三期空地，平均运距约300m，结算时，发承包双方就是否应增加该土方转运费用发生争议。发包人认为，挖土方清单项目特征描述已包含转堆的内容，根据本项目招标文件第18.1条其他重要事项第26.1款"挖土方，按实际开挖方量计算……清单内含有装运的，其装运办法及运距不予调整"的约定，该转运费用应由承包人在投标单价中综合考虑，结算时不应另外要求增加费用。承包人认为，发包人在编制挖土方招标清单时综合单价组价是套用挖土机转堆定额子目，该定额子目只包括挖土区重心至卸土区重心45m的转运距离，此转运距离与实际发生的"挖土机开挖土方后由装卸车装运统一堆置到三期空地，平均运距约300m"的情况不符，依据招标文件及合同相关条款，实际施工与招标文件提供的工程量清单项目特征描述不符而引起的工程造价增减，应调整合同价款，增加工程费用。

经查核有关资料，由于本工程场地的特点，决定了本工程施工现场的仓库、材料堆放区、加工场地、土方临时堆放区等都需要利用三期工程的预留空地进行搭设，因此，我站认为，根据合同专用条款96补充条款的第96.1点其他事项中第（17）款"投标前承包人应实地考察现场，承包人的投标降幅被认为已对施工现场的一切情况已掌握而所作为的承诺。……发包人约定包干风险包括如下内容……第Ⅰ小点：在施工过程中，承包人的施工组织设计、施工方案、防台风、防暴雨、安全文明等施工措施及发包人委托的工作，经建设行政主管部门、发包人或监理工程师审查后认为不能保证工程安全、质量及工期时，承包人应按建设、质量、安全等行政管理部门、发包人或监理工程师的意见对方案和措施进行完善和修改，但工程费不予调整（报价时的综合单价和总报价不予调整）"的约定；及第（26）款"本扩建工程土方所有挖、填、运、外购、临时堆放等项目结算计价办法如下：26.1挖土方，按实际开挖方量计算，工程量计价办法以相关工程的国家计量规范（2013版）规定的工程量计算规则计算为准，清单同时含有机械挖土方及人工挖土方的，其比例不予调整，清单内含有装运的，其装运办法及运距不予调整。"的约定。承包人为确保基坑安全，将挖出的基坑土方转运至三期工程的预留空地临时堆置，是其在投标前实地考察施工现场时应该掌握的情况，争议的土方转运费应属于发包人约定承包人应承担的包干风险，已包含在承包人投标综合单价内，结算时不予调整。

　　专此函复。

广东省建设工程标准定额站
2021年4月12日

关于恒运集团长距离供热（东莞麻涌）项目第二标段工程计价争议的复函

粤标定函〔2021〕76 号

东莞恒运新能源有限公司、广东省源天工程有限公司：

你们通过广东省建设工程造价纠纷处理系统，申请解决恒运集团长距离供热（东莞麻涌）项目第二标段工程计价争议的来函及相关资料收悉。

从 2015 年 5 月签订的施工合同显示，本项目位于东莞市麻涌镇，项目资金来源为企业自筹，发包人东莞恒运新能源有限公司采用公开招标方式，确定项目由广东省源天工程有限公司负责承建，采用工程量清单计价方式，合同价格形式为单价合同，并约定项目措施费包干。依据所上传的项目资料，现对来函涉及的工程计价争议事项答复如下：

一、关于措施费包干的计价争议

本工程施工期间发生了施打木桩（签证单 1）、钢板桩（签证单 2）、涵洞引流管埋设、回填（签证单 3）以及砍树（签证单 9）等工程签证事项，双方就上述事项是否属于措施费包干内容产生争议。发包人认为，从结算金额、工程量与招标、合同数据无明显变化的结算情况，业主签章仅作为事项实际发生的记录而不表示对费用的认可，承包人提供电子图未签章并不具备法律效力等理由，按招标文件（投标人须知 1.1.7）"项目措施费按招标工程量及招标图纸包干"的规定，上述费用的措施费包干，不另计取。承包人认为，设计管道线位因用地问题向河涌方向平移 4～5m 导致局部管墩基础位于河边，发生的签证单已获建设单位确认等情况，符合合同专用条款第 72.3 条关于调整措施项目费的规定，应当另行计算措施费。

我站认为，本项目招标文件中投标人须知前附表 1.1.7 标示了"项目措施费按招标工程量及招标图纸包干"，是基于招标工程量和招标图纸以及技术规范约定下的措施费包干价，而施工合同专用条款第 68.2 条、72.3 条分别就"合同价款的调整事件"和"（工程变更引起的）调整项目措施费的方法"作出约定，是对包干范围之外的项目引起措施费调整方法的约定，两者并不冲突，因此因工程变更引起的项目措施费调整应按专用条款约定执行。

但经查阅相关签证单及附件，有关签证事项在 2015 年 9 月至 2016 年 1 月间发生，早于咨询函中"2016 年 8 月的调整出图时间"；相关资料中签证事项是否与管线平移工程变更的关系不详，如签证单 1 之附件工作联系单 028 中提出"原打算的钢板桩围堰因场地狭窄改为挖机施打木桩"的签证事由，未说明是否因管线平移引起，且示意了原有施工计划已作钢板桩围堰的措施方案。故发包人和承包人应回溯本工程当时的真实情况，厘清签证事项与工程变更之间的关系。有关签证单所述事项，如确系管道设计线位平移的工程变更导致措施费用的增加，则应当按照发承包双方的施工合同专用条款 68.2 款和 72.3 款的约定进行项目措施费的调整。

二、关于蒸汽连续疏水装置的计价争议

本项目中，PN40 DN200 和 DN400 两种蒸汽连续疏水装置（架空）的合同单价分别为 143788.58 元/套、42840.23 元/套，结算审核中进行了较大幅度的核减，双方就此发生争议。发包人认为，上述两种装置价格已经超出不平衡报价范畴，不适用于合同中有关不平衡报价条款，应根据合同法公平、诚实原则，按合同组价原则重新组价。承包人认为上述装置应当采用合同价不作调整。

我站认为，根据提交的招标控制价文件显示上述装置的单价（分别是 147475.48 元/套、43661.06 元/套）与合同单价接近；再根据招标文件"第二章投标人须知 3.2 及 7.4.2 条款"以及专用条款第 96.2 条约定的工程量清单报价表存在严重不平衡报价的，按发包人和承包人双方共同确认的调整后的工程量清单报价表执行。发承包双方于 2015 年 5 月 1 日共同盖章确认了《拟签约合同金额调整表》作为合同文件的组成部分，因此双方应予遵守。

专此函复。

广东省建设工程标准定额站

2021 年 4 月 14 日

关于珠海市小横琴山南山咀裸露
山体覆绿工程计价争议的复函

粤标定函〔2021〕78 号

中交横琴投资有限公司、中国交通建设股份有限公司珠海横琴新区综合开发项目总经理部：

你们通过广东省建设工程造价纠纷处理系统，申请解决珠海市小横琴山南山咀裸露山体覆绿工程计价争议的来函及相关资料收悉。

从 2012 年 8 月签订《珠海市横琴新区综合开发项目投资建设合同》（以下简称《投资建设合同》）及 2014 年签订的《珠海市横琴新区综合开发项目补充协议》显示，本工程位于珠海市，资金来源为政府和社会资本共同投资并成立项目公司，发包人为中交横琴投资有限公司，承包人为中国交通建设股份有限公司珠海横琴新区综合开发项目总经理部。合同计价方式为定额计价，执行《广东省建筑与装饰工程综合定额 2010》《广东省市政工程综合定额 2010》等。依据所上传的项目资料，经研究，现对来函涉及的工程计价争议事项答复如下：

一、关于锚杆计价的争议

本项目位于小横琴山南山咀边坡，原先是一处采石场，边坡坡度 45°～70°，局部近直立，山体边坡支护采用锚杆结构。在预算审核阶段，发承包双方与财政投资审核中心就锚杆项目执行定额时发生争议。发承包双方均认为，市政定额中无山体锚杆子目，仅在隧道工程册定额中有锚杆子目，该定额子目使用的机械为手持钻孔气腿式风动凿岩机，其钻机为水平钻孔，而施工图纸技术要求为锚杆打入岩层斜向下与垂直方向夹角为 40°，偏斜度不大于 2%；且本工程为平均坡高 76.18m 的山体，并非隧道工程，其锚杆子目也无法判断土石分类，周边项目涉及山体锚杆施工的项目也均未采用过市政隧道定额，其远远已脱离市场价格，故本工程不适合执行市政隧道工程册的锚杆子目，应采用建筑定额锚杆子目。审核中心认为，本工程实际施工时采用全坡面搭设综合脚手架，手持或单腿气动式轻型机械作业的常规施工方案，施工工艺与市政隧道工程定额子目 "D7-1-35～D7-1-38 砂浆锚杆" 基本相符；且从定额的适用性分析，建筑定额 "A2-154、A2-155 锚杆钻孔灌浆" 的锚杆钻孔机 DHR80A 体型大、重量大，不适合本工程陡峭的高边坡作业，也无法在综合脚手架上连续移动、就位、施钻作业，故建筑定额锚杆子目不适用于本工程计价。

我站认为，采用定额计价方式，作为其计价依据的各专业定额执行的标准应根据工程专业属性及其适用范围来界定。根据本工程《投资建设合同》承包范围和条款约定，本工程为横琴新区北片区防洪及景观工程中的一个子项目，按其工程属性属于市政工程，应执行《广东省市政工程综合定额 2010》相关规定，其中定额子目"D7-1-35～D7-1-38 砂浆锚杆"是综合考虑各种土质情况下编制的。但根据咨询双方补充提供的项目岩土工程勘察报告及设计文件典型剖面图显示，本工程锚杆成孔作业的边坡土质特征属岩质边坡，岩性为花岗岩，中等风化为主，边坡岩体围岩类型以Ⅱ类为主，局部表部岩体破碎，围岩类型Ⅳ类，超出了市政定额编制时考虑的范畴，故市政隧道工程册锚杆定额子目不适用于本工程计价。同时，《广东省建筑与装饰工程综合定额 2010》定额子目"A2-154、A2-155 锚杆钻孔灌浆"的锚杆钻孔机 DHR80A 体型大、重量大，虽已考虑入岩费用，但并未考虑在陡峭的高边坡作业环境，故也不适用于本工程锚杆项目计价。因此，建议双方可根据现场实际与市场询价方式测算人工、材料、机械的消耗及其他相关费用，或参考周边同类型边坡支护工程锚杆计价方式方法确定本工程锚杆费用。

二、关于高空水平二次搬运费和超高人工、机械降效费用的争议

本工程在平均坡高 76.18m 的中风化山体上进行高空施工，产生了材料垂直运输机械费；坡脚线总长达 1010m，钢材、水泥、砂浆等材料通过垂直运输到达施工高度后，会产生高空水平二次搬运费；由于超高施工降耗，产生超高增加人工、机械降效费用，在预算审核阶段，发承包双方与财政投资审核中心对高空水平二次搬运费及超高增加人工、机械产生争议。发承包双方认为可以参考建筑定额计取水平二次搬运费和超高人工、机械降效费用；审核中心认为市政定额已综合考虑，不应计算。

我站认为，根据双方提供的专项施工方案以及施工现场照片等资料，本工程的材料二次运输在平均坡高 76.18m 的高空进行，超出了定额编制时考虑的正常的施工环境和场地的范围，施工效率有所降低，如确因此而发生的专项措施费用，双方可根据经审批的专项施工方案结合合同计价原则及风险约定等条款协商确定高空作业二次运输费用和超高人工、机械降效费。

专此函复。

广东省建设工程标准定额站

2021 年 4 月 20 日

关于中国联通互联网应用创新基地一期工程计价争议的复函

粤标定函〔2021〕79号

中国联合网络通信有限公司广东省分公司、广州协安建设工程有限公司：

你们通过广东省建设工程造价纠纷处理系统，申请解决中国联通互联网应用创新基地一期工程项目计价争议的来函及相关资料收悉。

从2018年1月22日签订的施工合同显示，本项目位于中新广州知识城，资金来源是企业自筹，发包人中国联合网络通信有限公司广东省分公司采用公开招标方式，确定项目由广州协安建设工程有限公司负责承建。采用工程量清单计价方式，合同价格形式为固定综合单价。现工程处于合同履行阶段，依据所上传的项目资料，经研究，现对来函涉及的工程计价争议事项答复如下：

在项目实施期间，材料价格出现了不同程度的涨落，发承包双方就材料调差的范围及幅度产生了争议。发包人认为，调差材料范围及幅度应严格按照合同专用条款76.3款"施工期间的主要材料（钢筋、水泥、商品混凝土、砂、石）的发布价对比2017年1季度《广州市建设工程造价管理站》的信息价格浮动在±10%以内（含10%）不进行变更调价，浮动超出±10%以外时，则仅对超出±10%以外的部分进行调价"的约定执行。承包人认为，根据合同中约定的主要调差材料为钢筋、水泥、商品混凝土、砂、石，也应包含如：水泥砂浆、水泥石粉、灰砂砖、混凝土砌块、预制混凝土管桩等合同约定的主要调差材料的衍生制品；根据广东省住房和城乡建设厅2018年8月28日发布的《广东省住房和城乡建设厅关于加强建筑工程材料价格风险管控的指导意见》（粤建市函〔2018〕2058号），价格波动异常，超出发承包双方按以往经验所能预见与避免的范围和承担的风险的，可参照《建设工程工程量清单计价规范》GB 50500—2013第9.8.2条原则，重新协商合同价款调整方法，再依据"粤建市函〔2020〕28号文"意见，疫情防控期间，材料价格上涨幅度超出5%以外时，对超出5%以外的部分进行调价。

我站认为，虽然合同专用条款76.3条和发承包双方签订的补充协议，已明确本项目的主要材料价格波动的风险分担范围及幅度，但根据《广东省住房和城乡建设厅关于加强建筑工程材料价格风险管控的指导意见》（粤建市函〔2018〕2058号）文中指出"近期砂石、水泥、预拌砂浆、混凝土及混凝土制品等材料价格的波动，客观因素较多，超出了发承包双方按以往经验所能预见与避免的范围和承担的风险，已造成合同双方利益的严重失衡，严重影响了施工合同的正常履行，给工程施工带来潜在的质量、安全隐患"的指导意见，如果材料价格异常波动导致继续履行原合同约定有失公允的，建议发承包双方本着实事求是、客观公正的原则以及合同订立时双方的真实意愿，参照《广东省住房和城乡建设厅关于加强建筑工程材料价格风险管控的指导意见》（粤建市函〔2018〕2058号）和广州市建设工程造价管理站发布的《广州市建设工程造价管理站关于防控新型冠状病毒肺炎疫情期间建设工程计价有关事项的指引》（穗建造价〔2020〕27号）相关精神协商解决。

专此复函。

广东省建设工程标准定额站

2021年4月20日

关于广州南沙新区明珠湾区起步区灵山岛尖区域城市开发与建设项目——凤凰二桥工程涉及工程计价争议的复函

粤标定函〔2021〕80 号

广州南沙开发区土地开发中心、广州南沙明珠湾区开发有限公司、中交南沙新区明珠湾区工程总承包项目经理部：

你们通过广东省建设工程造价纠纷处理系统，申请解决广州南沙新区明珠湾区起步区灵山岛尖区域城市开发与建设项目——凤凰二桥工程项目涉及工程计价争议的来函及相关资料收悉。

从 2016 年 5 月 20 日签订的施工合同显示，本项目位于广州市南沙区，资金来源是企业自筹（财政返还），发包人广州南沙开发区土地开发中心和广州南沙明珠湾区开发有限公司采用公开招标方式，确定项目由中交南沙新区明珠湾区工程总承包项目经理部负责承建，合同约定采用工程量清单计价模式，工程现处于竣工结算阶段。依据所上传的项目资料，现对来函涉及的工程计价争议事项答复如下：

工程结算时，发、承包双方对如何确定变更工程的新增项目清单综合单价产生争议。发包人认为，合同通用条款第 72.2 条第（3）款约定的承包人报价浮动率 L 为 10%，应是对财政评审概、预算文件中人工、材料、机械等价格的下浮，因此变更工程中的新增清单项目综合单价组价时，对原合同中已有的人工、材料、机械等造价站发布的信息价格应下浮 10%，在组价完成后再按承包人所报的施工图预算、结算价格下浮率 P3 整体下浮 10%。承包人认为，在变更工程新增项目清单组价时，对原财评审定的施工图预算中有的工料机价格，应采用变更当期造价站发布的信息价，按计价依据组价后，再按合同约定下浮 10% 作为结算价。

我站认为，根据合同的解释顺序，招标文件优先于合同专用条款，按招标文件第二章第三条第（二）点第 6 小点约定，实体工程的概、预、结算须在报政府财政部门审核确定的基础上，按中标人所报的施工图预算、结算价格下浮率 P3 作为合同价与结算价。故根据财政部门评审后的《概算评审报告》中各审核单价下浮 P3（10%）后，发、承包双方编制了工程量清单，并按该工程量清单（作为合同附件 6）的总造价签订了施工合同。由此可见，合同工程量清单通过采用综合单价下浮 P3（10%）的形式实现总价下浮 P3（10%）的目的，此做法与招标文件及施工合同的原意一致。

因此，变更工程新增清单项目涉及的人工、材料、机械价格执行本施工合同专用条款第 62.10 款"本项目实体工程造价文件编制中人工、材料、机械价格取定按造价文件编制当期的广州市建设工程造价管理站发布的《广州建设工程造价信息》的规定执行；当主材在当期《广州建设工程造价信息》没有定价的，按该材料市场价格录入"的约定，人工、材料、机械价格无须下浮 10%。

同时，变更工程新增项目清单应执行本项目合同通用条款第 72.2 款工程变更事件调整分部分项工程费的方法"（1）合同中有适用于变更工程项目的，按照该项目的单价或合价调整；（2）合同中没有适用、只有类似于变更工程项目的，可在合理范围内参照类似项目的单价或合价调整；（3）合同中没有适用也没有类似于变更工程项目的，根据变更工程资料、计量规则和计价办法、施工相应时期工程造价管理机构发布的价格信息和承包人报价浮动率提出变更工程项目的单价或合价，经合同双方当事人确认后调整；（4）合同中没有适用也没有类似于变更工程项目，且施工相应时期工程造价管理机构发布的价格信息缺项的，根据变更工程资料、计量规则、计价办法和通过市场调查等的有合法依据的市场价格提出变更工程项目的单价或合价，经合同双方当事人确认后调整"的约定。对第（1）点确定的综合单价，因原合同中的单价已按承包人报价浮动率 P3（10%）下浮，无须再参与总体下浮 P3（10%）；对第（2）点确定的综合单价，如需要换算人工、材料、机械价格的，按施工合同专用条款第 62.10 款确定的人工、材料、机械价格换算《概算评审报告》中类似项目的单价并按承包人报价浮动率 P3（10%）下浮，无须再参与总体下浮 P3（10%）；对上述第（3）点确定的综合单价，因须按承包人报价浮动率 P3（10%）下浮，无须再参与总体下浮 P3（10%）；对第（4）点确定的综合单价须参与总体下浮 P3（10%）。

专此函复。

广东省建设工程标准定额站

2021 年 4 月 20 日

关于香洲区前山河流域综合整治项目计价争议的复函

粤标定函〔2021〕84号

珠海市香洲区城市管理和综合执法局、中电建珠海生态环境有限公司：

你们通过广东省建设工程造价纠纷处理系统，申请解决关于香洲区前山河流域综合整治（珠海市城区污水治理综合整治提升工程）项目涉及工程计价争议的来函及相关资料收悉。

从2019年12月19日签订的勘察设计施工总承包合同显示，本项目位于珠海市香洲区，资金来源为财政统筹，发包人珠海市香洲区城市管理和综合执法局采用公开招标方式，确定项目由中电建生态环境集团有限公司、中国电建集团昆明勘测设计研究院有限公司、中国水利水电第七工程局有限公司负责承建。2020年5月20日，根据合同协议书，发、承包双方签订《补充协议书》，经发包人同意，承包人共同授权由中电建珠海生态环境有限公司参与本工程的管理服务。采用工程量清单计价模式，现项目处于合同履行阶段。依据所上传的项目资料，经研究，现对来函涉及的工程计价争议事项答复如下：

一、关于钢板桩打拔费用计价方式的争议

本项目合同专用条款约定措施项目费的范围及计算方式。双方就钢板桩打拔费用的计价方式产生争议。发包人认为合同专用条款在措施项目费的内容约定了打拔钢板桩属于措施项目，也单独约定了措施项目项下打拔钢板桩的计算方式，打拔钢板桩应列入措施项目费按合同约定的方式计算费用。承包人认为依据《广东省建设工程计价依据2018》钢板桩打拔项目属于分部分项工程费，和《关于广东省建设工程定额动态管理系统定额咨询问题的解答（第4期）》（粤标定函〔2020〕29号）第15条解答钢板桩费用应列入分部分项工程费中，再根据合同专用条款约定措施项目内容（包括以下①～㉔列出的内容）……具体如下：列了①～㉕项，第㉕项为打拔钢板桩内容，此处的表意矛盾，应按合同约定的计价依据执行，钢板桩费用列入分部分项工程费中。

我站认为，根据合同专用条款第25.2.4条建筑安装工程费计取及结算按以下规定执行，其中关于条款第25.2.4.1条第（6）点措施项目费约定"1）措施项目内容（包括以下①～㉔列出的内容）……具体如下：列了①～㉕项；2）措施项目费计算方法……②措施其他项目按以下约定计取……b、钢板桩打拔费"，合同原意即约定了钢板桩打拔费放在措施项目费中，也约定了关于措施项目费中钢板桩打拔费的计算方法，且本项目采用清单计价方式，并非要与定额规则保持一致。因此，结合招投标过程及合同整体意思理解，钢板桩打拔费用应列入措施项目费中予以计取。

二、关于交通疏解增加费所包含内容的争议

本项目专用合同条款约定在措施其他项目中计取交通疏解增加费，并在条款约定"⑪交通疏解员增加费是指在行人车辆通行的市政道路上施工所发生的交通疏解费用"。双方就交通疏解增加费所包含内容产生争议。发包人认为交通疏解增加费即代表交通疏解发生的所有费用，包括交通疏解材料及安装、交通疏解专员等所有与交通疏解有关发生的费用，按照 EPC 总承包合同约定应属于措施其他项目费，列入措施其他项目费中按分部分项工程费 1.0％计取。承包人认为本项目工期紧，施工面广、涉及大量市政道路管网施工及数百个居住小区排水改造，交通疏解投入较大，交通疏导员增加费不包括交通疏解材料及安装、保管、周转费用，合同所约定交通疏解员增加费应在包干措施费内计取，但除交通疏解人员外的上述材料相关费用应按广东省定额另行计取相关费用。

我站认为，本项目为勘察/设计/施工总承包一体的 EPC 工程，合同专用条款约定在措施其他项目中计取交通疏解增加费，而后续条款将"交通疏解增加费"写为"交通疏解员增加费"并予定义为"在行人车辆通行的市政道路上施工所发生的交通疏解费用"。合同先后表意不清，因此，发承包双方应回溯本工程当时签订合同的真实意愿，厘清事实，双方协商计价；协商不成，可参考合同约定执行《广东省建设工程计价依据 2018》有关交通疏解员增加费的计价规定，即交通疏解员增加费为根据经交警部门批复的交通疏解方案而设置的交通疏解人员所增加的费用。而其他交通疏解设施（如铁马、塑料交通路锥、警示灯、交通指示牌、交通指示灯等），在措施其他项目费用标准第六点其他费用中列项计算，交通疏解材料作为临时性设施，考虑周转使用或残值回收。

专此函复。

广东省建设工程标准定额站

2021 年 4 月 23 日

关于岭南师范学院第五教学实训楼工程设计施工总承包项目工程计价争议的复函

粤标定函〔2021〕85 号

岭南师范学院、中铁十八局集团有限公司、中国华西工程设计建设有限公司：

你们通过广东省建设工程造价纠纷处理系统，申请解决岭南师范学院第五教学实训楼工程设计施工总承包项目涉及工程计价争议的来函及相关资料收悉。

从 2020 年 3 月 31 日签订的设计施工总承包合同显示，本项目位于湛江市，资金来源为自筹资金，发包人岭南师范学院通过公开招标的方式，确定项目由中铁十八局集团有限公司（主办方）与中国华西工程设计建设有限公司（联合方）联合中标。采用工程量清单计价模式，项目现处于合同履行阶段，依据所上传的项目资料，经研究，现对来函涉及的工程计价争议事项答复如下：

本工程为单体教学实训楼，发承包双方对施工图纸内走廊部分建筑面积的计算产生争议。发包人认为，本项目走廊属于自然层外墙结构外走廊，依据《建筑工程建筑面积计算规范》GB/T 50353—2013（以下简称 13 建筑面积规范）第 3.0.14 条规定"有围护设施的室外走廊（挑廊），应按其结构底板水平投影面积计算 1/2 面积；有围护设施（或柱）的檐廊，应按其围护设施（或柱）外围水平面积计算 1/2 面积"，故本项目走廊应按其结构底板水平投影面积计算 1/2 面积；承包人认为，13 建筑面积规范条文说明第 3.0.1 条规定"建筑面积计算，在主体结构内形成的建筑空间，满足计算面积结构层高要求的均应按本条规定计算建筑面积"和建筑面积规范图解第 2.0.23 条的定义"主体结构：接受、承担和传递建设工程所有上部荷载，维持上部结构整体性、稳定性和安全性的有机联系的构造"，本项目的所有走廊外侧柱子为框架结构柱，属于结构主体框架内的一部分，且走廊外侧设有防护栏杆围护，因此本项目走廊建筑面积应按全面积计算。

我站认为，根据 13 建筑面积规范第 3.0.14 条规定和宣贯辅导教材第 3.0.14 条释义 1 明确"室外走廊（包括挑廊）、檐廊都是室外水平交通空间，其中挑廊是悬挑的水平交通空间，檐廊是底层的水平交通空间，由屋檐或挑檐作为顶盖，且一般有柱或栏杆、栏板等。底层无围护设施但有柱的室外走廊可参照檐廊的规则计算建筑面积。无论哪一种廊，除了必须有地面结构外，还必须有栏杆、栏板等维护设施或柱，这两个条件缺一不可，缺少任何一个条件都不计算建筑面积"。根据所提交的项目资料施工图纸显示，争议的走廊是有柱带栏板的室外走廊，应按其结构底板水平投影面积计算 1/2 面积，有围护设施（或柱）的檐廊（底层），应按其围护设施（或柱）外围水平面积计算 1/2 面积。

专此函复。

广东省建设工程标准定额站

2021 年 4 月 23 日

关于斗门区黑臭河涌水生态修复 PPP 项目涉及工程计价争议的复函

粤标定函〔2021〕88 号

珠海市汉祺水环境治理有限公司、深圳市铁汉生态环境股份有限公司、铁汉环保集团有限公司、上海市政工程设计研究总院（集团）有限公司：

你们通过广东省建设工程造价纠纷处理系统，申请解决斗门区黑臭河涌水生态修复 PPP 项目涉及工程计价争议的来函及相关资料收悉。

从 2017 年 12 月签订的《斗门区黑臭河涌水生态修复 PPP 项目 PPP 合同》显示，区政府授权珠海市斗门区水资源和水质监测中心为本项目实施机构，指定珠海城投发展有限公司为本项目出资人代表，通过公开招标方式，确定项目由深圳市铁汉生态环境股份有限公司、铁汉环保集团有限公司、上海市政工程设计研究总院（集团）有限公司、深圳市铁汉生态资产管理有限公司组成的联合体为中标的社会资本，由珠海城投发展有限公司和中标社会资本注册成立项目公司为珠海市汉祺水环境治理有限公司。

从 2017 年 12 月签订的《斗门区黑臭河涌水生态修复 PPP 项目工程总承包合同》显示，本项目发包人为珠海市汉祺水环境治理有限公司，承包人为由深圳市铁汉生态环境股份有限公司等 3 家单位组成的联合体。承包范围为斗门区黑臭河涌水生态修复 PPP 项目工程总承包（EPC），包含设计（方案设计、初步设计、施工图设计），设备采购、施工，以及整体移交、缺陷修复保修工程等。建筑安装工程费计价采用施工图预算下浮 15％加 1.5％风险包干的原则，其中施工图预算采用定额组价成综合单价的清单计价方式。依据所上传的项目资料，现对来函涉及的工程二次运输费用计价争议事项答复如下：

本项目整治河涌为线状狭长结构，两岸房屋密集、村庄内部自有道路较窄无法通行且极易影响两侧房屋结构、暗涵内施工等因素，导致部分河岸边无材料堆放场地，施工机械、车辆、材料运输无法直接到达施工现场，必须通过包括陆上、水上、施工临时便道等措施转运，才能满足施工及工期要求。现双方对材料二次搬运费产生争议。发包人认为，根据《广东省市政工程综合定额 2010》第一册《通用项目》总说明和 D.1.7 其他工程章说明第 1.7.2 条。现场共布置了 15 个堆场，分布在现场沿线，现场可因地制宜设置材料堆场，因此二次搬运费的计算依据欠缺。承包人认为，项目沿线既有建筑物对施工环境影响较大，不利于材料二次搬运，应结合本项目的实际施工情况，计取材料二次转运费。

我站认为，根据《斗门区黑臭河涌水生态修复 PPP 项目工程总承包合同》协议书第五条合同价格"建筑安装工程费计价采用施工图预算下浮 15％加 1.5％风险包干的原则，施工图预算采取工程量清单计价方式。施工图预算按开工日（指《PPP 合同》项下定义

228

的开工日）时执行的国家、广东省以及珠海市发布的最新建设工程造价文件编制，包括但不限于《建设工程工程量清单计价规范》GB 50500—2013 及其配套文件、《广东省市政工程综合定额 2010》《广东省园林绿化工程综合定额 2010》等标准和取费文件。"本项目施工图预算是采用定额为依据组价成清单综合单价的计价方式，因施工环境和场地的限制汽车不能直接运到现场，必须再次运输发生装运卸工作，符合《广东省市政工程综合定额 2010》第一册《通用项目》D.1.7 其他工程说明第 1.7.2 条规定，可以按照经批准的施工组织设计计算各施工点材料二次运输费用。但当实际施工条件发生变化时，应履行合同关于"承包人承担实际施工方案与预算施工组织设计变化引起的成本增（减）的风险"的约定，结算不做调整。

广东省建设工程标准定额站

2021 年 5 月 6 日

关于江门市丰乐路北延线工程
（北环路—规划二路）计价争议的复函

粤标定函〔2021〕91 号

江门市滨江建设投资管理有限公司、广东金辉华集团有限公司：

你们通过广东省建设工程造价纠纷处理系统，申请解决江门市丰乐路北延线工程（北环路-规划二路）涉及边坡锚杆支护套用定额计价争议的来函及相关资料收悉。

从 2011 年 1 月 6 日签订的施工合同显示，本项目位于江门市滨江新区，资金来源是企业自筹，发包人江门市滨江建设投资管理有限公司采用公开招标方式，确定项目由广东金辉华集团有限公司负责承建。承包范围为设计图纸内容的道路、桥涵、隧道、通信管线、输油管线、排水、消防工程的施工，采用工程量清单计价方式，合同价格形式为固定单价合同。依据所上传的项目资料，现对来函涉及的工程计价争议事项答复如下：

本项目涉及的争议是在鹅公山隧道排险修复工程，属于合同外增加工程，双方补充签订了《江门市丰乐路北延线鹅公山隧道工程排险修复工程施工协议书》，其中关于边坡采用锚杆支护，根据《协议书》第 9 条："本工程以财政部门审定的预算单价作为固定综合单价，工程量按实进行结算……对于财政部门审定预算中 ϕ28mm 锚杆工程采用市政定额进行套价，经甲、乙双方约定：该项目结算前，广东省建设工程标准定额站能明确本项目中的 ϕ28mm 锚杆工程适用的定额，且不同于预算时采用的定额，结算时，可按广东省建设工程标准定额站的解析进行套用相应的定额进行结算"，现双方对该锚杆支护套用专业定额产生争议。发包人认为，道路边坡格构梁深层锚杆套用市政工程隧道内锚杆定额，承包人认为，道路边坡格构梁深层锚杆套用建筑工程边坡防护锚杆定额。

我站认为，根据合同专用条款第 23.3.1 条"变更（增加部分）工程在投标书中没有相同或相似的项目，可套用相应定额确定单价"，而采用定额计价方式，作为其计价依据的各专业定额执行的标准应根据工程专业属性及其适用范围来界定。本项目包括道路工程、隧道工程、桥涵工程等均属于市政工程，根据《广东省市政工程综合定额 2010》总说明第三条、第四条、第六条的相关规定，已经明确该定额适用于全省行政区域内新建、扩建和改建的市政工程，而且综合考虑了社会平均水平，定额以我省企业的施工机械装备程度、合理的施工工期、施工工艺、劳动组织为基础综合确定的。因此，本工程的锚杆项目计价应执行《广东省市政工程综合定额 2010》。

专此函复。

广东省建设工程标准定额站

2021 年 5 月 7 日

关于中山（石岐）总部经济区城市综合开发运营 PPP 项目工程计价争议的复函

粤标定函〔2021〕104 号

中山市人民政府石岐街道办事处、中交城市投资（中山）有限公司、中交第四航务工程勘察设计院有限公司：

你们通过广东省建设工程造价纠纷处理系统，申请解决中山（石岐）总部经济区城市综合开发运营 PPP 项目涉及工程计价争议的来函及相关资料收悉。

从 2018 年 10 月 15 日签订的《中山（石歧）总部经济区城市综合开发运营 PPP 项目合同》显示，本项目位于中山市石岐区，发包人中山市人民政府石岐街道办事处采用公开招标方式，确定项目由中交城市投资（中山）有限公司（社会资本方）采用"PPP＋EPC"模式负责投资、建设、运营、维护和移交等工作，并约定中交第四航务工程勘察设计院有限公司为 EPC 总承包单位。根据 PPP 合同，社会资本方与 EPC 总承包单位于 2018 年 11 月 15 日，签订《中山（石歧）总部经济区城市综合开发运营 PPP 项目设计采购施工（EPC）总承包合同》，合同约定采用工程量清单计价模式，清单综合单价的确定执行《广东省建设工程计价依据 2010》。现工程处于施工图预算审核阶段，依据所上传的项目资料，以下争议内容均属于房屋建筑专业工程，经研究，现对来函涉及的工程计价争议事项答复如下：

一、关于成孔混凝土灌注桩超灌部分的计价争议

本项目采用成孔灌注桩，按规范及设计说明要求，成桩高度比有效桩长长 800mm，双方就超灌部分的计价产生争议。发包人认为旋挖钻机成孔灌注桩超灌部分混凝土量已在定额中综合考虑，不另行计算；承包人认为定额中混凝土工程量只是有效桩长部分的消耗量，并未包含超灌注部分。根据《关于广东省建设工程定额动态管理系统定额咨询问题解答的回复（第 3 期）》（粤标定函〔2020〕6 号）文第 22 条成孔灌注混凝土桩，设计说明要求成桩高度比有效桩长的部分，工程量应计入桩的长度。

我站认为，根据合同的约定成孔灌注桩工程量计算规则应执行《建设工程工程量清单计价规范》GB 50500—2013 及与其配套的《房屋建筑与装饰工程工程量计算规范》GB 50854—2013，长度及数量按设计图示尺寸计算。该清单综合单价的确定应执行《广东省建筑工程与装饰工程综合定额 2010》，当混凝土实际灌注量与定额含量不同时，可依据 A.2 桩基础工程章说明第八条的规定调整灌注桩的混凝土量。

粤标定函〔2020〕6 号文适用于《广东省房屋建筑与装饰工程综合定额 2018》，不适用于《广东省建筑与装饰工程综合定额 2010》，不能直接引用。

二、关于施工便道的计价争议

关于施工现场的施工便道是否包含《广东省建筑与装饰工程综合定额2010》按费率计算的安全文明施工措施费中，双方发生争议。发包人认为施工便道不单独计价，已包含在按费率计算的安全文明施工措施费中；承包人认为根据《关于广东省建设工程定额动态管理系统定额咨询问题的解答（第8期）》（粤标定函〔2020〕107号）文第2条的解答"由于生产需要修建的施工临时便道，按实际发生或经批准的施工组织设计方案，列入措施其他项目费用中计算。"且安全文明施工措施费的总费率为3.18%，实际发生的费用远高于定额考虑费率所包含的内容，故施工便道应列入措施其他项目费用中单独计算。

我站认为，依据所提供的文化活动中心地块施工道路平面布置图（18S178-SS-DWG-CS-C0301），争议所指的施工便道实为房屋建筑工程施工现场围挡内环绕基坑四周的主要通道，其构造为三层分别为25cm厚C30混凝土路面、30cm厚砖渣、原地面换填120cm厚砖渣垫层。25cm厚C30混凝土路面、30cm厚砖渣以及路两侧设置的砖砌排水沟为常规的施工现场通路构造的费用已包含在措施项目清单S.7的安全文明施工中，不应再重复计算。原地面换填120cm厚砖渣垫层是由于地基承载力无法满足土方及混凝土运输车通行的要求（地质资料显示原地面以下2～3m为素填土层，往下就是10多米的淤泥层），而需要的换填处理，其费用可单独计算。

粤标定函〔2020〕107号文为适用市政工程专业的解答，不适用于《广东省建筑与装饰工程综合定额2010》，不能直接引用。

三、关于基坑底部换填计价争议

本项目基坑底部换填垫层，关于基坑换填的费用双方产生争议，发包人认为基坑换填有部分作用是作为主体结构的施工平台，定额子目"A4-2其他混凝土基础"和"A4-3地下室底板"应已综合考虑或已包含在按费率计算的安全文明施工措施项目中，不可单独计取；承包人认为地勘、地下室底板位置全部为淤泥层，基坑换填，主要考虑基坑底部为淤泥，地基承载力低，为避免施工筏板时，因筏板钢筋及混凝土自重大而引起底部不均匀沉降或变形，避免底部防水板及垫层被破坏，保证工程质量而设置。且定额A4-2和A4-3子目的工作内容均未包含场地换填费用，应参照《关于广东省建设工程定额动态管理系统定额咨询问题的解答（第19期）》（粤标定函〔2020〕281号）文第7条地基承载力无法满足人员、机械行走的要求，需要进行换填而产生的费用可以单独计取的解答执行。

我站认为，从《基坑支护设计说明（1/2）》（图号18S178-SS-DWG-YT-C0001）第5.1(8)条可知基坑地面为软土层，需在基坑地面换填垫层（基坑开挖底边线往内1.0m以内范围）以提高地基承载力。现浇混凝土基础工程工程量清单综合单价确定时，需要执行的《广东省建筑工程与装饰工程综合定额2010》A4-2其他混凝土基础定额子目、A4-3地下室底板定额子目以及按系数计算的安全文明施工措施项目内均不包括基坑底为提高地基承载力而需要换填的费用，为提高地基承载力所需的换填费用应按清单规范规定单独列项计算。

四、关于三轴水泥搅拌桩空桩部分的计价争议

本项目采用三轴水泥搅拌桩进行土体加固，双方就三轴水泥搅拌桩空桩部分的计价产生争议。发包人认为三轴水泥搅拌桩从原地面至被动加固区空桩部分，参照《广东省房屋

建筑与装饰工程综合定额 2018》A.1.2 围护及支护工程章说明第 4 条第 4 款 "空桩部分按相应子目的人工费和机具费乘以系数 0.5，扣除材料费" 的规定计算；承包人认为根据设计图纸，原地面至基坑底被动区范围的三轴搅拌桩设计要求水泥掺量为 6%，其施工工序与常规三轴水泥搅拌桩并无差异，并非发包方理解的空桩。根据《关于印发〈广东省建筑与装饰工程综合定额 2010〉桩基础工程补充子目的通知》（粤建造发〔2014〕10 号）的规定 "水泥掺量按 20% 考虑，如设计不同时，水泥用量按比例调整"，故此部分的空桩应按正常三轴水泥搅拌桩计取，调整水泥用量。

我站认为，《房屋建筑与装饰工程工程量计算规范》GB 50854—2013 对三轴搅拌桩的工程量的计算方式没有规定，《关于印发〈广东省建筑与装饰工程综合定额 2010〉桩基础工程补充子目的通知》（粤建造发〔2014〕10 号）仅对设计桩长约定了计算规则，空桩部分未明确规定计算方法，甲乙双方可参考《广东省房屋建筑与装饰工程综合定额 2018》的计价原则协商计算方式。

五、关于泥浆池砌筑及拆除的计价争议

本项目施工组织设计在场地北侧设置泥浆池，双方就钻孔灌注桩泥浆池的砌筑及拆除费用发生争议。发包人认为根据批复的文化活动中心施工组织设计中应计算 1 个泥浆池的砌筑及拆除费用。承包人认为施工组织设计中只是明确泥浆池的做法，其费用应按《广东省建筑与装饰工程综合定额 2010》A.28 措施其他项目费用标准第 28.4 条的规定计取。

我站认为，根据《广东省建筑与装饰工程综合定额 2010》A.28 措施其他项目第二条的规定，措施其他项目费已包含利润，属于指导性费用，供工程发承包双方参考，合同有约定的按合同执行。本项目合同未约定其计价规则，因此其费用应依据 A.28 措施其他项目费用标准第 28.4 条的规定，泥浆池（槽）砌筑及拆除费用按桩（成孔）工程量以体积乘以相应的费用标准计算，列入措施其他项目费。泥浆池（槽）砌筑及拆除的费用与砌拆泥浆池（槽）的做法及数量无关。

六、关于塔吊基础及塔吊场外运费的计价争议

本项目使用塔吊进行垂直运输，双方就塔吊基础及塔吊场外运费的计价产生争议。发包人认为根据《广东省建筑与装饰工程综合定额 2010》A.23 垂直运输工程的定额子目 "A23-1 建筑物 20m 以内的垂直运输 混合结构"，使用的机械和消耗量均为卷扬机，故不能计取塔吊基础及塔吊场外运费。承包人认为，由于实际操作中卷扬机无法适应地下室施工，经批复的施工组织设计，均考虑使用塔吊进行垂直运输。故应按粤建造函〔2011〕039 号文通用问题第 4 条解答的规定计算。

我站认为，本争议内容处于施工图预算阶段，合同中对预算和结算有相应的约定，在施工图预算阶段定额中垂直运输费用是综合考虑的，因工程实际需要采用塔吊时，塔吊基础费用和塔吊场外运费可根据定额和《关于印发 2010 广东省建筑与装饰工程综合定额问题解答、勘误及补充子目的通知》（粤建造函〔2011〕039 号）文的规定在结算时列入措施项目费计算。

专此函复。

广东省建设工程标准定额站
2021 年 5 月 27 日

关于广州开发区水质净化厂污泥干化减量项目一期工程施工总承包项目计价争议的复函

粤标定函〔2021〕107 号

广州恒运环保科技发展有限公司、广西建工集团冶金建设有限公司：

你们通过广东省建设工程造价纠纷处理系统，申请解决广州开发区水质净化厂污泥干化减量项目一期工程施工总承包项目涉及工程计价争议的来函及相关资料收悉。

从 2018 年 8 月 28 日签订的施工合同显示，本项目位于广州市黄埔区，资金来源是企业自筹，发包人广州恒运环保科技发展有限公司采用公开招标方式，确定项目由广西建工集团冶金建设有限公司负责承建。采用工程量清单计价模式，合同工期总天数为 140 日历天。工程现处于竣工结算阶段，依据所上传的项目资料，经研究，现对来函涉及的工程计价争议事项答复如下：

本项目合同协议书、招标投标文件都已明确约定工程总工期为 140 日历天，而承包人按《广东省建设工程施工标准工期定额 2011 年》（以下简称 2011 工期定额）计算出的工期约 395 天，结算时双方就是否可按工期定额计算出的工期进行调整并结算发生争议。发包人认为，本项目应按合同约定的工期执行，承包人所提供的工期调整依据不充分，不予调整。承包人认为本项目施工地点在广州市，应执行《关于印发〈广东省住房和城乡建设厅关于建设工程施工工期的管理办法〉的通知》（粤建法〔2012〕112 号）文的规定，根据文件第四条和第五条规定，本项目招标文件未载明标准工期，也未单独计算赶工措施费，且发包人未对施工工期 140 日历天的可行性和合理性进行技术论证，故本项目应按"2011 工期定额"计算出的标准工期为合理工期进行调整并结算。

我站认为，判断招标时拟定的合同工期（以下简称合同工期）是否合理，双方应依据招标时的相关资料按照现行的《广东省建设工程施工标准工期定额 2011》相关规定计算施工标准工期，与合同工期对比后，再依据不同的对比结果选择处理方法：

1. 如合同压缩工期在施工标准工期的 20% 以内，或者合同工期虽短于施工标准工期的 80% 但通过论证是可行的，并且已要求投标人考虑赶工措施费用，则工期应按合同约定计算。

2. 如合同工期短于施工标准工期的 80% 但未通过论证可行的，则发包人缺乏充分的依据证明招标工期的合理性，或证明自身没有违背《建设工程质量管理条例》（国务院令第 279 号）第十条"建设工程发包单位不得迫使承包方以低于成本的价格竞标，不得任意压缩合理工期"的规定，可能导致由于未能提供事实可行的工期目标从而让投标人未能在充分考量的基础上合理报价，故发包人应对合同工期的合法合规承担责任；同时，承包人在招标投标阶段未对工期是否合理、依据是否充分提出质疑，未能尽到一个作为有经验承包商的应有之责。因此，建议发承包结合双方过错大小、过错与损失之间的因果关系等因素，协商确定误期赔偿费的计算。

专此函复。

广东省建设工程标准定额站

2021 年 5 月 31 日

关于平沙镇美平东西路路面改造及美化
工程项目计价争议的复函

粤标定函〔2021〕108 号

珠海市平沙房地产开发公司、珠海国嘉建筑工程有限公司：

你们通过广东省建设工程造价纠纷处理系统，申请解决平沙镇美平东西路路面改造及美化工程项目涉及计价争议的来函及相关资料收悉。

从 2019 年 12 月签订的施工合同显示，本项目位于珠海市平沙镇，资金来源为镇级财政资金，发包人珠海市平沙房地产开发公司采用公开招标方式，确定项目由珠海国嘉建筑工程有限公司负责承建。采用工程量清单计价方式，合同价格形式为总价合同。工程现处于竣工结算阶段。依据所上传的项目资料，现对来函涉及的计价争议事项答复如下：

本项目工程合同专用条款第 11.1 条款约定"市场价格波动是否调整合同价格的约定：按招标文件规定执行"。招标文件专用条款 17.14 款造价调整条件及范围约定"由于市场价格波动导致造价变化，砂、碎石、石屑（石粉）、水泥、钢材、商品混凝土、管材、石材、沥青等主要材料有价格波动时，以施工期间《珠海工程造价信息》公布的各月材料价的加权平均价与编制招标预算时《珠海工程造价信息》公布的材料价相对比，其波动范围不超过 ±5% 时，差价不予调整；当波动范围超过 ±5% 时，结算时仅调整超出 ±5% 部分"。发承包方双方对于沥青混凝土和沥青稳定碎石（争议的材料包括 AC-13C 细粒式 SBS 改性沥青混凝土、AC-20C 中粒式沥青混凝土、ATB-25 沥青稳定碎石）是否属于合同约定的可调差材料产生争议。发包人认为招标文件约定的调差材料为"砂、碎石、石屑（石粉）、水泥、钢材、商品混凝土、管材、石材、沥青等主要材料"，并未明确沥青混凝土属于材料价格调差范围，因此不予调整。承包人认为沥青混凝土和沥青稳定碎石主要用于沥青加铺，符合招标文件关于材料价格调差条款的"主要材料"定义，应属于材料价格调差范围。

我站认为，混凝土是指以胶凝材料、粗细骨料、水及其他材料为原料，按适当比例配制而成的混合物，再经硬化形成的复合材料，按胶凝材料分为无机胶凝材料混凝土（如水泥混凝土等）和有机胶结料混凝土（如沥青混凝土等）。根据双方提供的资料显示该工程沥青混凝土用量占总商品混凝土用量的 57.3%，占比较大，属于影响该工程造价的主要材料。在施工合同的履行过程中主要材料价格上涨超出了合同约定的风险范围时，本工程如采用外购商品沥青混凝土和沥青稳定碎石混合料，则列入"商品混凝土"，可根据招标文件 17.14 款的约定进行价差调整。如由承包人按配比进行沥青混凝土和沥青稳定碎石混合料的现场配制，则对沥青混凝土和沥青稳定碎石混料中的沥青、砂、碎石等原材料按招标文件的约定调整。

　　专此函复。

广东省建设工程标准定额站

2021 年 6 月 2 日

关于韶关市工业西人行天桥
工程计价争议的复函

粤标定函〔2021〕109 号

韶关市政府投资建设项目代建管理局、广州市黄埔建筑工程总公司：

你们通过广东省建设工程造价纠纷处理系统，申请解决韶关市工业西人行天桥工程计价争议的来函及相关资料收悉。

从 2018 年 9 月签订的合同显示，本项目位于韶关市武江区，资金来源为市财政资金统筹解决，发包人韶关市政府投资建设项目代建管理局采用公开招标方式，确定项目由广州市黄埔建筑工程总公司（联合体牵头人）、同济大学建筑设计研究院（集团）有限公司采用 EPC 总承包方式承建。合同采用清单计价方式，价格形式为符合限额设计要求的施工图工程量预算清单单价合同，工程现处于施工图预算审核阶段。依据所上传的项目资料，经研究现对来函涉争议事项答复如下：

本天桥工程为市政专业工程，主桥为一跨简支钢桁架梁桥结构，钢桁架采用变高度筒状钢管结构，桁架高 4.46～5.517m，总长 38.5m。桁架上弦管采用单根 $\phi 450 \times 28$ 型钢管，钢管弯曲半径为 R255m；下弦管为三根钢管，三根下弦管弯曲半径均为 R605m；腹管采用 $\phi 299 \times 20$、$\phi 377 \times 24$ 两种类型钢管。各腹管平面内，腹管分别与上弦、其他腹管、次下弦和主下弦的四个交点组成样条曲线，首、尾点处的切线方向均为横桥向。桁架钢管均采用 Q345C 材质，其中下弦管、腹管须采用结构用热轧无缝钢管，上弦管可采用无缝钢管或热处理直缝钢管。双方就天桥主桥钢桁架的清单组价及 Q345C 桁架钢管的主材单价的计价产生争议。发包人认为，依据合同第五部分补充条款第六条中预算编制原则，主桥钢桁架部分应套用《广东省市政工程综合定额 2010》的钢箱梁定额进行清单组价，Q345C 桁架钢管主材单价按市场询价下浮 20% 计算，审定后发生的争议金额将在暂列金额 80 万内给予抵扣。承包人认为，清单组价时主桥钢桁架部分套用《广东省市政工程综合定额 2010》的钢箱梁定额不合理，要求重新调整组价的定额子目；Q345C 桁架钢管主材需按市场询价给予计价，不下浮 20%。

我站认为，根据合同第五部分补充条款第六条第 6.2 款，施工图工程量清单预算的编制依据为：《建设工程工程量清单计价规范》GB 50500—2013 及各专业工程工程量计算规范、2010 年广东省建设工程计价依据和其他法律、法规、规章、规范性文件等；主要材料价格按预算（经审定）编制时当季韶关市工程造价管理机构发布的人工、材料、机械台班综合单价（若韶关市未发布信息则依次参照广东省清远市、广东省河源市、广东省肇庆市、广东省佛山市，若以上城市均没有信息价则按市场询价80％执行）、经发包人确认的材料价格或暂定材料价格计算。根据以上约定，鉴于《广东省市政工程综合定额2010》没用适用的主桥钢桁架制安的定额子目，主桥钢桁架可借用与《广东省建筑与装饰工程综合定额2010》配套使用的《广东省装配式建筑工程综合定额2017》（2017年8月1日执行）中的厂（库）房钢结构相应的钢桁架安装、拼装相应项目进行组价确定清单综合单价。关于主要材料钢桁架的价格确定，由于实际采用了工厂预制及预拼装、工地现场进行拼接及起吊安装的施工方法，且原合同并没有约定成品主材价格的确定方法，建议发、承包双方在参考承包人实际发生的主桥钢桁架制安、运输合同的基础上，结合补充条款第六条第6.2款的原意，协商确定预制钢构件的成品价格。

专此函复。

广东省建设工程标准定额站

2021年6月2日

关于河源电厂热网蒸汽管道
工程计价争议的复函

粤标定函〔2021〕110 号

深能热力（河源）有限公司、湖南省工业设备安装有限公司：

你们通过广东省建设工程造价纠纷处理系统，申请解决广东河源电厂一期 2×600MW 机组热网输送管道工程（中期）项目涉及工程计价争议的来函及相关资料收悉。

从 2018 年 4 月 6 日签订的施工合同显示，本项目位于河源市埔前镇，资金来源是企业自筹，发包人为深能热力（河源）有限公司采用公开招标方式，确定项目由湖南省工业设备安装有限公司负责承建。合同价格形式为单价合同，采用工程量清单计价方式，项目目前处于工程竣工结算阶段。依据所上传的项目资料，现对来函涉及的工程计价争议事项答复如下：

一、关于直埋预制保温管计价及管件定额套用的争议

（一）关于直埋预制保温管计价的争议

本项目蒸汽地埋管道，合同工程量清单中有"直埋预制保温管 $\phi159×4.5/\phi530×10$"清单子目，但规格型号"$\phi133×4/\phi530×10$"在合同工程量清单缺项。发包人认为，此预制管道应套用的定额子目，芯管管道安装子目＋安装定额中 C.6.2 管件连接章的加热外套碳钢管件（两半）子目。承包人认为，此前施工结算中对同样问题，省标定站回复并做出指导，应按省标定站粤标定函〔2019〕143 号文指示套用相应子目计价，且投标报价时也是采用此文件计价。

我站认为，粤标定函〔2019〕143 号文解决的争议是"外护管割瓦组对安装碰头，在市政定额的两个定额项目套用哪个更合理"的争议，与本次争议事项不同，因此并不适用。

依据合同专用条款 10.4.1"合同中有类似单项的参考类似单项结算，合同中没有类似单项的，参考广东省地方定额计价并采取总价下浮 5％结算"。"直埋预制保温管 $\phi159×4.5/\phi530×10$"与"直埋预制保温管 $\phi133×4/\phi530×10$"在施工工序、施工工艺以及验收规范、技术标准上相同，只是芯管规格由"$\phi159×4.5$"调整为"$\phi133×4$"，属于"类似清单"，因此可采用"直埋预制保温管 $\phi159×4.5/\phi530×10$"的清单单价替换芯管主材的方式计价。

（二）相应管件的计价争议

合同工程量清单中有"直埋预制保温大小头：芯管 $\phi150×125/480×480$"清单子目，

但"直埋预制保温波纹补偿器φ159×4.5/φ530×10"在合同工程量清单缺项，需采用定额计价。双方意见同前。

我站认为，如前所述，粤标定函〔2019〕143 号文并不适用于本次争议的解决。"直埋预制保温波纹补偿器φ159×4.5/φ530×10"属于合同缺项，按合同专用条款10.4.1约定"……参考广东省地方定额计价并采取总价下浮5%结算"的方式结算，对波纹补偿器安装应套用C.6.2管件连接章定额还是套用D.6.2管件制作安装定额的争议，因本工程属于安装工程，故套用C.6.2管件连接章的定额为宜。

二、关于钢桁架安装费扣减的争议

发承包双方补充说明本项目跨高速钢桁架已完成制作、场外运输、整体拼装（采用拼装平台）及相关油漆的施工，因高速公路管理局缘故而未安装。发承包双方同意按合同单价扣除"支承胎架""垂直运输""钢桁架安装"的费用，但双方对于钢桁架清单的合同单价包含制作、安装、运输、油漆工作，其中钢桁架安装的计算办法产生争议。发包人认为应扣除"拼装平台"的费用，扣除的钢桁架的安装费用应按定额计价并下浮5%。承包人认为实际施工中，钢桁架整体拼装及油漆工作已经全部完成，只等待吊装，故应计拼装平台的费用；应扣除的安装费应等于定额安装费×（钢桁架清单总价－主材费用）/（定额制作计价＋定额安装计价＋定额运输计价＋定额油漆计价－主材费用）计算。

我站认为，承包人已经完成拼装平台及整体拼装的施工，因此不应扣除"拼装平台"的费用；本项目跨高速钢桁架由于非承包人原因造成未完成安装任务，计算扣减没有完成施工的造价时，发承包双方可在考虑承包人为未完成的工作内容是否发生相关费用及已经发生的费用基础上，商议解决扣减方案，并签订补充协议。

专此函复。

广东省建设工程标准定额站

2021 年 6 月 2 日

关于怡翠尊堤嘉园工程计价争议的复函

粤标定函〔2021〕114 号

佛山市凯能房地产开发有限公司、中建一局集团建设发展有限公司：

你们通过广东省建设工程造价纠纷处理系统，申请解决怡翠尊堤嘉园工程计价争议的来函及相关资料收悉。

从 2016 年 2 月 29 日签订的施工总承包合同显示，本项目位于佛山市南海区，资金来源是企业自筹，发包人佛山市凯能房地产开发有限公司采用邀请招标方式，确定项目由中建一局集团建设发展有限公司负责承建。采用定额计价方式，执行《广东省建筑与装饰工程综合定额 2010》。双方曾就争议事项向佛山市建设工程造价服务中心申请咨询，该中心于 2019 年 11 月 28 日对咨询进行了复函（佛建价函〔2019〕126 号），对复函双方仍存在争议，现将争议事项提交至系统。依据所上传的项目资料，现对来函涉及的工程计价争议事项答复如下：

一、关于地下室混凝土底板套用定额子目争议

本工程为旋挖桩基础工程，地下室底板厚度 600mm，非筏板基础，发承包双方就地下室混凝土底板套用定额子目发生争议。发包人认为应按照佛建价函〔2019〕126 号文的回复"地下室底板套用 A4-3 地下室底板子目，承台扣除板厚后的工程量，套用其他相应子目。"执行。承包人认为地下室混凝土底板应套 A4-2 其他混凝土基础定额子目。

我站认为，根据提供的地下室底板施工图纸所示，同意佛山市建设工程造价服务中心的回复意见，地下室混凝土底板应套用 A4-3 地下室地板子目。

二、关于混凝土泵送增加费、水平运输和垂直运输费的争议

双方在套用主体结构以外的构造柱、圈梁、过梁、屋面混凝土找坡层、地面混凝土找坡层等混凝土相关定额子目时，关于是否应计算泵送费以及定额相关子目中是否包括人工水平运输和垂直运输费发生争议。发包人认为，争议部分的混凝土现场实际为非泵送，现浇混凝土相关子目工作内容包含"混凝土（制作）运输、浇捣、养护"，且已计算施工电梯费用，应根据佛建价函〔2019〕126 号文"节点混凝土运输在相关子目中已经综合考虑，无需另行计算。"的回复执行。承包人认为现浇混凝土相关定额子目未包含混凝土泵送费、人工水平运输及垂直运输费用。

我站认为，根据定额 A.4 混凝土及钢筋混凝土工程章说明第一条第 2 点"所有混凝土子目均已包括混凝土的制作、场内运输、浇捣、养护等工作内容。"以及 A.23 垂直运输

工程章说明第一条建筑工程第（一）建筑物垂直运输的第 1 点"本定额工作内容，包括单位工程在合理工期内完成全部工程所需的垂直运输机械台班……"的规定，相应的定额子目及建筑物垂直运输子目已含现浇混凝土的水平运输和垂直运输费，与佛山市建设工程造价服务中心回复意见一致。至于泵送混凝土增加费，如争议部分的混凝土现场实际为非泵送的，则无需计算；若实际发生泵送混凝土，则另行按规定计算。

三、关于 ϕ10 以内螺纹盘圆钢筋调（拉）直费用争议

市场上 ϕ10 以内螺纹钢筋以盘卷交货，需调（拉）直才能进行制作安装使用，双方就钢筋调（拉）直费用计算产生争议。发包人认为，根据佛建价函〔2019〕126 号文的回复"ϕ10 以内螺纹钢套用 A4-178，定额子目已经考虑了相关费用，无需另行计算。"执行。承包人认为，A4-178 定额子目只考虑了直条形钢筋，对盘卷的钢筋调（拉）直费用应另行计算。

我站认为，定额 A4-178 现浇构件螺纹钢 ϕ10 以内子目的工作内容"制作、绑扎、安装，浇捣混凝土时钢筋维护。"螺纹盘圆钢筋调（拉）直，是钢筋制作工作中的一部分，已含在定额工作内容内，应执行佛山市建设工程造价服务中心回复，不另行计算。

四、关于钢筋的计算争议

本工程经监理审批的施工方案中混凝土墙柱钢筋的定位钢筋、竖向模板支撑钢筋、梁柱混凝土强度等级差固定收口网的钢筋、墙柱模板校正等额外措施的钢筋，双方就是否应另行计算额外措施的钢筋产生争议。发包人认为，该额外措施的钢筋，非图纸设计，相应定额子目已综合考虑，不应另行计算，且根据佛建价函〔2019〕126 号文的回复"措施筋在相关子目中已综合考虑，无需另行计算"。承包人认为，措施钢筋可参考佛建价函〔2019〕03 号文的回复，按施工方案计算措施钢筋。

我站认为，根据 A.4 混凝土及钢筋混凝土工程章说明第四条第 4 点"定额已考虑施工损耗以及因钢筋加工综合开料和钢筋出厂长度定尺所引起钢筋非设计驳接"的规定，钢筋的定额子目不包括本争议中的混凝土墙柱钢筋的定位钢筋、梁柱混凝土强度等级差固定收口网的钢筋、控制墙体钢筋间距的梯子筋。以上的措施钢筋如实际发生，应按施工合同协议书第 4.23 条"结算时，设计变更单或工作联系单或施工方案均不能单独作为结算依据。每份设计变更单或工作联系单或施工方案都必须有唯一一份对应的现场签证单作为结算依据。若乙方未能提供对应的现场签证，甲方有权认为上述设计变更或工作联系单或施工方案不发生费用增加或应减少费用"的约定执行。但是，竖向模板支撑钢筋（模板内撑筋）、墙柱模板校正钢筋（支撑地锚筋）的费用已包在相应的模板定额子目内，不得另行计算。

专此函复。

广东省建设工程标准定额站
2021 年 6 月 9 日

关于龙门县人民医院第一分院建设项目勘察设计、采购及施工总承包（EPC）项目涉及工程计价争议的复函

粤标定复函〔2021〕1号

龙门县卫生健康局、惠州市城镇建筑工程有限公司：

你们通过广东省建设工程造价纠纷处理系统申请解决龙门县人民医院第一分院建设项目勘察设计、采购及施工总承包（EPC）项目涉及工程计价争议的来函及相关资料收悉。

从2018年11月5日签订的施工总承包（EPC）合同显示，本项目地点在龙门县永汉镇振东村，资金来源为财政投资，发包人龙门县卫生健康局采用公开招标方式，确定项目由惠州市城镇建筑工程有限公司（联合体牵头方）、广东远顺建筑设计有限公司、核工业江西工程勘察总院联合负责承建。合同采用工程量清单计价方式，约定建安工程结算的综合单价按县财政审核的预算综合单价×（1－中标下浮率）包干，工程量按实结算。根据所上传的项目资料，经研究，现对来函涉及的工程计价争议事项答复如下：

本项目合同签订时间为2018年11月5日，总工期为770天（其中勘察工期30日历天、设计工期90日历天、施工工期650日历天），实际开工时间迟于合同理论的开工时间，发承包双方对合同价格调整方式方法产生争议。承包人认为根据合同专用条款第16条价格调整第4款"本招标文件中未明确或有更新的计费文件，按相关的最新文件执行"，开工令时间为2020年11月1日，《广东省建设工程计价依据2018》于2019年3月1日起执行，且《广东省建设工程计价依据2010》不能满足现行的施工验收标准，应根据实际开工日期，按更新的计费文件，执行《广东省建设工程计价依据2018》。发包人认为根据合同专用条款第17.1.3条款施工图预（结）算计算依据执行《广东省建设工程计价依据2010》，合同专用条款第16条中的计费文件不应认为是计价依据；合同价格仍应执行《广东省建设工程计价依据2010》，由于交地导致合同工期延误，其合同价格调整应由承包人举证索赔处理。

我站认为，根据《广东省住房和城乡建设厅关于印发〈广东省建设工程计价依据2018〉的通知》（粤建市〔2019〕6号）文中明确"2019年3月1日前已发出招标文件或已签订合同的房屋建筑与装饰、市政、通用安装与园林绿化工程，有约定的按其约定计价，没有约定的则不得调整"。本项目合同专用条款第17.1.3条款已约定执行《广东省建

设工程计价依据 2010》，合同专用条款第 16 条中的计费文件应是计价依据中所对应的各种取费文件。由于非承包人原因造成的工期延误所造成的损失，应按合同约定的索赔条款处理。

　　专此函复。

广东省建设工程标准定额站

2021 年 6 月 25 日

关于翠湖香山国际花园地块四幼儿园（一期）施工总承包工程计价争议的复函

粤标定复函〔2021〕2号

珠海九控房地产有限公司、广东金辉华集团有限公司：

你们通过广东省建设工程造价纠纷处理系统，申请解决翠湖香山国际花园地块四幼儿园（一期）施工总承包工程计价争议的来函及相关资料收悉。

根据 2017 年 9 月 27 日签订的施工总承包合同显示，本项目地点位于珠海高新区，资金来源为企业自筹。发包人珠海九控房地产有限公司通过公开招标的方式，确定项目由广东金辉华集团有限公司负责承建。合同采用工程量清单计价方式，为固定单价合同，项目正处于竣工结算阶段。根据所上传的项目资料，经研究，现对来函涉及的工程计价争议事项答复如下：

本项目基坑支护工程采用旋挖桩，双方就旋挖桩护筒费用是否按照《关于广东省建设工程定额动态管理系统定额咨询问题的解答（第 7 期）》（粤标定函〔2020〕97 号）序号 11 的解答进行计价产生争议。发包人认为，粤标定函〔2020〕97 号文中明确"已经合同双方确认的工程造价成果文件不作调整"，本项目的合同清单属于双方确认的工程造价成果文件，因此不应计算该护筒费用。承包人认为，合同为综合单价包干形式，工程量是按实结算，双方签订的合同价为暂定总价，不应为合同双方确认的成果文件，因此应根据粤标定函〔2020〕97 号文序号 11 的解答计算护筒费用。

我站认为，粤标定函〔2020〕97 号文适用于定额计价方式的解答。本项目合同约定为清单计价，承包人是依据招标清单描述的工程范围、项目特征、计算规则、合同条款、质量标准等并结合工程实际与企业优势确定投标的综合单价，实施过程中未发生合同约定的价款调整事件的，中标的工程量清单综合单价则为结算价，与定额子目的变化无关。本项目在合同专用条款第 41.2 条款"关于承包风险补充约定：（3）承包人为完成图纸及分部分项工程量清单的内容，按国家现行有关建筑工程规范、规程及广东省和珠海市质量通病防治措施要求，为保证工程的质量和安全，必须采取的特殊措施以及配套完成的工作内容所需的费用"，以及合同清单投标报价说明第二条编制说明"（3）翠湖香山国际花园地块四高层住宅基坑支护依据陕西工程勘察研究院设计的深基坑支护、永久边坡支护施工图进行编制"等，明确了旋挖桩清单单价的质量标准、风险范围、报价要求等，作为完成旋挖桩施工目的所需要的护筒埋设、拆除等均应包括在承包人的投标报价中，结算不应再另行计算费用。

专此复函。

广东省建设工程标准定额站

2021 年 7 月 20 日

关于中山市北部组团垃圾综合处理基地垃圾焚烧发电厂和垃圾渗滤液处理厂三期工程（扩容工程）计价争议的复函

粤标定复函〔2021〕3号

中山市天乙能源有限公司、山东淄建集团有限公司：

你们通过广东省建设工程造价纠纷处理系统，申请解决中山市北部组团垃圾综合处理基地垃圾焚烧发电厂和垃圾渗滤液处理厂三期工程（扩容工程）计价争议的来函及相关资料收悉。

根据2017年12月6日签订的设计采购施工总承包（EPC）合同显示，本项目位于中山市黄圃镇。发包人中山市天乙能源有限公司采用公开招标的方式，确定项目由山东淄建集团有限公司（牵头单位）、云南建投安装股份有限公司、广东中誉设计院有限公司、上海康恒环境股份有限公司组成联合体负责承建。合同采用清单计价模式、定额组价确定综合单价的方式，执行《建设工程工程量清单计价规范》GB 50500—2013、《广东省建设工程计价依据2010》等计价依据。根据所上传的项目资料，经研究，现对来函涉及的工程计价争议事项答复如下：

本项目防腐施工部位主要为各垃圾处理池的底板、顶板和侧壁以及有防腐要求的排水沟须做环氧树脂玻璃钢防腐面层五布七油，具体做法为：先刷两遍水泥基渗透结晶性防水涂料，再做玻璃钢防腐，五布七油，玻璃钢布的厚度≥1mm。发承包双方对"玻璃钢防腐，五布七油"的计价产生争议。发包人认为，根据合同专用条款17.1.3约定，采用《广东省建筑与装饰工程综合定额2010》，但定额缺项，无相应定额子目匹配防腐做法"五布七油玻璃钢防腐"，应采用土建相似定额进行换算。承包人认为土建定额人材机消耗量与实际施工存有差异。双方提出是否可借用外省"环氧树脂玻璃钢防腐面层五布七涂"定额子目中的人工、材料、机械消耗量。

我站认为，关于"五布七油玻璃钢防腐"的计价，属于定额缺项。由于本项目采用设计采购施工总承包（EPC）模式，建议发承包双方立足于发包定价阶段，结合项目需求和质量标准等，按照常规做法和市场价格协商确定综合单价。

专此函复。

广东省建设工程标准定额站

2021年7月20日

关于珠海市横琴新区土地储备发展中心资料档案馆工程EPC总承包项目计价争议的复函

粤标定复函〔2021〕4号

珠海十字门中央商务区建设控股有限公司、中建三局第一建设工程有限责任公司：

你们通过广东省建设工程造价纠纷处理系统，申请解决珠海市横琴新区土地储备发展中心资料档案馆工程EPC总承包项目计价争议的来函及相关资料收悉。

从2019年1月31日签订的EPC总承包合同显示，本工程位于珠海市横琴新区，项目资金来源为横琴新区财政性资金，发包人珠海十字门中央商务区建设控股有限公司采用公开招标方式，确定项目由中建三局第一建设工程有限责任公司（主办方）、陕西工程勘察研究院有限公司、珠海华发建筑设计咨询有限公司组成联合体负责承建。本工程采用费率报价的投标方式，施工图预算采用工程量清单计价模式、定额组价确定综合单价的方式，执行《建设工程工程量清单计价规范》GB 50500—2013、建设工程工程量计算规范2013及相关附录，《广东省建设工程计价依据2010》等广东省对应专业的计价依据和办法及珠海市相关规定等。现工程处于预、结算同审阶段，涉及的计价争议均属于建筑与装饰工程专业。依据所上传的项目资料，经研究，现对来函涉及的工程计价争议事项答复如下：

一、关于清除原地层中抛石回填层的计价争议

本工程采用混凝土灌注桩基础，桩长约50m，地质详勘报告、超前钻地质报告及现场实际打桩记录显示，原地面以下约20m范围内存在平均厚度达18.5m的抛石回填层，抛石块径为0.3～1.0m，最大粒径可达1.5m，抛石体积约占整桩体积的60%。经专家论证，确定本工程的桩基础施工采用"大功率大直径旋挖桩机进行人工填土层钻孔，钻过抛石层后回填黄土至原地面标高，重新埋设护筒后再次分别旋挖成孔（非城轨保护段）及全回转钻机成孔（城轨保护段）"的施工工艺。发、承包双方就采用旋挖桩机清除原抛石回填层的计价产生争议。承包方认为，根据定额章节说明，成孔混凝土灌注桩是对应一般土壤地质条件的，定额不包括清除地下障碍物的抛石层，无相应的子目，发生时应按实计算。发包方认为，经审定的桩基础专项施工方案中采用的旋挖桩机换填工艺，为成熟的常规施工工艺，工艺自身特点就可以处理抛石，清单组价时可借用或参考类似做法或工艺的A2-66/A2-67（钻孔桩成孔、灌注，设计桩径（mm）1500/2000，按空桩换算）与A1-116（挖掘机挖石方，自卸汽车运松散石方运距10km内）的定额子目，以上定额子目已综合考虑各种地质情况，无需再市场询价确定。

248

我站认为，原地层中的抛石属于本合同未有明确指出的地下障碍物，应执行合同专用条款 11.2 "本合同未有明确指出的地下障碍物，在施工中受到影响时，承包人应于 4 小时内以书面形式通知监理工程师和发包人，同时提出处置方案。监理工程师在收到处置方案后 24 小时内予以确认或提出修正方案，并发出施工指令，承包人应按监理工程师指令进行施工" 约定。在按经审定的桩基础专项施工处置方案进行定额组价时，根据《广东省建筑与装饰工程综合定额 2010》A.2 桩基础工程章说明第一条第 3 款 "定额不包括清除地下障碍物，若发生按时计算" 的规定，所套用相应桩的定额子目中不包含处理属于地下障碍物的原抛石回填层费用，其费用应根据实际情况进行计价。

二、关于灌注桩桩顶超灌部分的计价争议

为保证成桩质量，设计图纸混凝土灌注面比桩顶设计标高高出 0.8m，发、承包双方就超灌部分 0.8m 的混凝土计价产生争议。发包人认为，根据《广东省建筑与装饰工程综合定额 2010》A.2 桩基础工程说明第二十条 "所有桩的长度，除另有规定外，预算按设计长度" 及《珠海市政府投资项目造价编审工作指引》珠财审通〔2019〕31 号文、珠财审通〔2020〕5 号文第二部分桩基础工程中明确说明 "超灌部分的 50~100cm 桩头混凝土（浮渣）及摩擦桩超深混凝土作为保证成桩质量的措施性费用，不计入清单工程量，也不计入定额工程量"，故本项目 0.8m 的超灌工程量不计入桩的工程量。承包人认为，超灌长度属于规范及设计图纸要求的部分，是混凝土灌注桩的有效组成部分，应计入桩的工程量。以上两份造价编审工作指引发布在本合同签订之后，招标文件及合同并未约定使用，不应作为计价依据。

我站认为，根据合同的约定泥浆护壁成孔的混凝土灌注桩工程量计算规则应执行《房屋建筑与装饰工程工程量计算规范》GB 50854—2013，长度及数量按设计图示尺寸计算。该清单综合单价的确定执行《广东省建筑工程与装饰工程综合定额 2010》，当混凝土实际灌注量与定额含量不同时，可依据 A.2 桩基础工程章说明第八条的规定调整灌注桩的混凝土量。鉴于《珠海市政府投资项目造价编审工作指引》珠财审通〔2019〕31 号文、珠财审通〔2020〕5 号文是在签订合同后发布的，具体应用及适用范围，建议咨询发文单位，以发文单位解释为准。

三、关于永久性全回转全套筒成孔灌注桩计价的争议

根据图纸设计要求及专家评审方案，在本工程临近轻轨隧道段，设计桩径为 1.2m、标高为 −36m 至 0m 的灌注桩段采用永久性全回转全套筒（套筒外径为 1.5m，壁厚 2.5cm）成孔灌注的施工工艺。发、承包双方就采用永久性全回转全套筒成孔灌注施工工艺的桩段工程量计算产生争议。发包人认为根据定额计算规则，灌注桩工程量按桩长乘以设计截面面积以体积计算，不计算钢护筒扩大部分增加的桩芯混凝土工程量。承包人认为因灌注桩采用桩径为 1.5m 全回转全套筒施工工艺，工程量应按桩径为 1.5m 计算，套取全回转全套筒混凝土灌注桩子目，混凝土消耗量不做调整。

我站认为，全回转全套筒成孔灌注桩段的清单工程量及组价的定额工程量应按设计桩径 1.2m 计算。《广东省建筑工程与装饰工程综合定额 2010》无全回转全套筒成孔灌注桩定额子目，可根据合同约定套用《关于印发〈广东省市政工程综合定额 2010〉全回转全套筒成孔灌注桩工程补充子目的通知》（粤建标发〔2018〕1 号）文中 "设计桩径 1.2m"

的补 1-3-171 及补 1-3-172 的定额子目，桩的混凝土消耗量以永久钢护筒的内截面积乘以符合设计要求的实浇混凝土长度按体积加施工损耗计算。

专此函复。

广东省建设工程标准定额站

2021 年 7 月 21 日

关于誉山国际五区公建 GJ-1、GJ-2、GJ-3、GJ-4、GJ-5、GJ-6 及商业 S7 项目工程计价争议的复函

粤标定复函〔2021〕5 号

广州礼和置业发展有限公司，华锦建设集团股份有限公司：

你们通过广东省建设工程造价纠纷处理系统，申请解决誉山国际五区公建 GJ-1、GJ-2、GJ-3、GJ-4、GJ-5、GJ-6 及商业 S7 项目涉及工程建筑面积计算争议的来函及相关资料收悉。

从 2017 年 7 月 25 日签订的施工合同显示，本工程项目地点在广州市增城区，发包人广州礼和置业发展有限公司采用直接发包方式，确定项目由华锦建设集团股份有限公司负责承建，承包范围为该工程项目的土建总承包及整个工程项目的总承包管理配合服务工作，计价方式为定额计价。依据所上传的项目资料，经研究，现对来函涉及的建筑面积计算争议事项答复如下：

本工程某走廊层高 3.9m，内侧是教室砌体墙，外侧是砌体结构栏板及结构柱，发承包双方就走廊的建筑面积计算发生争议。发包人认为按照《建筑工程建筑面积计算规范》GB/T 50353—2013 第 3.0.14 条规定"有围护设施的室外走廊（挑廊），应按其结构底板水平投影面积计算 1/2 面积"。承包人认为争议的走廊不属于挑廊，在结构以内有结构柱、层高超过 2.2m 的走廊应按全面积计算。

我站认为，本工程的合同没有明确约定建筑面积的计算依据，根据协议书组成合同文件包括"国家、地区有关技术、质量标准规范文件（以较高及较新标准为准）"的约定，本项目实质是采用《建筑工程建筑面积计算规范》GB/T 50353—2013 计算建筑面积。依据该规范第 3.0.14 条规定，结合本项目提交的图纸资料，争议的室外走廊按其结构底板水平投影面积计算 1/2 面积。

专此函复。

广东省建设工程标准定额站

2021 年 7 月 29 日

关于新星宇·茂名金麟府工程一期（1标段）施工总承包工程计价争议的复函

粤标定复函〔2021〕6号

广东玖成投资发展有限公司、中国建筑第四工程局有限公司：

你们在2021年1月12日通过广东省建设工程造价纠纷处理系统，申请解决新星宇·茂名金麟府工程一期（1标段）施工总承包工程计价争议的来函及相关资料收悉。

从2019年8月1日签订的施工总承包合同显示，本项目地点位于茂名市电白区，发包人广东玖成投资发展有限公司采用邀请招标的方式，确定项目由中国建筑第四工程局有限公司负责承建。合同采用工程量清单计价模式，清单综合单价按定额组价的方式确定，并约定自正式施工图纸下发90天内，发、承包双方核对工程量后确定项目包干总价金额，并签署补充协议将工程结算方式变更为总价包干。现工程处于核对工程量确定包干总价的阶段。依据所上传的资料，经研究，现对来函涉及的工程计价争议事项答复如下：

在进行确定包干总价核对工程量时，双方对飘板上下节点结构模板的工程量计算规则产生争议，发包人认为按照《广东省房屋建筑与装饰工程定额2018》A.1.20模板工程的工程量计算规则第一条第6款悬挑板、挑板（挑檐、雨篷、阳台）模板按外挑部分的水平投影面积计算，伸出墙外的牛腿、挑梁及板边的模板不另计算的规定，飘板的上下节点结构模板工程量不用另外计取。承包人认为本工程飘板的上下节点结构不属于定额规定的伸出墙外的牛腿、挑梁及板边的模板不另计算的情况，应按照接触面积计算模板工程量。

我站认为，根据双方提供的资料，本工程采用工程量清单计价模式，争议涉及的模板项目属于房屋建筑与装饰工程，其工程量计算规则应执行《房屋建筑与装饰工程工程量计算规范》GB 50854—2013。对截图1五层板上部包含两级飘出直角线的节点模板，按011702025其他现浇构件开列清单，其他所上传的截图板上部节点模板按011702021栏板开列清单，清单工程量均按模板与现浇混凝土构件接触面积计算；所有争议截图中板及板下部节点按011702023雨篷、悬挑板、阳台板开列清单，清单工程量按图示外挑部分尺寸的水平投影面积计算，挑出墙外的悬臂梁和板边不另计算。

专此函复。

广东省建设工程标准定额站

2021年8月13日

关于广东省中医院珠海医院扩建工程幕墙工程计量争议的复函

粤标定复函〔2021〕7 号

广东省中医院、沈阳远大铝业工程有限公司:

你们 1 月 12 日通过广东省建设工程造价纠纷处理系统,申请解决广东省中医院珠海医院扩建工程幕墙工程计量争议的来函及相关资料收悉。

从 2014 年 11 月 05 日签订的施工合同显示,本项目位于珠海市吉大景乐路,资金来源为企业自筹,发包人广东省中医院采用公开招标方式,确定项目由沈阳远大铝业工程有限公司负责承建,承包范围为广东省中医院珠海医院扩建工程幕墙工程施工图设计、供货、安装及相关服务。合同采用清单计价方式,按图纸固定总价包干。依据所上传的项目资料,现对来函涉及的工程计量争议事项答复如下:

本项目首层采用石材幕墙,对于门窗洞口侧壁及顶(上下面)面的工程量计算,发承包双方产生争议。发包人认为根据合同专用条款第 1.57 条有关新增项目的范围约定,以及招标工程量清单"011209001001 石材幕墙(铝合金龙骨干挂 30 厚石材)"项目特征中描述报价需综合考虑安装、侧边及上下边封口,因此涉及争议的收口收边工作内容不属于新增清单项目,在投标报价的清单综合单价中已考虑,不予另行计价。承包人认为,项目特征描述中关于侧边、上下封边口包含在综合单价中是指侧面、上下封口不可见光部分的饰面及铁皮封口,但见光面外饰面均应遵循合同约定,按《建设工程工程量清单计价规范》GB 50500—2013,工程量按设计图示框外围尺寸以面积计算。

我站认为,根据合同专用条款第 10.6 条"承包人投标时应在认真审核招标图纸、材料技术说明书、考虑施工图详细设计的影响、相关资料及勘察现场后对招标文件提供的工程量清单做出投标报价。报价工程量清单必须为承包人投标时经过计算、核实的准确数量,对于错算、漏算的工程量、工作内容及投标价,由承包人负责,招标图纸有反映该部分的工作内容,但工程量清单中没有这一项目或工程量与招标图纸有出入的部分,承包人应把此风险充分考虑在投标报价内,发包人和承包人均认为该部分造价已包含在承包人报价中,在实施或结算时,发包人将均不予支付。"以及第 68.2 条合同价款的调整因素中不包括工程量的偏差"承包人根据招标图纸进行施工图详细设计而产生的补充的收口大样、设计说明、细化设计需要而增加的内容不属新增项目"的规定,本项目实质为招标图纸固定总价包干方式,并且招标工程量清单"011209001001 石材幕墙(铝合金龙骨干挂 30 厚石材)"项目特征描述"6. 综合考虑:刷养护液、保护液,埋件,骨架以及面材的制作、运输、安装、打胶、侧边、上下边封口、幕墙与墙体间的防火岩棉的填充及分隔等",石材幕墙洞口侧壁及顶（上下）面的计价应包含在综合单价中，不另行计算。

根据上传的资料，争议部位原招标图设计为铝板面板，竣工图显示为花岗石板，应属于设计变更。依据通用条款第 72.2 条 "（1）合同有适用于变更工程项目的，按照该项目的单价或总价调整" 的规定，变更采用的花岗石板可以参照招标工程量清单 "011209001001 石材幕墙" 综合单价，相应调整主材价格执行。

专此函复。

广东省建设工程标准定额站

2021 年 8 月 27 日

关于广州恒大悦府项目（标段二）建设工程计价争议的复函

粤标定复函〔2021〕8 号

广州市裕信房地产开发有限公司、深圳市建筑工程股份有限公司：

你们 4 月 19 日通过广东省建设工程造价纠纷处理系统，申请解决广州恒大悦府项目（标段二）8 栋~11 栋高层、地下室主体及配套建设工程计价争议的来函及相关资料收悉。

从 2020 年 7 月 15 日签订的施工合同显示，本项目位于广州市花都区，资金来源是企业自筹，发包人广州市裕信房地产开发有限公司通过邀请招标方式，确定项目由深圳市建筑工程股份有限公司负责承建，合同约定部分项目综合单价包干，其余均采用定额计价方式，执行《广东省建设工程计价依据 2010》。工程现处于合同履行阶段，根据所上传的项目资料，现对来函涉及的工程计价争议事项答复如下：

本项目为确保基坑支护的安全及保护已施工的工程桩，经专题会议决定，电梯、集水井、承台的土方开挖采用机械破岩法施工。发承包双方就破岩实际使用的机械与相关定额子目机械的类型、消耗量及单价不同而产生计价争议。发包人认为，本合同计价方式为定额计价，岩的硬度为普坚石，广东省有相应的定额子目，应按定额计价。承包人认为，现场场地复杂，石方分布不均匀，岩石硬度高，若套用定额 A1-79 履带式液压凿岩岩石破碎机破碎平基岩石子目，其机械为履带式单头岩石破碎机功率 105（kW），难以破除岩石且效率极低，与现场实际使用的机械在功率、功效上存在较大的差异，且定额的机械台班单价对比市场价也严重偏低，故本工程的破岩价格不适用定额计价原则，应重新根据现场实际机械型号、功效情况、机械台班价格计取破碎岩石费用。

我站认为，经核查，根据岩土工程勘察报告，本项目地下室负三层区域紧贴结构底板底以下为部分微风化灰岩（部分为粉质黏土或砂砾土），灰岩的抗压强度在 48.3~93.3MPa 之间，《广东省建筑与装饰工程综合定额 2010》有适用于"机械破碎岩石"的定额子目，因此电梯、集水井、承台的土石方开挖项目，应根据《岩土工程勘察报告》的有关资料结合 A.1 土石方工程中的"土壤及岩石（普氏）分类表"，确定开挖部分的土壤及岩石分类，分别套用相应的挖土方及机械破碎岩石定额子目。实际使用的机械与相关定额子目中的机械类型和消耗量及单价不同的，除定额规定可以调整外，其他均不予调整。

专此函复。

广东省建设工程标准定额站
2021 年 8 月 30 日

第四部分

广东省地方工程造价改革试点工作实施方案

广东省住房和城乡建设厅

粤建市函〔2021〕502号

广东省住房和城乡建设厅关于印发广东省工程造价改革试点工作实施方案的通知

各地级以上市住房城乡建设主管部门，各有关单位：

按照《住房和城乡建设部办公厅关于印发工程造价改革工作方案的通知》（建办标〔2020〕38号）的工作安排，为做好我省工程造价改革实施工作，我厅制定了《广东省工程造价改革试点工作实施方案》，现印发给你们，请按照执行。执行过程中遇到困难和问题，请径与省建设工程标准定额站联系。

特此通知

广东省住房和城乡建设厅

2021年7月6日

广东省工程造价改革试点工作实施方案

为贯彻落实《住房和城乡建设部办公厅关于印发工程造价改革工作方案的通知》（建办标〔2020〕38号）有关要求，有序推进我省房地产开发项目和部分国有资金投资的房屋建筑、市政公用工程项目工程造价改革试点工作，结合我省实际，制定本实施方案。

一、总体要求

（一）指导思想。以习近平新时代中国特色社会主义思想为指导，全面贯彻党的十九大和十九届二中、三中、四中、五中全会精神，落实党中央、国务院"放管服"改革和推进建筑业健康发展的决策部署，按照住房和城乡建设部工程造价改革工作安排和省委、省政府有关工作要求，正确处理政府与市场的关系，大力推行清单计量、市场询价、自主报价、竞争定价的工程计价方式，加快完善工程造价市场形成机制，全面推行施工过程结算，为提高项目投资效益、保障工程质量安全、维护建筑市场秩序提供更有力的支撑。

（二）主要目标。通过开展房地产开发项目和部分国有资金投资的房屋建筑、市政公用工程项目工程造价改革试点，到2023年底，基本形成工程造价市场定价机制；到2025年底，进一步完善工程造价市场竞价机制。

二、工作任务

（一）引导试点项目创新计价方式。各地住房城乡建设主管部门要积极引导试点项目试行清单计量、市场询价、自主报价、竞争定价等工程计价方式，并在工作方案中予以明确。试点项目的估算、概算、预算、最高投标限价等造价成果可通过市场询价，结合类似工程造价数据、造价指标指数等编制和确定。在确保项目投资可控的情况下，试点项目可不编制最高投标限价，推动投标人根据自身实际成本竞争报价。

（二）改进工程计量和计价规则。借鉴港澳地区及国际通行做法，省住房城乡建设厅会同财政、发展改革等有关部门制定房屋建筑和市政公用工程投资估算、概算编制办法。探索修订现有工程量清单计量、计价规范中与市场定价机制不一致的条款，取消工程量清单计量、计价受定额约束限制的规定，加快制定贯穿项目立项、勘察设计、施工、竣工等各环节的工程量清单计量、计价规则。

（三）创新工程计价依据发布机制。支持有条件的企事业单位和行业组织根据市场实际和有关规定进行修订、完善和补充工程计价依据，并经省建设工程标准定额站组织评审后，在广东省工程造价信息化平台（网址：http：//www.gdcost.com，简称"省造价平台"）统一发布和动态管理，逐步形成"规则统一、行业共编、数据共享、动态调整"的计价依据体系。省住房城乡建设厅组织制定市场价格信息采集、分析、发布标准和市场询价指导规则。各地住房城乡建设主管部门或者工程造价主管机构依据标准和规则采集、编审，并在省造价平台发布本地区人工、材料、项目等市场价格信息和工程造价指标指数，以及投资咨询、勘察、设计、监理、造价、招标代理和全过程工程咨询等服务费用的市场价格信息。各级住房城乡建设主管部门积极构建多元化工程造价信息服务方式，支持有条件的企事业单位和行业组织制订发布企业（团体）市场价格信息和工程造价指标指数，供市场主体参考。

（四）强化建设单位造价管控责任。各级住房城乡建设主管部门应当引导建设单位结合工程实际，综合运用自身形成的或第三方提供的工程造价信息数据，或者省造价平台发布的市场价格信息和工程造价指标指数，有效控制设计限额、建造标准、合同价格。推动建设单位实施贯穿项目立项、勘察设计、施工、竣工等各环节的多层次全费用工程量清单，以目标成本管控为核心，实现市场化、动态化全过程造价管理。引导采用工程总承包和全过程工程咨询服务模式的项目建设单位、总承包单位、全过程工程咨询服务单位，按照《广东省建设项目全过程造价管理规范》DBJ/T 15—153—2019 要求，实施全过程造价管控。

（五）严格施工合同履约管理。省住房城乡建设厅组织修订施工合同示范文本，研究制定政府投资项目发承包不可转嫁风险清单。完善政府投资项目工程价款结算管理机制，全面推行施工过程结算，将其纳入竣工结算，简化竣工结算手续。广州、深圳、珠海、佛山发挥引领作用，探索试行施工合同网签。

（六）探索工程造价纠纷的市场化解决途径。各级住房城乡建设主管部门要完善工程造价纠纷处理机制，指导造价主管机构联合行业组织成立专家委员会，与司法、仲裁机构形成合力，并充分运用市场定价机制及有关成果，妥善化解工程造价纠纷。

（七）完善协同监管机制。各级住房城乡建设主管部门要落实深化"证照分离"改革要求，探索建立工程造价咨询企业信用与执业人员信用挂钩制度，推行工程造价咨询成果质量终身责任制和职业保险制度，完善监管数据共享、多元共建共治、互为联动支撑的协同监管机制。

三、实施步骤

工程造价改革工作分三个阶段实施：

（一）准备阶段（2021 年 7 月至 2021 年 8 月）

1. 制定工作方案。各地住房城乡建设主管部门要在充分调研的基础上，按照本方案改革任务要求，细化制定本地区工程造价改革试点工作方案，明确责任分工和实施步骤，于 8 月 15 日前报省住房城乡建设厅。

2. 确定试点项目。各地住房城乡建设主管部门选取本地区有条件的房屋建筑、市政公用工程作为工程造价改革试点项目，按本方案全部或部分工作任务进行试点实施。试点项目数量原则上珠三角九市各不少于 3 个，其他市各不少于 1 个，于 2021 年 8 月 31 日、10 月 31 日前分报省住房城乡建设厅。各地应优先选择采用代建、工程总承包、全过程工程咨询服务等工程建设组织模式的项目作为试点项目。省住房城乡建设厅将根据各地试点项目报送情况，分批公布全省工程造价改革试点项目。

（二）试点阶段（2021 年 8 月至 2023 年 12 月）

各地住房城乡建设主管部门要加强技术指导，及时研究解决试点推进过程出现的问题，不断进行阶段性总结，并通过现场观摩、交流学习等多种形式，宣传推广试点经验做法。省住房城乡建设厅加强统筹协调，及时总结推广相关经验做法，定期向住房城乡建设部报送全省造价改革试点进展情况。

（三）提升阶段（2024 年 1 月至 2025 年 12 月）

各地住房城乡建设主管部门全面总结试点经验做法，进一步完善市场定价体制机制，推动清单计量、市场询价、自主报价、竞争定价的工程计价方式得到更广泛应用。

四、保障措施

（一）加强组织领导。各地住房城乡建设主管部门应加强与发展改革、财政、审计等部门的沟通，切实推动改革试点工作，及时解决工作过程中遇到的问题，总结经验做法，并与省住房城乡建设厅形成上下协调一致的工作机制。

（二）建立评估机制。建立试点工作评估机制，组织行业专家加强对试点项目的跟踪评估，及时总结经验和调整现行政策措施，为试点项目的推进提供政策咨询和技术指导。

（三）加大培训宣传力度。省住房城乡建设厅通过办好"造价改革百堂课"，向建设、施工、咨询单位提供有针对性的技术培训，凝聚行业共识。各级住房城乡建设主管部门要坚持正确舆论导向，做好政策解读和舆论引导，及时总结宣传，营造全社会支持的良好氛围。

（四）加强信息报送。建立全省工程造价改革试点工作定期信息报送制度。2021 年 12 月 31 日前，各地住房城乡建设主管部门要向省住房城乡建设厅报送试点工作情况，总结工作成效，分析存在问题，提出改进思路。此后每半年定期报送试点工作进展情况；试点项目竣工后一个月内，报送该项目试点的全面总结报告。

广州市住房和城乡建设局

H20216528

广州市住房和城乡建设局关于报送广州市工程造价改革试点工作要点的函

省住房城乡建设厅：

《关于印发广东省工程造价改革试点工作实施方案的通知》（粤建市函〔2021〕502号）收悉。按来文要求，结合我市实际情况，现报送我市工程造价改革试点工作要点，详见附件。

专此函复。

附件：广州市工程造价改革试点工作要点

广州市住房和城乡建设局
2021 年 8 月 20 日

附件

广州市工程造价改革试点工作要点

根据《住房和城乡建设部办公厅关于印发工程造价改革工作方案的通知》（建办标〔2020〕38 号）、《广东省住房和城乡建设厅关于印发广东省工程造价改革试点工作实施方案的通知》（粤建市函〔2021〕502 号）等文件精神，为充分发挥市场在配置资源中的决定性作用，促进建筑业转型升级，有序推进我市房屋建筑工程项目工程造价改革试点工作，结合我市实际，现提出如下工作要点。

一、工作目标

试点工作的总体目标是正确处理政府和市场的关系，推行"清单计量、市场询价、自主报价、竞争定价"的工程造价计价方式，按照试点先行、稳步推进的原则，逐步完善我市工程造价市场化形成机制，更好地发挥政府在工程造价宏观监管方面的作用。通过试点，探索最高投标限价的市场定价机制，积极推进 BIM 技术在工程造价中计量计价的应用，提升工程造价信息公共服务水平，强化施主合同履约监管；推动施工过程结算，促进住建部门工程造价监督管理模式的转变，为推进工程造价市场化改革提供可应用、可复制、可推广的经验。

二、主要工作任务

（一）引导试点项目创新计价方式。探索运用造价大数据和 BIM 技术的清单工程量计价办法，创新工程造价市场形成机制。通过已实施建筑信息化模型（BIM）正向设计并符合相关标准的项目，运用 BIM 进行实物工程量计量，结合工程造价大数据形成的指标指数，准确快捷地确定工程造价合理范围，创新市场化清单计价方式，有效控制工程造价。

创新最高投标限价的管理方式。研究利用工程造价大数据和造价指标指数动态调整等方式编制最高投标限价，试点项目在招标投标环节取消按定额计价的规定，研究用实物工程量计量、清单指标计价确定最高投标限价的方式方法；规范最高投标限价公布内容，限制公布最高投标限价中的清单综合单价和清单合价等相关内容，推动投标人根据自身实际成本竞争报价。

推行全过程造价管理。建设单位在试点项目中按照有关规范、技术规程相关规定，实施以目标成本管控为核心的全过程造价管理模式。

总结试点项目经验，研究编制相应的计量计价规则、评标办法及合同文本计价条款，稳步推进市场询价、自主报价、竞争定价等工程计价方式。

（二）改进工程计量和计价规则。开展工程计量和计价规则调研，梳理现有工程量清单计量计价规则与市场定价不一致的条款，配合广东省住房和城乡建设厅制定贯穿工程项目立项、设计、施工、竣工等各环节的工程量清单计量、计价规则。探索更接近市场实际的计量计价模式，研究利用工程造价大数据和造价指标指数动态调整等方式编制造价成果文件的计量计价规则。

（三）创新工程计价依据发布机制。结合广东省住房和城乡建设厅标准规则和广州特色，发挥广州市建设工程造价大数据统计与分析平台优势，发布本地区人工、材料、机械等市场价格信息和工程造价指标指数。构建多元化的工程造价信息服务方式，支持工程造价主管机构、工程建设相关方建立健全工程材料设备品牌库；引导市工程造价行业协会进一步完善广州地区建设工程材料（设备）厂商价格信息发布机制，为市场提供质量更高、覆盖面更广的造价信息服务。

（四）强化建设单位造价管控责任。引导建设单位结合工程实际，综合运用自身形成或第三方提供的工程造价信息数据，有效控制设计限额、建造标准、合同价格。造价管理机构通过广州市建设工程造价大数据统计与分析平台为有关建设单位提供造价数据共享服务，为有效控制建设项目投资提供技术支持，提高建设单位造价管控水平。

（五）加强施工合同履约监管。组织编制广州市建设工程总承包合同示范文本，引导发承包双方合理分担合同风险，规范建设项目工程总承包活动，同时引入施工过程结算的条款，鼓励采用过程结算模式。根据广东省住房和城乡建设厅颁布的《关于房屋建筑和市政基础设施工程施工过程结算的若干指导意见》，结合广州市的实际情况，研究房屋建筑工程施工过程结算技术指引，推进施工过程结算在国有投资项目的应用，逐步解决工程结算问题。探索建立市场化的工程造价纠纷处理机制，指导造价主管机构联合市工程造价行业协会，与司法、仲裁机构形成合力，妥善化解工程造价纠纷，减少合同的履约成本，提高合同的履约质量。

（六）完善协同监管机制。落实深化"证照分离"改革要求，建立工程造价咨询企业信用体系并开展信用分级分类监管，指导市工程造价行业协会开展广州市工程造价咨询企业诚信评价，形成工程造价咨询企业及注册造价工程师的信用档案，同时公布其相关的工程造价咨询成果目录；进一步加强"双随机，一公开"监管，开展造价成果文件质量检查，并将检查结果应用于工程造价咨询企业信用监管，探索工程造价咨询成果质量终身责任制和职业保险制度。

三、实施步骤

按照广东省住房和城乡建设厅统一安排，我市工程造价改革试点工作分三个阶段实施。

（一）准备阶段（2021年8月）

根据住房和城乡建设部工程造价改革和我省试点实施方案有关要求，结合广州市实际情况，我市选取3个以上房屋建筑工程作为试点项目，于2021年8月31日、10月31日前报送广东省住房和城乡建设厅。

（二）实施阶段（2021年9月至2023年12月）

全面推进落实各项改革任务，对试点项目实施全程跟踪指导，及时研究解决推进过程中出现的问题，不断总结和宣传推广试点经验，并向广东省住房和城乡建设厅报送试点工作成果。

（三）提升阶段（2024年1月至2025年12月）

全面总结评估试点项目改革措施成效，梳理试点过程中可复制、可推广的成功经验，进一步完善改革思路和市场定价体制机制。

四、实施保障

（一）加强组织协调。加强与发展改革、财政、审计等部门沟通协作，切实推动改革试点工作，及时解决实践中遇到的问题，合力保障试点各项工作的顺利开展，与广东省住房和城乡建设厅形成上下协调一致的工作机制，为全省提供可复制推广的做法和成功经验。

（二）建立评估机制。建立试点工作评估机制，成立行业专家组，为试点项目的推进提供政策咨询和技术指导，对试点项目进行跟踪评估，及时总结经验。

（三）加强宣传引导。通过多种形式，大力宣传工程造价改革措施和工作成效，加强政策解读和舆论引导，回应社会关切，凝聚社会共识，为顺利推进改革工作营造良好的社会舆论氛围。

（四）加强信息报送。按照广东省住房和城乡建设厅的要求，定期报送工程造价改革试点工作进展情况和总结报告，总结工作成效、分析存在问题、提出改进思路。

深圳市住房和建设局

深圳市住房和建设局关于报送深圳市工程造价改革试点工作实施方案的函

广东省住房和城乡建设厅：

发来《关于印发广东省工程造价改革试点工作实施方案的通知》（粤建市函〔2021〕502号）收悉。经认真研究，现将我市工程造价改革试点工作实施方案（详见附件1）和第一批试点项目（详见附件2）予以报送。试点过程中，我局将与贵厅积极沟通汇报，确保试点工作圆满完成。

此函，望予以批复为盼。

附件：1. 深圳市工程造价改革试点工作实施方案
      2. 深圳市第一批工程造价改革试点项目汇总表

深圳市住房和建设局
2021年8月5日

附件 1

深圳市工程造价改革试点工作实施方案

为贯彻落实《住房和城乡建设部办公厅关于印发工程造价改革工作方案的通知》(建办标〔2020〕38号)和《广东省住房和城乡建设厅关于印发广东省工程造价改革试点工作实施方案的通知》(粤建市函〔2021〕502号)文件精神,充分发挥市场在配置资源中的决定性作用,促进建筑业转型升级,推进我市工程造价改革试点工作,结合我市实际,制定本实施方案。

一、指导思想

以习近平新时代中国特色社会主义思想为指导,全面贯彻党的十九大和十九届二中、三中、四中、五中全会以及习近平总书记出席深圳经济特区建立四十周年庆祝大会和视察广东、深圳重要讲话、重要指示精神,落实党中央、国务院"放管服"改革和推进建筑业健康发展的决策部署,按照住房和城乡建设部、广东省住房和城乡建设厅工程造价改革工作安排,加快转变政府职能,坚持不立不破、统筹兼顾、稳步推进的原则,完善工程造价市场形成机制,提高工程投资效益,持续推进建筑业高质量发展。

二、工作目标

通过开展工程项目试点,推行清单计量、市场询价、自主报价、竞争定价的工程计价方式,建立与市场相适应的工程造价服务体系,提高工程造价管理信息化和标准化水平,规范工程造价咨询行业行为,健全市场决定工程造价机制,为全省乃至全国工程造价改革提供可复制、可推广的先行示范区经验。

三、主要任务

(一)改进工程量清单计价规则

借鉴国际通行做法,结合我市实际,修订工程量清单计价规则,推行全费用清单综合单价,取消规费、税金作为不可竞争性费用的规定。安全文明施工措施费由原来的按费率计算调整为按清单列项与按费率计算相结合的计价模式,按清单列项部分实行清单计量、市场询价、自主报价、竞争定价的计价方式,按费率计算部分的费用在招标投标阶段作为不可竞争性费用。

(二)构建多层级工程量清单体系

坚持试点先行,修订工程量计算规范,统一工程项目划分、计量规则和计算口径,构建与建设项目实施各阶段相适应的多层级工程量清单,逐步实现建设全过程不同阶段的工程造价指标体系,满足不同设计深度、不同复杂程度、不同承包方式及不同管理需求下工程计价的需要。

(三)改革最高投标限价编制方式

坚持以市场为主导,探索试点项目编制最高投标限价不以定额作为唯一依据,引导建设单位遵循统一的计量计价规则。

结合工程实际、历史数据、市场询价等方式，自主编制最高投标限价。最高投标限价采用全费用清单综合单价。

（四）加强工程造价数据积累

1. 探索建立工程造价数据库。市建设行政主管部门组织采集国有投资招标项目建设工程造价数据，采用大数据、人工智能等信息化技术对造价数据有效收集和运用，探索建立建设工程造价数据库，逐步积累工程造价行业大数据，为国有投资工程决策支撑和有效的投资控制提供先进科学的手段。

2. 探索构建建设工程造价信息服务平台。探索搭建深圳市建设工程造价信息发布平台，及时发布建设工程市场价格信息和造价指数等造价信息。推动深圳市建设工程材料设备询价采购网络服务平台服务提升，建立监督管理制度，不断优化未经招标竞价的材料和设备市场化定价机制。

（五）严格施工合同履约管理

加强与招标投标监管联动，对合同订立与履约情况进行动态核查。进一步修订完善建设工程合同示范文本体系，探索试点项目施工合同网签。探索工程价款结算管理制度创新，引导发承包双方在有条件的试点项目中约定施工过程结算相关条款。

（六）完善新型监管机制，推动行业健康有序发展

完善以"双随机、一公开"监管为基本手段，探索以重点监管为补充、以信用监管为基础的新型监管机制；利用互联网＋行政执法平台和信息化技术，形成行业监测大数据，逐步实现联合监管、智慧监管和精准监管，营造公平公正的营商环境，推动行业健康有序发展。

四、实施步骤

按照广东省住房和城乡建设厅统一安排，我市工程造价改革试点工作按以下三个阶段分步实施：

（一）部署启动阶段（2021年7月—2021年8月）

根据广东省住房和城乡建设厅工作安排，在全市范围内征集工程造价改革试点项目，筛选确定试点项目并按要求上报广东省住房和城乡建设厅。

（二）组织实施阶段（2021年9月—2023年12月）

对试点项目进行全过程跟踪指导，加强专业技术支持与服务，组织研究解决试点项目推进过程中遇到的问题，确保试点项目顺利推进。各试点单位要及时做好阶段性总结工作，每半年将试点项目进展情况报送市建设工程造价管理站，市住房和建设局将按要求定期向广东省住房和城乡建设厅报送我市工程造价改革试点情况。

（三）总结评估阶段（2024年1月—2025年12月）

各试点单位要对试点项目开展实施情况进行全面回顾，梳理实施过程中存在的问题和先进经验等，并报市建设工程造价管理站。市住房和建设局将全面总结试点经验做法，进一步完善市场定价机制，推动清单计量、市场询价、自主报价、竞争定价的工程计价方式得到更广泛应用。

五、保障措施

（一）强化组织协调

加强与市发展改革、财政、审计、国资委等部门间沟通协作，按照住房和城乡建设

部、广东省住房和城乡建设厅关于工程造价改革试点工作的相关要求，稳步推进工程造价改革试点工作。

（二）建立评估机制

建立试点工作评估机制，组织行业专家对试点项目进行跟踪评估，为试点项目的推进提供政策咨询和技术指导，确保试点项目顺利推进。

（三）加强专业服务

成立专门的服务小组，对参与试点项目的有关单位和技术人员进行政策宣贯培训，及时跟进试点项目的具体进展和动态，协调解决改革事项推进过程中遇到的问题。

（四）积极宣传引导

加强工程造价改革政策宣传解读和舆论引导，增进社会各方对工程造价改革的理解和支持，为顺利实施改革营造良好的社会舆论环境。

珠海市住房和城乡建设局文件

珠建市〔2021〕21号

珠海市住房和城乡建设局关于印发《珠海市工程造价改革实施方案》的通知

横琴新区生态环境和建设局、各区（功能区）住房和城乡建设主管部门，各有关单位：

为贯彻落实《住房和城乡建设部办公厅关于印发工程造价改革工作方案的通知》（建办标〔2020〕38号）的有关精神，根据《广东省住房和城乡建设厅关于印发广东省工程造价改革试点工作实施方案的通知》（粤建市函〔2021〕502号）的改革要求，为有序推进我市工程造价改革实施工作，我局制定了《珠海市工程造价改革实施方案》，现印发给你们，请遵照执行。若执行过程中遇到困难和问题，请与市造价管理站联系。

特此通知。

附件：珠海市工程造价改革实施方案

珠海市住房和城乡建设局
2021年8月18日

附件

珠海市工程造价改革实施方案

为贯彻落实《住房和城乡建设部办公厅关于印发工程造价改革工作方案的通知》（建办标〔2020〕38号）有关精神，根据《广东省住房和城乡建设厅关于印发广东省工程造价改革试点工作实施方案的通知》（粤建市函〔2021〕502号）的改革要求，为有序推进我市房地产开发项目和部分国有资金投资的房屋建筑、市政公用工程项目工程造价改革试点工作，结合我市实际，制定本实施方案。

一、指导思想

以习近平新时代中国特色社会主义思想为指导，全面贯彻党的十九大和十九届二中、三中、四中、五中全会精神，落实党中央、国务院"放管服"改革和推进建筑业健康发展的决策部署，按照省住房城乡建设厅工程造价改革试点工作实施方案和市委、市政府有关工作要求，大力推行清单计量、市场询价、自主报价、竞争定价的工程计价方式，严格施工合同履约管理，全面推行施工过程结算，强化工程造价咨询市场信用管理，加快完善工程造价市场形成机制，提高项目投资效益、保障工程质量安全、维护建筑市场秩序，持续推进建筑业高质量发展。

二、工作目标

通过研究制定改革配套试行政策、计价规则和方法指引，初步建立工程造价数据库和指标指数计价体系，选择我市房地产开发项目和部分国有资金投资的房屋建筑、市政公用工程项目进行工程造价改革试点，到2023年底，完成试点工作，基本形成工程造价市场定价机制；到2025年底，在全市全面推行工程造价改革可复制、可推广的试点经验，进一步完善工程造价市场竞价机制。

三、主要改革任务

（一）引导试点项目创新计价方式

积极引导试点项目试行清单计量、市场询价、自主报价、竞争定价等工程计价方式，取消招投标、合同订立、竣工结算等环节工程计价、定价受定额限制的条款。坚持以市场为主导，探索试点项目编制最高投标限价不以定额作为唯一依据，引导建设单位遵循统一的计量计价规则，借鉴港澳地区及国际通行做法，结合工程实际，通过市场询价，结合类似工程造价数据、造价指标指数等方式，自主编制最高投标限价。最高投标限价采用全费用清单综合单价。

（二）探索建立工程造价数据库

组织采集政府投资、国有投资招标项目建设工程造价成果，采用信息化技术对造价数据进行整理、测算、编制，探索建立建设工程造价数据库，逐步积累工程造价行业大数据，为政府投资、国有投资工程项目决策和造价控制提供支撑与依据。

（三）创新工程计价依据发布机制

市造价管理站要支持有条件的企事业单位和行业组织根据市场实际和有关规定进行修订、完善和补充工程计价依据，并经省建设工程标准定额站组织评审后，在广东省工程造价信息化平台发布。2021年市造价管理站联合市建筑业协会，根据市场实际，申请修编广东省2018计价依据中的爬架子目。市造价管理站要探索搭建珠海市建设工程造价信息发布平台，依据省标准和规则采集、编审、发布本地区的人工、材料、机械等市场价格信息和工程造价指标指数；积极构建多元化工程造价信息服务方式，支持有条件的企事业单位和行业组织制订发布企业（团体）市场价格信息和工程造价指标指数，供市场主体参考。

（四）强化建设单位造价管控责任

市、区住房城乡建设主管部门要引导我市建设单位结合工程实际，综合运用自身形成的或第三方提供的工程造价信息数据，或者省造价平台发布的市场价格信息和工程造价指标指数，有效控制设计限额、建造标准、合同价格。引导采用工程总承包和全过程工程咨询服务模式的项目建设单位、总承包单位、全过程工程咨询服务单位，按照《广东省建设项目全过程造价管理规范》要求，实施全过程造价管控。

（五）加强施工合同履约监管

根据省住房城乡建设厅修订施工合同示范文本和制定的政府投资项目发承包不可转嫁风险清单，引导发承包双方合理确定合同风险的分担。探索试行项目施工合同网签。完善政府投资项目工程价款结算管理机制，推进政府投资项目施工过程结算，简化竣工结算手续；规范建设项目工程总承包活动，同时引入施工过程结算的条款，鼓励采用过程结算模式。探索建立市场化的工程造价纠纷处理机制，指导市造价管理站联合市造价协会，与司法、仲裁机构形成合力，妥善化解工程造价纠纷，减少合同的履约成本，提高合同的履约质量。

（六）完善协同监管机制

落实深化"证照分离"改革要求，工程造价咨询企业资质取消后，要建立监管制度，加强事中后监管，完善工程造价咨询企业信用体系建设，开展信用分级分类监管；指导相关单位开展工程造价咨询企业信用评价，形成工程造价咨询企业及注册造价工程师的信用档案；进一步加强对造价成果文件质量"双随机，一公开"行政检查工作，并将检查结果应用于工程造价咨询企业信用评价；探索工程造价咨询成果质量终身责任制和职业保险制度。

四、实施步骤

工程造价改革工作分三个阶段实施：

（一）准备阶段（2021年8月）

1. 制定工作方案。市住房城乡建设主管部门要在充分调研的基础上，细化制定本市工程造价改革试点工作方案，明确责任分工和实施步骤，于8月15日前报省住房城乡建设厅。

2. 确定试点项目。市住房城乡建设主管部门选取我市房地产开发项目、房屋建筑、市政公用工程等3个以上项目作为工程造价改革试点项目，按本方案全部或部分工作任务进行试点实施。试点项目总投资在1亿以上、10亿以下，建设周期在1年以上、2年以下为宜。试点项目于2021年8月31日、10月31日前分报省住房城乡建设厅。优先选择采用代建、工程总承包、全过程工程咨询服务等工程建设组织模式的项目作为试点项目。

（二）试点阶段（2021年9月至2023年12月）

市住房城乡建设主管部门要加强技术指导，为试点项目建设单位和全过程工程咨询企业开展项目实施试点任务提供技术指导。及时研究解决试点推进过程出现的问题，不断进行阶段性总结，并通过现场观摩、交流学习等多种形式，宣传推广试点经验做法，定期向住房城乡建设厅报送全市造价改革试点进展情况。

（三）总结提升阶段（2024年1月至2025年12月）

市住房城乡建设主管部门全面总结试点经验做法，进一步完善市场定价体制机制，推动清单计量、市场询价、自主报价、竞争定价的工程计价方式得到更广泛应用。

五、保障措施

（一）加强组织领导

市、区住房城乡建设主管部门应加强与发展改革、财政、审计和政数管理等部门的沟通协作，切实推动改革试点工作，及时解决工作过程中遇到的问题，总结经验做法，并与省住房城乡建设厅形成上下协调一致的工作机制。

（二）建立评估机制

建立试点工作评估机制，组织行业专家加强对试点项目的跟踪评估，及时总结经验和调整现行政策措施，为试点项目的推进提供政策咨询和技术指导。

（三）加大培训宣传力度

市住房城乡建设局通过举办广东省"造价改革百堂课"第四堂课，向建设、施工、咨询单位提供有针对性的技术培训，凝聚了行业共识。市、区住房城乡建设主管部门和市工程造价主管机构要坚持正确舆论导向，做好政策解读和舆论引导，及时总结宣传，营造全社会支持的良好氛围。

（四）加强信息报送

建立全市工程造价改革试点工作定期信息报送制度。2021年12月28日前，工程造价改革试点项目的建设单位和所在区住房城乡建设主管部门要向市住房城乡建设主管部门报送工程造价改革试点工作情况，总结工作成效，分析存在问题，提出改进思路。此后每半年定期报送工程造价改革试点工作进展情况；工程造价改革试点项目竣工二十日内，报送该项目试点的全面总结报告。

2021年12月31日前，市住房城乡建设主管部门向省住房城乡建设厅报送珠海市工程造价改革试点工作情况；工程造价改革试点项目竣工后一个月内，报送该项目试点的全面总结报告。

佛山市住房和城乡建设局

佛建函〔2021〕62号

佛山市住房和城乡建设局关于印发佛山市工程造价改革实施方案的通知

各区住房城乡建设和水利局，各有关单位：

按照《住房和城乡建部办公厅关于印发工程造价改革工作方案的通知》（建办标〔2020〕38号）和《广东省住房和城乡建设厅关于印发广东省工程造价改革试点工作实施方案的通知》（粤建市函〔2021〕502号）的改革要求，为有序推进我市工程造价改革实施工作，我局制定了《佛山市工程造价改革实施方案》，现印发给你们，请按照执行。执行过程中遇到困难和问题，请与市工程造价改革工作小组办公室联系。

特此通知。

佛山市住房和城乡建设局

2021年8月13日

佛山市工程造价改革实施方案

根据《住房和城乡建部办公厅关于印发工程造价改革工作方案的通知》（建办标〔2020〕38号）和《广东省住房和城乡建设厅关于印发广东省工程造价改革试点工作实施方案的通知》（粤建市函〔2021〕502号）的要求，有序推进我市工程造价改革实施工作，结合我市实际，制定本方案。

一、指导思想

深入贯彻落实住建部和省住建厅工程造价改革工作要求，以工程造价市场化、信息化和法治化为导向，大力推行清单计量、市场询价、自主报价、竞争定价的工程计价方式，取消最高投标限价按定额计价的规定，严格合同履约管理，全面推行施工过程结算，按照政府引导和市场主导的原则，逐步完善工程造价市场形成机制。

二、工作目标

采取"市场化计价体系研究＋项目实施"试点任务内外结合、协调并进的方式，通过研究制定改革配套试行政策、计价规则和方法指引，研究建立工程造价数据库和指标指数计价体系，选择部分国有资金投资的房屋建筑、市政公用工程和房地产开发项目试点实施，到2023年底，基本建立适应市场化要求的新型计价机制；在2025年底前，完成改革任务，取得可复制可推广的改革成果。

三、组织架构

加强与发改、财政、审计和政数管理等部门沟通协作，督导改革任务顺利推进，市住建局成立了由局党组成员、副局长任组长的改革工作小组，成员由市各有关部门主管科室负责人和各区住建水利局分管领导组成。工作小组下设办公室和技术研究部，办公室设在市住建局建筑市场监管科，负责配套试行政策制订和任务督导等工作；技术研究部设在市造价行业协会，成员由行业资深专家组成，负责技术问题的研究咨询工作。具体详见附件1。

四、主要改革任务

（一）市场化计价体系研究试点任务

研究制定改革配套试行政策、计价规则和方法指引的工作应当先行：

1. 起草制订改进最高投标限价编制办法和招标文件（含合同）等范本。减少政府对市场的不当干预，取消招标投标、订合同、结算等计价定价环节受定额约束限制的条款，梳理修订最高投标限价编制办法和招标文件（含合同）等范本，由市场主体自主选择计价定价方式，政府部门发布的现行定额及信息价仅作为计价参考。为加快推进工程总承包和全过程工程咨询，最高投标限价的编制和招标文件（含合同）范本应涵盖以初步设计概算和施工图预算分别作为最高投标限价招标发包的情形。

2. 建立工程造价数据库和多层级造价指标标准格式。加强工程造价数据积累，利用市工程合同与造价管理服务信息平台（以下简称信息平台）在线归集全市工程造价成果数据信息，建立各类房屋建筑（包括学校、医院、商住楼、保障房等）和市政公用工程项目（包括市政道路、桥梁、公园和地铁轨道）造价数据库，运用大数据、人工智能等信息化技术统计造价指标指数。研究制定各类工程多层级造价指标（含估算、概算和预算）标准格式。

3. 构建多元化的造价信息服务方式，编制人工、主材价格指数和项目造价指数。逐步消除政府部门对市场形成工程造价信息的干预，建立多元化造价信息发布机制，统一信息发布规则，支持和引导相关企事业单位和行业团体通过信息平台发布各自工程造价信息。市、区工程造价主管机构以跟踪监测市场造价信息为重点，严格信息发布单位主体责任，研究建立人工、主要建材价格指数以及项目造价指数模型。逐步形成政府信息、社会团体信息和企业信息共存的局面，供政府部门和市场主体研判参考。

（二）项目实施试点任务

各区住建水利局负责部署、安排和开展项目实施试点任务，有关要求如下：

1. 选择试点项目。通过调研协商，选取本辖区国有资金投资的房屋建筑、市政公用工程的拟招标项目（如保障房、学校、市政道路等），或者拟洽谈合同的房地产开发项目作为试点项目。试点项目工期一般不超过 2 年，工程造价不超过 10 亿元。

试点项目分两批报送，其中第一批由禅城、南海、顺德区选择各不少于 1 个房地产开发项目，于 8 月 27 日前报送市造价改革工作小组办公室；第二批由禅城、南海、顺德、三水、高明区选择各不少于 1 个国有资金投资项目，于 10 月 29 日前报送。

2. 项目建设组织模式。国有资金投资工程项目承包模式应优先选择施工总承包或者工程总承包（施工图设计＋施工）；项目应当采用全过程工程咨询服务，且其咨询服务内容应至少涵盖招标代理和造价咨询服务两项内容。房地产开发项目建设组织模式则不限。

（三）引导行业企业改革创新

为发挥市场主导作用，引导行业企业尽快适应工程造价市场化改革和支持行业企业创新发展是非常迫切的，有关措施如下：

1. 经前期协商沟通，改革工作小组目前已确定与行业协会、部分建设单位和头部咨询企业开展共建协作任务，倡导造价数据资源共建共治共享。引导行业企业按照统一规则建立自身项目造价数据库，统计造价指标指数和发布工程造价信息，提升建设主体单位适应市场化计价所要求的能力。

2. 在行政调解造价纠纷之外，支持建立行业协会调解，利用行业资深造价专家技术力量，及时化解合同纠纷争议，满足市场多元化需求。

3. 为试点项目建设单位和全过程工程咨询企业开展项目实施试点任务提供技术指导。

（四）加强合同履约和价款支付监管，实施施工过程结算。

佛山市建设工程已实行施工合同网签，发承包双方通过信息台网签合同时，应当保证合同主要条款特别是合同价款及计价方式等与招标文件和中标人投标文件的内容一致，并合理约定施工过程结算节点。合同履约时，严格按合同约定开展过程结算和价款支付。住建主管部门应充分利用信息平台掌握合同履约信息，不定期对合同履约行为进行检查。

目前市住建局已准备推出《关于加强建设工程合同履约管理的通知》，请据此实施

"互联网＋"合同履约和价款支付管理，有效防止农民工工资和工程款拖欠。

五、实施步骤和责任分工

我市工程造价改革实施工作按以下三个阶段实施推进：

（一）准备阶段（2021年8月～2021年10月）

1. 宣贯落实，组织保障。各区住建水利局和有关单位贯彻落实工程造价改革实施意见，充分发挥官方网站、微信公众号宣传引导作用。成立区改革工作领导小组，确保项目实施试点任务有效完成。（责任单位：改革工作小组和各区住建水利局）

2. 起草制订配套试行文件。改革工作小组起草配套试行文件，做好前期技术规则和方法指引的编制准备工作。（责任单位：改革工作小组）

3. 确定试点项目。各区住建水利局按照要求确定试点项目，并按时申报。（责任单位：各区住建水利局）

（二）实施阶段（2021年9月～2023年12月）

1. 市场化计价体系研究试点任务。有关具体任务分解详见附件2。技术研究部每半年向市改革工作小组报送该研究试点任务进展情况。（责任单位：改革工作小组技术研究部，配合单位：共建协作单位）

2. 项目实施试点任务。项目实施试点任务按照附件3进行确定，申报后予以实施。各区住建水利局每半年向市改革工作小组报送项目实施试点任务进展情况。（责任单位：各区住建水利局，配合单位：项目建设单位及参建单位，指导单位：改革工作小组技术研究部）

3. 引导行业企业改革创新。有关具体任务分解详见附件2。（责任单位：改革工作小组技术研究部，配合单位：共建协作单位）

（三）总结提升阶段（2024年1月～2025年12月）

各区住建水利局总结评估试点项目改革措施及成效，报送项目实施试点总结报告；改革工作小组全面梳理试点过程中可复制可推广的经验和尚需解决的问题，完善改革思路和措施，完成向省住建厅报送的改革实施工作总结。（责任单位：各区住建水利局、改革工作小组，配合单位：参与改革试点的相关单位）

附件1. 佛山市住房和城乡建设局关于成立佛山市工程造价改革工作小组的通知
附件2. 市场化计价体系研究和引导行业企业改革创新试点任务分解表
附件3. 项目实施试点任务一览表

韶关市住房和城乡建设管理局文件

韶市建字〔2021〕271 号

市住建管理局关于印发韶关市工程造价改革试点工作实施方案的通知

韶关市发展和改革局、韶关市政务服务数据管理局、韶关市财政局、韶关市公共资源交易中心、韶关市建设工程造价管理站、各县（市、区）住建局：

按照《住房和城乡建设部办公厅关于印发工程造价改革工作方案的通知》（建办标〔2020〕38 号）和《广东省住房和城乡建设厅关于印发广东省工程造价改革试点工作实施方案的通知》（粤建市函〔2021〕502 号）的工作安排，为做好我市工程造价改革实施工作，我局制定了《韶关市工程造价改革试点工作实施方案》，现印发给你们，请参照实行。

附件：韶关市工程造价改革试点工作实施方案

韶关市住房和城乡建设管理局
2021 年 9 月 23 日

附件：

韶关市工程造价改革试点工作实施方案

为贯彻落实《住房和城乡建设部办公厅关于印发工程造价改革工作方案的通知》（建办标〔2020〕38号）和《广东省住房和城乡建设厅关于印发广东省工程造价改革试点工作实施方案的通知》（粤建市函〔2021〕502号）有关要求，有序推进我市房地产开发项目和部分国有资金投资的房屋建筑、市政公用工程项目工程造价改革试点工作，结合我市实际，制定本实施方案。

一、总体要求

（一）指导思想。以习近平新时代中国特色社会主义思想为指导，全面贯彻党的十九大和十九届二中、三中、四中、五中全会精神，落实党中央、国务院"放管服"改革和推进建筑业健康发展的决策部署，按照住房和城乡建设部工程造价改革工作安排和省委、省政府有关工作要求，正确处理政府与市场的关系，大力推行清单计量、市场询价、自主报价、竞争定价的工程计价方式，加快完善工程造价市场形成机制，全面推行施工过程结算，为提高项目投资效益、保障工程质量安全、维护建筑市场秩序提供更有力的支撑。

（二）主要目标。开展房地产开发项目和部分国有资金投资的房屋建筑、市政公用工程项目工程造价改革试点。到2023年底，基本形成工程造价市场定价机制；到2025年底，进一步完善工程造价市场竞价机制。

二、工作任务

（一）引导试点项目创新计价方式。积极引导试点项目试行

"工程量清单计量、招标控制价市场询价、投标企业自主报价、充分竞争形成价格"的工程计价方式，完善工程造价市场形成机制。试点项目的估算、概算、预算、最高投标限价等造价成果可通过市场询价，结合类似工程造价数据、造价指标指数等编制和确定。在确保项目投资可控的情况下，试点项目可不编制最高投标限价，推动投标人根据自身实际成本竞争报价。

（二）完善工程信息平台建设，创新工程计价信息发布机制。充分发挥我市已建成的"韶关市建设工程造价信息化管理系统"的优势，加强与省标准定额站的沟通与对接，积极配合省工程造价信息化平台建设工作。进一步完善和充实工程造价数据库和各类型工程技术经济指标，优化人工、主材及项目造价（价格）指数研究模型，探索数据分类管理机制，为工程概、预算编制提供依据。积极发挥已完工程技术经济指标形成的有效数据，指导我市市场化工程造价改革数据分析和运用，为试点项目提供可参考、可利用、有价值的工程市场指标。引导我市骨干企业共享工程造价案例数据资源，共建共享各类工程造价指标指数成果。积极构建多元化工程造价信息服务方式，支持有条件的企事业单位和行业组织制订发布企业（团体）市场价格信息和工程造价指标指数，供市场主体参考。

（三）强化建设单位造价管控责任。各县（市、区）住房城乡建设主管部门应当引导建设单位结合工程实际，综合运用自身形成的或第三方提供的工程造价信息数据，或者

省、市、县（市、区）工程造价主管机构发布的市场价格信息和工程造价指标指数，有效控制设计限额、建造标准、合同价格。推动建设单位实施贯穿项目立项、勘察设计、施工、竣工等各环节的多层次全费用工程量清单，以目标成本管控为核心，实现市场化、动态化、全过程造价管理。引导采用工程总承包和全过程工程咨询服务模式的项目建设单位、总承包单位、全过程工程咨询服务单位，按照《广东省建设项目全过程造价管理规范》DBJ/T 15—153—2019 要求，实施全过程造价管控。

（四）严格建设工程施工合同履约管理。研究制定政府投资项目发承包不可转嫁风险清单。完善政府投资项目工程价款结算管理机制，全面推行施工过程结算，将其纳入竣工结算，简化竣工结算手续。依托"韶关市建设工程造价信息化管理系统"重新启动建筑施工合同网签，强化事中事后监管，创新和完善工程建筑施工合同动态监督管理制度，提高工程建设管理水平和整体效益。加强与市公共资源交易中心的沟通与对接，共同探索数据互通共享新机制。在拟定建筑施工合同中有关工程造价条款时加强指导，严格施工合同履约和价款支付监管。

（五）探索工程造价纠纷的市场化解决途径。完善工程造价纠纷处理机制，指导工程造价主管机构联合司法机构、仲裁机构、行业专家委员会等形成合力，充分运用市场定价机制及有关成果，妥善化解工程造价纠纷。

（六）完善协同监管机制。加强和完善建设工程造价咨询企业市场行为诚信综合评价体系建设，加快建立健全造价行业执业人员诚信管理制度，将执业人员诚信与工程造价咨询企业诚信相挂钩。探索诚信评价成果共建共享机制，逐步将诚信评价成果与我市各信用信息平台以及各相关部门进行信息交换共享，形成多部门齐抓共管新局面，从而在更大范围内实现诚信评价成果的推广与应用。利用"韶关市建设工程信息化管理系统"，进一步完善与工程造价改革相适应的监管体系，全面推行"双随机一公开"，创新事中事后监管方式，提高监管效能。

三、实施步骤

工程造价改革工作分三个阶段实施：

（一）准备阶段（2021 年 7 月至 2021 年 8 月）

1. 成立工作领导小组。成立市工程造价改革试点工作实施领导小组，组成成员由市住建管理、发展改革、财政、审计、代建等部门分管负责人和科室负责人组成，办公室设在市住建管理局建筑业市场管理科。领导小组工作包括确定改革试点项目、指导和协调解决完成该改革方案的工作任务碰到的问题、召开相关推进会推进改革方案的实施等。

2. 确定试点项目。选取有条件的房屋建筑、市政公用工程作为工程造价改革试点项目，按本方案全部或部分工作任务进行试点实施。于 10 月 31 日前，将不少于 1 个试点项目报省住房城乡建设厅。优先选择采用代建、工程总承包、全过程工程咨询服务等工程建设组织模式的项目作为试点项目。

（二）试点阶段（2021 年 8 月至 2023 年 12 月）

加强技术指导，及时研究解决试点推进过程出现的问题，不断进行阶段性总结，并通过现场观摩、交流学习等多种形式，宣传推广试点经验做法，并定期向省住房城乡建设厅报送造价改革试点进展情况。

（三）提升阶段（2024 年 1 月至 2025 年 12 月）

全面总结试点经验做法，进一步完善市场定价体制机制，推动清单计量、市场询价、自主报价、竞争定价的工程计价方式得到更广泛应用。

四、保障措施

（一）加强组织领导。加强与发展改革、财政、审计、代建等部门的沟通，切实推动改革试点工作，及时解决工作过程中遇到的问题，总结经验做法，并与省住房城乡建设厅形成上下协调一致的工作机制。

（二）建立评估机制。建立试点工作评估机制，组织行业专家加强对试点项目的跟踪评估，及时总结经验和调整现行政策措施，为试点项目的推进提供政策咨询和技术指导。

（三）加大培训宣传力度。坚持正确舆论导向，做好政策解读和舆论引导，及时总结宣传，营造全社会支持的良好氛围。

（四）加强信息报送。根据全省工程造价改革试点工作定期信息报送制度，于 2021 年 12 月 31 日前，向省住房城乡建设厅报送试点工作情况，总结工作成效，分析存在问题，提出改进思路。此后每半年定期报送试点工作进展情况；试点项目竣工后一个月内，报送该项目试点的全面总结报告。

河源市住房和城乡建设局文件

河住建通〔2021〕101 号

河源市住房和城乡建设局关于印发河源市 开展工程造价改革试点工作实施方案的通知

各县（区）政府（管委会），市发展和改革局、市财政局、市司法局、市市场监管局、市代建局：

根据《广东省住房和城乡建设厅关于印发广东省工程造价改革试点工作实施方案的通知》（粤建市函〔2021〕502 号）和《市委全面深化改革委员会 2021 年重点改革工作安排》（河改委发〔2021〕1 号）工作要求，为做好我市工程造价改革实施工作，我局制定了《河源市开展工程造价改革试点工作实施方案》，现印发给你们，请按照执行。执行过程中遇到困难和问题，请径与市建设工程标准定额站联系。

河源市住房和城乡建设局

2021 年 8 月 27 日

河源市开展工程造价改革试点工作实施方案

根据《广东省住房和城乡建设厅关于印发广东省工程造价改革试点工作实施方案的通知》（粤建市函〔2021〕502号）工作要求，为有序推进我市房地产开发项目和部分国有资金投资的房屋建筑、市政公用工程项目工程造价改革试点工作，结合我市实际，制定本实施方案。

一、实施步骤

根据省住建厅工作部署，工程造价改革试点工作分三个阶段实施：

（一）准备阶段（2021年8月至2021年9月）。根据省住建厅工作方案改革任务要求，细化制定我市工程造价改革试点工作方案。

（二）试点阶段（2021年9月至2023年12月）。各级住房城乡建设主管部门根据省住建厅和我市实施方案部署，确定我市试点项目，推动本地区工程造价改革试点工作，加强技术指导，及时研究解决试点推进过程出现的问题，定期总结造价改革试点进展情况。

（三）提升阶段（2024年1月至2025年12月）。各级住房城乡建设主管部门全面总结试点经验做法，进一步完善市场定价体制机制，推动清单计量、市场询价、自主报价、竞争定价的工程计价方式得到更广泛应用。

二、工作任务

（一）构建多元化工程造价信息服务。鼓励支持有条件的企事业单位和行业组织根据市场实际和有关规定进行修订、完善和补充工程计价依据，以及发布企业（团体）市场价格信息和工程造价指标指数，供市场主体参考。依据省住建厅市场价格信息采集、分析、发布标准和市场询价指导规则采集、编审市场价格信息，并在省造价平台发布本地区人工、材料、项目等市场价格信息和工程造价指标指数，以及投资咨询、勘察、设计、监理、造价、招标代理和全过程工程咨询等服务费用的市场价格信息。（市住建局牵头，市财政局、市代建局、各县区住建局按职责分工负责）

（二）强化建设单位造价管控责任。引导建设单位结合工程实际，综合运用自身形成的或第三方提供的工程造价信息数据，或者省造价平台发布的市场价格信息和工程造价指标指数，有效控制设计限额、建造标准、合同价格。推动建设单位实施贯穿项目立项、勘察设计、施工、竣工等各环节的多层次全费用工程量清单，以目标成本管控为核心，实现市场化、动态化全过程造价管理。引导采用工程总承包和全过程工程咨询服务模式的项目建设单位、总承包单位、全过程工程咨询服务单位，按照《广东省建设项目全过程造价管理规范》DBJ/T 15—153—2019要求，实施全过程造价管控。（市住建局牵头，市代建局、各县区住建局按职责分工负责）

（三）严格施工合同履约管理。加强施工合同示范文本宣贯，引导和规范发包人、承包人市场行为。建立健全施工合同履约监管机制，将施工合同履约监管与质量安全监管相结合，与诚信体系建设相结合，加强执法和监管力度，加大对违法违规行为的查处力度。

完善政府投资项目工程价款结算管理机制，全面推行施工过程结算，将其纳入竣工结算，简化竣工结算手续。（市住建局牵头，市代建局、各县区住建局按职责分工负责）

（四）探索工程造价纠纷的市场化解决途径。完善工程造价纠纷处理机制，指导造价主管机构联合行业组织成立专家委员会，与司法、仲裁机构形成合力，并充分运用市场定价机制及有关成果，妥善化解工程造价纠纷。指导工程各方应用广东省建设工程定额动态管理系统与广东省建设工程造价纠纷处理系统，采用线上系统模式处理工程造价纠纷。（市住建局牵头，市司法局、各县区住建局按职责分工负责）

（五）落实深化"证照分离"改革要求。加强工程造价咨询企业资质取消后的事中事后监管，开展"双随机、一公开"监管，依法查处违法违规行为，并向社会公布监督检查结果。充分运用河源市建设工程造价监督管理系统实行动态监管，开展设计概算最高投标限价、合同价、结算价电子备案管理，做好我市造价咨询从业企业、人员、业务信息的归集、共享和公开工作。完善协同监管机制，探索建立工程造价咨询企业信用与执业人员信用挂钩制度，推行企业和执业人员信用管理体制，根据企业信用分类实施差异化监管措施，对失信主体加大抽查比例并开展联合惩戒。支持造价行业协会提升自律水平，完善会员自律公约和职业道德准则，加强会员行为约束和管理。落实工程造价咨询成果质量终身责任制，推广职业保险制度。（市住建局牵头，市场监管局、各县区住建局按职责分工负责）

（六）开展项目试点。根据省住建厅工作要求，选取我市房地产开发项目或国有资金投资的房屋建筑、市政公用工程作为工程造价改革试点项目，按本方案全部或部分工作任务进行试点实施。各县区可结合本地区实际确定是否开展项目试点，并于 10 月 15 日前报送至市住建局统一汇总上报省住建厅。积极引导试点项目试行清单计量、市场询价、自主报价、竞争定价等工程计价方式，试点项目的估算、概算、预算、最高投标限价等造价成果可通过市场询价，结合类似工程造价数据、造价指标指数等编制和确定。在确保项目投资可控的情况下，试点项目可不编制最高投标限价，推动投标人根据自身实际成本竞争报价。（市住建局牵头，市发改局、市财政局、市代建局、各县区住建局按职责分工负责）

三、工作要求

（一）加强组织领导。成立我市工程造价改革试点工作领导小组，由市住建局分管负责同志任组长，成员包括市发改局、市财政局、市司法局、市市场监管局、市代建局、各县区住房城乡建设主管部门负责同志，领导小组办公室设在市住建局，领导小组不定期召开工作会议，专题研究推动改革试点工作。

（二）加强沟通协调。各级住房城乡建设主管部门应加强与发改、财政、审计等部门的沟通，切实推动改革试点工作，及时解决工作过程中遇到的问题，总结经验做法，并与省住房城乡建设厅形成上下协调一致的工作机制。

（三）加大宣传培训。各级住房城乡建设主管部门要坚持正确舆论导向，做好工程造价政策解读和舆论引导，做好宣传营造全社会支持的良好氛围。积极组织工程造价行业从业企业参加省住房城乡建设厅举办的"造价改革百堂课"及技术培训班，凝聚行业共识。

（四）加强信息报送。各县区住房城乡建设主管部门、试点项目建设单位应于 2021 年 12 月 15 日前向市住建局报送造价改革试点工作开展情况，总结工作成效，分析存在问题，提出改进思路，此后每半年报送试点工作进展情况，试点项目竣工后一个月内，建设单位报送该项目试点的全面总结报告。

梅州市住房和城乡建设局

梅市建函〔2021〕157号

梅州市住房和城乡建设局关于印发梅州市工程造价改革试点工作实施方案的通知

各县（市、区）住房城乡建设主管部门，各有关单位：

按照《广东省住房和城乡建设厅关于印发广东省工程造价改革试点工作实施方案的通知》（粤建市函〔2021〕502号）的工作安排，为做好我市工程造价改革实施工作，我市制定了《梅州市工程造价改革试点工作实施方案》，现印发给你们，请按照执行。执行过程中遇到困难和问题，请径与市建设工程建设综合服务中心联系。

梅州市住房和城乡建设局

2021年9月3日

梅州市工程造价改革试点工作实施方案

根据《广东省住房和城乡建设厅关于印发广东省工程造价改革试点工作实施方案的通知》（粤建市函〔2021〕502号）工作要求，为有序推进我市房地产开发项目和部分国有资金投资的房屋建筑、市政公用工程项目工程造价改革试点工作，结合我市实际，制定本实施方案。

一、指导思想

以习近平新时代中国特色社会主义思想为指导，全面贯彻党的十九大和十九届二中、三中、四中、五中全会精神，落实党中央、国务院"放管服"改革和推进建筑业健康发展的决策部署，按照住房和城乡建设部工程造价改革工作安排和省委、省政府有关工作要求，正确处理政府与市场的关系，大力推行清单计量、市场询价、自主报价、竞争定价的工程计价方式，加快完善工程造价市场形成机制，全面推行施工过程结算，为提高项目投资效益、保障工程质量安全、维护建筑市场秩序提供更有力的支撑。

二、工作任务

（一）引导试点项目创新计价方式。积极引导试点项目试行清单计量、市场询价、自主报价、竞争定价等工程计价方式，试点项目的估算、概算、预算、最高投标限价等造价成果可通过市场询价，结合类似工程造价数据、造价指标指数等编制和确定。在确保项目投资可控的情况下，试点项目不可不编制最高投标限价，推动投标人根据自身实际成本竞争报价。

积极构建多元化工程造价信息服务，住房城乡建设主管部门或者工程造价主管机构依据标准和规则采集、编审，并在省造价平台发布本地区人工、材料等市场价格信息和工程造价指标指数，同时支持有条件的企事业单位和行业组织制订发布企业（团体）市场价格信息和工程造价指标指数，供市场主体参考。

（二）强化建设单位造价管控责任。引导建设单位结合工程实际，综合运用自身形成的或第三方提供的工程造价信息数据，或者省造价平台发布的市场价格信息和工程造价指标指数，有效控制设计限额、建造标准、合同价格。推动建设单位实施贯穿项目立项、勘察设计、施工、竣工等各环节的多层次全费用工程量清单，以目标成本管控为核心，实现市场化、动态化全过程造价管理。引导采用工程总承包和全过程工程咨询服务模式的项目建设单位、总承包单位、全过程工程咨询服务单位，按照《广东省建设项目全过程造价管理规范》DBJ/T 15—153—2019要求，实施全过程造价管控。

（三）严格施工合同履约管理。加强施工合同示范文本宣贯，引导和规范发包人、承包人市场行为。建立健全施工合同履约监管机制，将施工合同履约监管与质量安全监管相结合，与诚信体系建设相结合，加强执法和监管力度，加大对违法违规行为的查处力度。探索推行施工过程结算，将其纳入竣工结算，简化竣工结算手续。

（四）探索工程造价纠纷的市场化解决途径。完善工程造价纠纷处理机制，引导工程各方应用广东省建设工程定额动态管理系统与广东省建设工程造价纠纷处理系统，采用线上系统模式处理工程造价纠纷。

（五）落实深化"证照分离"改革要求。加强工程造价咨询企业资质取消后的事中事后监管，开展"双随机、一公开"监管，依法查处违法违规行为，并向社会公布监督检查结果。完善协同监管机制，探索建立工程造价咨询企业信用与执业人员信用挂钩制度，推行工程造价咨询成果质量终身责任制，推广职业保险制度。

（六）开展项目试点。根据省住建厅工作要求，选取我市有条件的房屋建筑、市政公用工程作为工程造价改革试点项目，各县（市、区）应结合本地区实际确定一个以上项目试点，并于10月15日前报送至我局统一汇总上报省住建厅。

三、实施步骤

根据省住建厅工作部署，工程造价改革试点工作分三个阶段实施：

（一）准备阶段（2021年7月至2021年8月）。根据省住建厅工作方案改革任务要求，细化制定我市工程造价改革试点工作方案。

（二）试点阶段（2021年8月至2023年12月）。各县（市、区）住房城乡建设主管部门根据省住建厅和我市实施方案部署，确定我市试点项目，推动本地区工程造价改革试点工作，加强技术指导，及时研究解决试点推进过程出现的问题，定期总结造价改革试点进展情况。

（三）提升阶段（2024年1月至2025年12月）。各县（市、区）住房城乡建设主管部门全面总结试点经验做法，进一步完善市场定价体制机制，推动清单计量、市场询价、自主报价、竞争定价的工程计价方式得到更广泛应用。

四、保障措施

（一）加强组织领导。成立我市工程造价改革试点工作领导小组，由市住建局分管负责同志任组长，成员包括建筑市场监管科、工程质量安全监管科、市建筑工程质量安全保障站、市工程建设综合服务中心及各县（市、区）住房城乡建设主管部门等负责同志，领导小组办公室设在建筑市场监管科，领导小组不定期召开工作会议，专题研究推动改革试点工作。

（二）加强沟通协调。各县（市、区）住房城乡建设主管部门应加强与发改、财政、审计等部门的沟通，切实推动改革试点工作，及时解决工作过程中遇到的问题，总结经验做法，并与省住房城乡建设厅形成上下协调一致的工作机制。

（三）加大宣传培训。各县（市、区）住房城乡建设主管部门要坚持正确舆论导向，做好工程造价政策解读和舆论引导，做好宣传营造全社会支持的良好氛围。积极组织建设、施工、咨询等单位参加省住建厅举办的"造价改革百堂课"及技术培训班，凝聚行业共识。

（四）加强信息报送。各县（市、区）住房城乡建设主管部门、试点项目单位应于2021年12月10日前向我局报送造价改革试点工作开展情况，总结工作成效，分析存在问题，提出改进思路。此后每半年报送试点工作进展情况，试点项目竣工后一个月内，报送该项目试点的全面总结报告。

惠州市住房和城乡建设局

惠市住建函〔2021〕637号

惠州市住房和城乡建设局关于印发《惠州市工程造价改革试点实施方案》的通知

各有关单位：

　　为深化工程造价改革工作，健全我市建设工程造价市场化形成机制，有序推进改革试点相关工作，根据《住房和城乡建设部办公厅关于印发工程造价改革工作方案的通知》（建办标〔2020〕38号）、《广东省住房和城乡建设厅关于印发广东省工程造价改革试点工作实施方案的通知》（粤建市函〔2021〕502号）等文件精神，我局制定了《惠州市工程造价改革试点实施方案》，现印发给你们，请按照执行。执行过程中遇到的困难和问题，请与市建设工程造价管理站联系。

惠州市住房和城乡建设局

2021年8月18日

惠州市工程造价改革试点实施方案

为深化工程造价改革试点工作，健全我市建设工程造价市场化形成机制，充分发挥市场在资源配置中的决定性作用，加快推进市场决定工程造价机制，根据《住房和城乡建设部 办公厅关于印发工程造价改革工作方案的通知》（建办标〔2020〕38号）、《广东省住房和城乡建设厅关于印发广东省工程造价改革试点工作实施方案的通知》（粤建市函〔2021〕502号）等文件精神，结合我市实际，制定本工作方案。

一、工作目标

完善我市工程造价市场形成机制，坚持市场在资源配置中起决定性作用，正确处理政府和市场的关系，通过试点项目，推行清单计量、市场询价、自主报价、竞争定价的工程计价方式，强化建设单位造价管控责任，加强施工合同履约管理，推行施工过程结算，逐步解决结算难问题，转变工程造价监督管理方式，完善造价咨询行业信用管理，促进行业高质量发展，为工程造价改革提供可复制、可推广的经验做法。

二、工作任务

（一）引导试点项目形成市场定价机制在试点项目中试行清单计价、市场询价、自主报价、竞争定价等工程计价方式，造价成果可通过以类似工程造价数据、指数指标为基础，市场询价为主导，现行行业主管部门发布的定额、信息价为参考的方式进行编制和确定。招标人可在招标文件中只公布最高投标限价的总价，不公布具体总价费用组成，由各投标人根据企业成本及市场价格水平自主报价，最终形成竞争定价，确定中标人。试行将工程量清单综合单价改为全费用综合单价，取消安全文明施工措施费、规费、税金等费用不可竞争的规定，给予投标人充分竞争的空间，充分发挥投标人自身优势。

（二）构建多元造价信息服务

继续做好我市材料设备信息综合价发布工作，按照省住建厅制定的市场价格采集分析、发布标准，发布我市材料设备综合价以及造价指数指标，同时鼓励有条件的企事业单位发布相关市场价格、造价指数指标等信息，供建设各方主体参考。按照省住建厅制定的市场询价规则，运用比质比价的市场手段，科学化管理询价采购，明确询价采购行为的责任和义务，探索建立询价采购平台。

（三）强化建设单位造价管控责任

引导建设单位根据工程实际，运用造价历史数据、可靠的工程造价指数指标及市场价格水平，采用全费用工程量清单，合理确定工程各建设阶段工程造价，引导试点项目采用全过程造价咨询服务管理模式，按照《广东省建设项目全过程造价管理规范》DBJ/T 15—153—2019要求，以实现目标成本管控为目的，提高建设项目投资效益，为项目造价管控提供专业、有效的技术支撑。

（四）加强施工合同履约管理

各县（区）住房城乡建设主管部门应规范建设施工合同的签订，引导合同双方合理确定分担风险范围，明确超出风险幅度的调整办法，发生变更且无报价的，应在市场询价的基础上，由合同双方协商确定价格。加强对合同履约和价款支付的监管，研究制定施工过程结算操作规则，推进施工过程结算在国有投资项目上的应用，在招标文件、施工合同中明确施工过程结算周期、计量计价方法、风险范围、验收要求，以及价款支付时间、程序、方法、比例等内容。继续推进我市施工合同网签工作，规范房地产行业施工合同签订和履行、杜绝"阴阳"合同。对通过施工合同网签的房地产项目，可在办理项目施工许可手续、商品房预售许可、后续工程款申报备案和税务、房屋建筑和市政基础设施工程竣工结算文件备案等事项时，提交网签回执供住房城乡建设、房产和税务等主管部门进行查验。

（五）探索多途径解决工程造价纠纷

完善工程造价纠纷处理机制，引导纠纷双方通过纠纷调解方式，利用我市建设工程造价专家库以及通过"广东省建设工程造价纠纷在线处理系统"等方式，多渠道化解造价纠纷。不断充实我市建设工程造价专家库，进一步完善专家库运行机制，提升我市专家库的专业性、权威性，扩大专家库的应用范围。

（六）完善诚信综合评价

全面推行"双随机、一公开"监管，加强事中事后监管工作，开展造价咨询企业、执业人员、成果文件检查，联合有关部门实施守信联合激励、失信联合惩戒制度，进一步规范我市的工程计价行为，建立诚实守信、公平竞争、健康有序的工程造价咨询市场秩序。配合做好广东省建设工程造价咨询信用评价细则制定，依托"惠州市建设工程造价监测与诚信综合评价系统"，扩大诚信综合评价结果的应用范围，加强信用监管力度，探索建立企业信用与执业人员信用挂钩机制，强化个人执业资格管理，充分利用信息化手段实行动态监管。

三、实施步骤

我市工程造价改革试点工作分三个阶段实施：

（一）准备阶段（2021年8月至2021年9月）

1. 开展专题调研。组织各县（区）造价主管部门、造价咨询企业及相关业主单位进行座谈，听取各方意见和建议，研究探讨我市工程改革试点工作的目标内容。

2. 确定试点项目。由各县（区）住房城乡建设主管部门推荐不少于1个有条件开展工程造价改革试点的房屋建筑、市政公用工程项目，并于8月30日前报送市住房城乡建设局，经筛选后将作为我市工程造价改革试点项目报省住建厅。走访相关国有建设投资企业和房地产开发企业，动员其参与造价改革并提供试点项目。

（二）实施阶段（2021年9月至2023年12月）

按照试点工作方案，推进工程造价改革任务，对试点项目实施情况进行跟踪，组织专家研究解决改革过程中存在问题，开展现场观摩，学习借鉴其他改革试点省、市的先进工作经验，及时向省住建厅反馈存在问题和报送改革实施情况。

（三）提升阶段（2024年1月至2025年12月）

全面开展试点项目的经验总结和成效评价，梳理试点中存在的问题和困难，总结经验做法，进一步完善我市工程造价改革思路和措施，推广可复制的改革经验做法。

四、保障措施

（一）加强组织协调。加强与市、县（区）发改、财政、审计等有关部门的沟通协调，争取对工程造价改革工作的支持和配合。各县（区）住房城乡建设主管部门要根据试点方案工作安排，积极配合开展我市工程造价改革工作，做好引导属地试点项目推行清单计量、市场询价、自主报价、竞争定价的工程计价方式、强化建设单位造价管控责任、严格施工合同履约管理、政策解读及舆论引导等工作。

（二）加强技术指导。组建惠州市工程造价改革试点工作专家指导组，组织专家指导试点项目开展试点工作，研究解决试点推进过程中存在的问题，并根据省住建厅工作要求，制定完善我市工程造价改革配套政策、措施，及时向省住建厅反馈和总结试点实施情况。

（三）积极宣传引导。做好工程造价改革政策解读和舆论引导，收集改革意见建议，总结并宣传试点工作经验和成果，为顺利推进改革试点工作营造良好的社会舆论氛围。

（四）加强信息报送。各县（区）住房城乡建设主管部门要及时将工程造价改革相关思路、属地试点项目推进情况、存在的问题、相应对解决措施以及好的做法经验汇总后报送我局。

汕尾市住房和城乡建设局文件

汕建字〔2021〕149 号

汕尾市住房和城乡建设局关于印发汕尾市工程造价改革试点工作实施方案的通知

新区管委会，市发改局、市财政局，各县（市、区）住房和城乡建设局，各有关单位：

为贯彻落实《广东省住房和城乡建设厅关于印发广东省工程造价改革试点工作实施方案的通知》（粤建市函〔2021〕502 号）有关工作要求，有序推进我市房地产开发项目和有条件的国有资金投资的房屋建筑、市政公用工程项目工程造价改革试点工作，我局制定了《汕尾市工程造价改革试点工作实施方案》，现印发给你们，请认真贯彻实施。执行过程中遇到困难和问题，请径与市住房城乡建设局建筑市场管理科联系。

　　附件：汕尾市工程造价改革试点工作实施方案

汕尾市住房和城乡建设局

2021 年 9 月 28 日

附件：

汕尾市工程造价改革试点工作实施方案

为贯彻落实《住房和城乡建设部办公厅关于印发工程造价改革工作方案的通知》（建办标〔2020〕38号）和《广东省住房和城乡建设厅关于印发广东省工程造价改革试点工作实施方案的通知》（粤建市函〔2021〕502号）文件精神，深化工程造价改革工作，结合我市实际，制定本工作实施方案。

一、工作目标

以习近平新时代中国特色社会主义思想为指导，落实党中央、国务院"放管服"改革和推进建筑业健康发展的决策部署，坚持市场在资源配置中起决定性作用，正确处理政府和市场的关系，通过试点项目，推行清单计量、市场询价、自主报价、竞争定价的工程计价方式，强化建设单位造价管控责任，加强施工合同履约管理，推行施工过程结算，完善我市工程造价市场形成机制，为提高项目投资效益、保障工程质量安全、维护建筑市场秩序提供更有力的支撑。

二、工作任务

通过开展我市房屋建筑、市政公用工程项目工程造价改革试点项目工作，确保到2023年底，基本完成工程造价改革任务；到2025年底，进一步完善工程造价市场竞价机制。

三、实施步骤

我市工程造价改革试点工作分三个阶段实施：

（一）准备阶段（2021年8月至2021年10月）

1. 开展专题调研。市住房城乡建设局组织各县（市、区）住房城乡建设主管部门、造价主管部门、造价咨询企业及相关业主单位进行座谈，听取各方意见和建议，研究探讨我市工程改革试点工作的目标内容。

2. 确定试点项目。各县（市、区）住房城乡建设主管部门优先选择辖区采用代建、工程总承包、全过程工程咨询服务等工程建设组织模式的项目，推荐不少于1个有条件开展工程造价改革试点的房屋建筑市政公用工程项目，并于10月15日前报送市住房城乡建设局，经筛选后将作为我市工程造价改革试点项目报省住房城乡建设厅。〔由市住建局建筑市场管理科牵头、各县（市、区）住建局、市造价站负责〕

（二）实施阶段（2021年11月至2023年12月）

按照试点工作方案，推进工程造价改革任务，对试点项目实施情况进行跟踪，组织专家研究解决改革过程中存在问题，开展现场观摩，学习借鉴其他改革试点省、市的先进工作经验，及时向省住房城乡建设厅反馈存在问题和报送改革实施情况。〔由市住建局建筑市场管理科牵头、各县（市、区）住建局、市造价站、业主单位、造价咨询单位负责〕

（三）提升阶段（2024年1月至2025年12月）

全面开展试点项目的经验总结和成效评价，梳理试点中存在的问题和困难，总结经验做法，进一步完善我市工程造价改革思路和措施，推广可复制的改革经验做法。

四、保障措施

（一）加强组织领导。成立汕尾市工程造价改革试点工作领导小组：由市住建局副局长担任组长，市住建局建筑市场管理科科长、市造价管理站站长任副组长，成员由市发改、财政等有关部门及各县（市、区）住房城乡建设局抽调相关工作人员组成，全面指导推进我市工程造价改革试点工作。各地住房城乡建设主管部门应加强与发改、财政、审计等有关部门的沟通协调，切实推动改革试点工作，及时解决工作过程中遇到的问题，总结经验做法。

（二）加强技术指导。组建汕尾市工程造价改革试点工作专家指导组，组织专家指导试点项目开展试点工作，研究解决试点推进过程中存在的问题，并根据省住房城乡建设厅工作要求，制定完善我市工程造价改革配套政策、措施，由市住建局建筑市场管理科及时向省住房城乡建设厅反馈和总结试点实施情况。

（三）积极宣传引导。争取省标准定额站的大力支持，选派优秀省级行业专家为汕尾的建设、施工、咨询单位提供有针对性的技术培训，凝聚行业共识。同时做好工程造价改革政策解读和舆论引导，为顺利推进改革试点工作营造良好舆论氛围。

（四）加强信息报送。各县（市、区）住房城乡建设局、市造价管理站要落实专人负责（名单报市住建局建筑市场管理科），在2021年12月31日前，向市住建局报送试点工作情况，总结工作成效，分析存在问题，提出改进思路。此后每半年定期报送试点工作进展情况；试点项目竣工后一个月内，报送该项目试点的全面总结报告。

东莞市住房和城乡建设局文件

关于印发东莞市造价改革试点工作
实施方案的通知

各园区（镇街）住房和城乡建设局，各有关单位（企业）：

按照《住房和城乡建设部办公厅关于印发工程造价改革工作方案的通知》（建办标〔2020〕38号）和《广东省住房和城乡建设厅关于印发广东省工程造价改革试点工作实施方案的通知》（粤建市函〔2021〕502号）的工作安排，为做好我市工程造价改革试点工作，我局制定了《东莞市工程造价改革试点工作实施方案》，现印发给你们，请按照执行。执行过程中遇到困难和问题，请与市建设工程造价管理站联系。

特此通知。

东莞市住房和城乡建设局
2021年8月15日

东莞市工程造价改革试点工作实施方案

为贯彻落实《住房和城乡建设部办公厅关于印发工程造价改革工作方案的通知》（建办标〔2020〕38号）和《广东省住房和城乡建设厅关于印发广东省工程造价改革试点工作实施方案的通知》（粤建市函〔2021〕502号）有关要求，充分发挥市场在配置资源中的决定性作用，促进要素自由流动、市场决定价格、竞争公平有序，推进我市房地产开发项目和部分国有资金投资的房屋建筑、市政公用工程项目工程造价改革试点工作，结合我市实际，制定本实施方案。

一、总体要求

（一）指导思想。以习近平新时代中国特色社会主义思想为指导，全面贯彻党的十九大和十九届二中、三中、四中、五中全会精神，落实党中央、国务院"放管服"改革和推进建筑业健康发展的决策部署，按照住房和城乡建设部工程造价改革工作安排和广东省工程造价改革试点工作实施方案有关工作要求，正确处理政府与市场的关系，积极探索清单计量、市场询价、自主报价、竞争定价的工程计价方式，加快工程造价市场形成机制，全面推行施工过程结算，为提高项目投资效益、保障工程质量安全、维护建筑市场秩序提供更有力的支撑。

（二）主要目标。通过开展房地产开发项目和部分国有资金投资的房屋建筑、市政公用工程项目工程造价改革试点，到2023年底，基本形成工程造价市场定价机制；到2025年底，进一步完善工程造价市场竞价机制。

二、工作任务

（一）完善施工过程结算相关规则。根据《广东省住房和城乡建设厅关于明确工程造价改革试点项目选择等事项的函》（粤建标函〔2021〕587号）的有关要求，结合我市目前推进造价改革的实际情况，选取财政性资金或国有资金为主，功能需求明确、结构形式简单、施工技术成熟、市场价格透明的拟建或在建的房屋建筑、市政公用工程项目作为造价改革试点项目；选取房地产等社会投资项目作为造价改革试点项目为辅。通过试点项目完善过程结算相关操作规则，全面推行过程结算。

（二）探索造价指标分析与整理的方法。运用科技手段，建立工程造价指标数据库，按区域、工程类型、建筑结构等分析、发布类似造价指标，充分发挥市场竞争机制，提高投资效益提供数据支撑；探索满足工程造价市场化管理的指标指数编制方法。

（三）引导试点项目创新计价方式。试点项目试行清单计量、市场询价、自主报价、竞争定价等工程计价方式。试点项目的估算、概算、预算、最高投标限价等造价成果可通过市场询价，结合类似工程造价数据、造价指标指数等编制和确定。在确保项目投资可控的情况下，试点项目可不编制最高投标限价，推动投标人根据自身实际成本竞争报价。

（四）探索工程计量和计价规则。配合省住房城乡建设厅及相关部门，根据广东省房

297

屋建筑和市政公用工程投资估算、概算编制办法，探索修订现有工程量清单计量、计价规范中与市场定价机制不一致的条款，取消工程量清单计量、计价受定额约束限制的规定，加快制定贯穿项目立项、勘察设计、施工、竣工等各环节的工程量清单计量、计价规则。

（五）探索工程计价依据发布机制。支持有条件的企事业单位和行业组织根据市场实际和有关规定进行修订、完善和补充工程计价依据，并经省建设工程标准定额站组织评审后，在广东省工程造价信息化平台（网址：http：//www.gdcost.com，简称"省造价平台"）统一发布和动态管理，逐步形成"规则统一、行业共编、数据共享、动态调整"的计价依据体系。根据省住房城乡建设厅市场价格信息采集、分析、发布标准和市场询价指导规则，在省造价平台发布本地区人工、材料、项目等市场价格信息和工程造价指标指数，以及投资咨询、勘察、设计、监理、造价、招标代理和全过程工程咨询等服务费用的市场价格信息。积极构建多元化工程造价信息服务方式，支持有条件的企事业单位和行业组织制订发布企业（团体）市场价格信息和工程造价指标指数，供市场主体参考。

（六）强化建设单位造价管控责任。指导建设单位结合工程实际，综合运用自身形成的或第三方提供的工程造价信息数据，或者省、市造价平台发布的市场价格信息和工程造价指标指数，有效控制设计限额、建造标准、合同价格。推动建设单位实施贯穿项目立项、勘察设计、施工、竣工等各环节的多层次全费用工程量清单，以目标成本管控为核心，实现市场化、动态化全过程造价管理。引导采用工程总承包和全过程工程咨询服务模式的项目建设单位、总承包单位、全过程工程咨询服务单位，按照《广东省建设项目全过程造价管理规范》DBJ/T 15—153—2019 要求，实施全过程造价管控。

（七）严格施工合同履约管理。完善政府投资项目工程价款结算管理机制，简化竣工结算手续。规范建设施工合同的签订，合理确定合同风险的分担，避免合同履约中的不良行为，探索试行施工合同网签。

（八）探索工程造价纠纷的市场化解决途径。建立多元化的工程造价纠纷处理机制，造价主管机构联合行业组织成立专家调解委员会，与司法、仲裁机构形成合力，并充分运用市场定价机制及有关成果，妥善化解工程造价纠纷。

（九）探索完善协同监管机制。落实深化"证照分离"改革要求，探索建立工程造价咨询企业信用与执业人员信用挂钩制度，推行工程造价咨询成果质量终身责任制和职业保险制度，完善监管数据共享、多元共建共治、互为联动支撑的协同监管机制。

三、实施步骤

工程造价改革工作分三个阶段实施：

（一）准备阶段（2021 年 8 月至 2021 年 10 月）

按照优先选择采用代建、工程总承包、全过程工程咨询服务等工程建设组织模式的项目的原则，选取我市有条件的房屋建筑、市政公用工程作为工程造价改革试点项目，按本方案全部或部分工作任务进行试点实施。试点项目数量原则上不少于 3 个，于 2021 年 8 月 31 日、10 月 31 日前分批确定并报省住房城乡建设厅。

1. 成立造价改革试点工作领导小组。按照省住房城乡建设厅有关工作要求，为了全面推进工程造价改革工作，确保项目实施试点任务有效完成，成立以东莞市住房和城乡建设局分管副局长为组长，质量安全管理科、建筑市场管理科、房地产市场监管科、建设工程招标投标管理科、市建设工程质量监督站、市建设工程造价管理站、勘察设计协会、建筑业协会和工程造价行业协会等相关部门负责人为成员的造价改革试点工作领导小组（详见附件1），领导小组下设办公室，由市造价站负责试点的日常工作，确保项目试点工作顺利实施。

2. 宣传引导。市及各园区（镇街）住房和城乡建设局，各有关单位（企业）要深入贯彻落实工程造价改革实施意见，加大工程造价改革试点工作的宣传力度，充分发挥官方网站、微信公众号等信息发布平台作用，引导自媒体积极宣传，坚持正确舆论导向，做好政策解读和舆论引导，及时总结宣传，营造全社会支持的良好氛围。

3. 制订相关的配套文件。改革工作小组起草制订配套文件，做好前期技术规则和方法指引的编制准备工作。

4. 确定试点项目。市及各园区（镇街）住房和城乡建设局按照要求确定试点项目，并按时申报。

（二）试点阶段（2021年8月至2023年12月）

对试点项目加强技术指导，及时研究解决试点推进过程出现的问题，不断进行阶段性总结，并通过现场观摩、交流学习等多种形式，宣传推广试点经验做法。市住房和城乡建设局加强统筹协调，及时总结推广相关经验做法，定期向省住房城乡建设厅报送造价改革试点进展情况。

（三）提升阶段（2024年10月至2025年12月）

试点项目完工后，总结评估试点项目改革措施成效，全面总结试点经验做法，梳理试点过程中可复制、可推广的成功经验及尚需解决的问题，进一步完善改革思路和措施，向省住房城乡建设厅报送试点工作总结。

四、保障措施

（一）加强组织协调。造价改革工作领导小组负责统筹推进全市的造价改革试点工作，及时解决造价改革试点工作过程中遇到的问题，总结经验做法，并与省住房城乡建设厅形成上下协调一致的工作机制。

各园区（镇街）住房和城乡建设局，要根据省、市造价改革试点工作的要求成立相应的机构，安排专人负责推进造价改革试点的相关工作，同时指定一名联系人保持与造价改革工作领导小组办公室的联络（详见附件2）及报送相关资料。

（二）加强行业服务。以造价改革试点工作为契机，进一步完善造价管理部门在工程造价市场监管和公共服务方面的职责，引导造价咨询行业健康发展、规范市场环境、促进公平竞争。发挥行业协会在政企桥梁、行业引领、人才培育、行业自律等方面的积极作用。

（三）加强信息报送。建立工程造价改革试点工作定期信息报送制度，及时整理试点项目工作推进信息，收集试点工作中遇到的问题，研究制定解决措施。2021年12月31日前，试点项目相关单位（企业）要向造价改革试点工作办公室报送试点工作情况，总结工作成效，分析存在问题，提出改进思路。此后每半年定期报送试点工作进展情况；试点项目竣工后一个月内，报送该项目试点的全面总结报告。

附件：1. 东莞市工程造价改革试点工作领导小组
　　　2. 东莞市各园区（镇街）工程造价改革试点工作联络表

中山市住房和城乡建设局文件

中山市青溪路（莲员西路至康华路）改造工程造价改革试点项目工作专项方案

按照《广东省住房和城乡建设厅关于印发广东省工程造价改革试点工作实施方案的通知》（粤建市函〔2021〕502 号）有关安排，为完成工程造价改革试点项目工作任务，制定本工作方案。

一、项目背景

试点项目工程为中山市石岐区青溪路（莲员西路至康华路段），建设单位是中山市代建项目管理办公室。本工程为拓宽改造工程，道路南起莲员西路，北至康华路，全长约 1883.915m。道路红线宽度为 24m，道路等级为城市次干路，设计车速 30km/h。道路自南向北依次与莲员西路、7m 规划路、20m 振兴路、24m 江员路、24m 规划路、7m 涌口街、24m 规划路、15m 规划路及康华路相交。改造内容：道路工程、桥涵工程、给水排水工程、照明工程、绿化工程、交通工程、高压改造工程等。

根据中山市发展和改革局批复的概算总投资为 13156.69 万元，其中建安工程费用 7020.85 万元；经市财政局审核后预算金额 5056.29 万元；项目于 2021 年 6 月进行公开招标，中标金额为 4160.17 万元，建设所需资金由市级财政解决。目前该项目处于施工阶段，计划工期共 318 天，计划竣工时间为 2022 年 4 月。

二、试点的工作任务

试点项目实施的必选任务为：序号 16 探索造价指标分析与整理的方法；序号 20 推广职业保险制度。

试点项目实施的可选任务为：序号 14 实施合同动态管理；序号 18 探索建立工程造价咨询企业信用与执业人员信用挂钩制度；序号 19 推行工程造价咨询成果质量终身责任制。

三、试点工作任务的具体实施安排及措施

（一）序号 14 实施合同动态管理（可选）

建立合同档案及合同管理台账，实施合同履约过程的动态管理，推行人工费用与其他工程款分账管理，填写合同执行情况月报表，定期通报合同实施情况及存在问题；

工作安排及进度计划：

1. 建立合同档案及合同管理台账。于 2021 年 9 月份完成。

2. 按施工进度同步开展人工费用与其他工程款分账管理。

3. 填写合同执行情况月报表，定期通报合同实施情况。

4. 对合同动态管理及人工费用分账管理的执行情况进行评估。预计 2022 年 6 月底完成。

保障措施：

1. 建立合同档案及合同管理台账，实施合同履约过程的动态管理；

2. 按有关规定实行分账支付管理，并加强监督，及时协调解决分账管理中存在的问题。

3. 填写合同执行情况月报表，定期通报合同实施情况及存在问题。

（二）序号 16 探索造价指标分析与整理的方法（必选）

分析和整理造价数据，探索满足造价市场化管理的指标编制方法。

工作安排及进度计划：

1. 分析整理《青溪路（莲员西路至康华路段）改造工程》的有关造价数据资料，编制本项目的造价分析指标。于 2022 年 6 月底完成。

2. 按类似的造价分析方法对其他的政府工程项目编制造价指标。

保障措施：

1. 鼓励工程造价咨询机构建立健全自有的内部指标数据库。对已建立内部指标数据库的工程造价咨询企业在诚信体系中予以适当的加分。

2. 鼓励工程造价协会建立健全本地的常用工程指标库。

3. 市住房城乡建设主管部门充分认识工程造价指标指数编制工作的重要意义，持续推进工程造价指数的编制发布工作，完善工程造价指数的编制方法。

4. 市住房城乡建设主管部门完善中山市建设工程竣工结算备案系统，加大力度收集竣工结算数据资料、对竣工结算资料进行分析整理，完善竣工结算指标的编制方法。

5. 市住房城乡建设主管部门要积极与财政等相关部门联系沟通，推动造价行业数据共享。

6. 市住房城乡建设主管部门协调处理工程造价指数试点工作过程中出现的新问题，完善相关激励制度，总结经验进一步完善及推广。

（三）序号 18 探索建立工程造价咨询企业信用与执业人员信用挂钩制度。序号 19 推行工程造价咨询成果质量终身责任制（可选）

坚持政府主导、企业自治、行业自律、社会监督，压实咨询企业主体责任，强化个人执业资格管理，充分发挥信用监管基础性作用，建立企业信用与执业人员信用挂钩机制，依法依规实施失信惩戒，提高工程造价咨询企业和执业人员的诚信意识。

按照"谁编制、谁负责，谁审批，谁负责"，切实履行监管职责，强化全过程质量监管，建立健全严重违法责任企业及相关人员行业禁入制度。

因第 18 项及第 19 项试点任务，实际上在工作开展上具有密切关联性，故同步纳入试点任务及一并开展工作。

工作安排及进度计划：

1. 分析调查中山市的工程造价咨询企业信用与执业人员信用挂钩的现状，梳理存在的难点问题。于 2021 年 12 月底完成。

2. 分析调查工程造价咨询质量终身责任制的现状，推广过程可能存在的难点问题及相应的配套方案的预判研究。于 2022 年 3 月底完成。

3. 市住房城乡建设主管部门探索制定工程造价咨询企业信用与执业人员信用挂钩、工程造价咨询成果与个人信用挂钩的初步方案。预计 2022 年 9 月底完成。

4. 推广工程造价咨询企业信用与执业人员信用挂钩、工程造价咨询成果与个人信用挂钩，并对推广进行过程中进行动态调整。预计 2023 年 12 月底完成。

保障措施：

1. 鼓励工程造价协会建立企业、人员的自律公约。

2. 市住房城乡建设主管部门协调处理推广过程中出现的新问题，完善相关的配套制度，总结经验及推广。

（四）序号 20 推广职业保险制度（必选）

咨询企业和执业人员购买职业保险制度，保障项目投资效益，建设各方可对因造价成果质量导致的不利影响或损失可以通过理赔申请、认定执行，从而建立健全第三方监管机制。

工作安排及进度计划：

1. 分析调查中山市的工程造价职业保险制度的现状，梳理存在的难点问题。于 2021 年 12 月底完成。

2. 与保监会、有关保险公司协商沟通，探索开展工程造价职业保险制度的试点工作。预计 2022 年 6 月底完成。

3. 协调有关保险公司、造价协会制定相关的保险实施的合同条款。预计 2022 年 12 月底完成。

4. 对工程造价职业保险制度的开展情况进行评估。预计 2023 年 12 月底完成。

保障措施：

1. 市住房城乡建设主管部门研究探索工程造价职业保险与信用等级的联动。将工程造价职业保险的保险情况与工程造价咨询企业的信用挂钩。

2. 市住房城乡建设主管部门充分认识推广工程造价咨询企业职业保险工作的重要意义，加强引导，积极稳妥，持续推进。

3. 市住房城乡建设主管部门要积极与银监、发改、财政、审计、司法等相关部门联系沟通，介绍工程造价职业保险。

4. 市住房城乡建设主管部门鼓励本市行业内有影响力的工程造价咨询企业开展工程造价职业保险。

5. 市住房城乡建设主管部门协调处理推广过程中出现的新问题，完善相关制度，对推广成效及时评估，总结经验进一步完善及推广。

试点项目必选项目 16、20，可选项目 18、19 因涉及造价行业管理，故在试点方案中更侧重于从行业管理的角度开展工作。

此试点方案将随试点项目的工作逐渐深入，将动态进行调整、优化。

中山市住房和城乡建设局
2021 年 8 月 31 日

阳江市住房和城乡建设局

阳住建通〔2021〕253号

阳江市住房和城乡建设局关于印发阳江市工程造价改革试点工作方案的通知

各县（市、区）住房城乡建设局，有关单位：

按照《广东省工程造价改革试点工作实施方案》（粤建市函〔2021〕502号）的工作安排，为做好我市工程造价改革工作，我局制定了《阳江市工程造价改革试点工作方案》，现印发给你们，请按照执行。执行过程中遇到困难和问题，请径与市工程造价站联系。

阳江市住房和城乡建设局
2021年8月12日

阳江市工程造价改革试点工作方案

为贯彻落实《广东省住房和城乡建设厅关于印发广东省工程造价改革试点工作实施方案的通知》（粤建市函〔2021〕502号）有关要求，有序推进我市房地产开发项目和部分国有资金投资的房屋建筑、市政公用工程项目工程造价改革试点工作，结合我市实际，制定本工作方案。

一、总体要求

（一）指导思想。以习近平新时代中国特色社会主义思想为指导，全面贯彻党的十九大和十九届二中、三中、四中、五中全会精神，落实党中央、国务院"放管服"改革和推进建筑业健康发展的决策部署，按照省住房城乡建设厅工程造价改革工作安排和市委、市政府有关工作部署，正确处理政府与市场的关系，大力推行清单计量、市场询价、自主报价、竞争定价的工程计价方式，加快完善工程造价市场形成机制，全面推行施工过程结算，为提高项目投资效益、保障工程质量安全、维护建筑市场秩序提供更有力的支撑。

（二）主要目标。通过有序开展房地产开发项目和部分国有资金投资的房屋建筑、市政公用工程项目工程造价改革试点，到2023年底，基本形成工程造价市场定价机制；到2025年底，进一步完善工程造价市场竞价机制。

二、工作任务

（一）引导试点项目创新计价方式。市及各县（市、区）住房城乡建设局要积极引导试点项目试行清单计量、市场询价、自主报价、竞争定价等工程计价方式。试点项目的估算、概算、预算、最高投标限价等造价成果可通过市场询价，结合类似工程造价数据、造价指标指数等编制和确定。在确保项目投资可控的情况下，试点项目可不编制最高投标限价，推动投标人根据自身实际成本竞争报价。

（二）改进工程计量和计价规则。根据省住房城乡建设厅制定的房屋建筑和市政公用工程投资估算、概算编制办法及修订后工程量清单计量、计价规范的相关条款，取消工程量清单计量、计价受定额约束限制的规定，在项目立项、勘察设计、施工、竣工等各环节予以实施。

（三）创新工程计价依据发布机制。支持有条件的企事业单位和行业组织根据市场实际和有关规定进行修订、完善和补充工程计价依据，并经省建设工程标准定额站组织评审后，在广东省工程造价信息化平台（网址：http://www.gdcost.com，简称"省造价平台"）统一发布和动态管理，逐步形成"规则统一、行业共编、数据共享、动态调整"的计价依据体系。市及各县（市、区）住房城乡建设局或者工程造价主管机构依据省住房城乡建设厅省或者建设工程标准定额站制定的市场价格信息采集、分析、发布标准和市场询价指导规则进行采集、编审，通过该平台发布本地区人工、材料、项目等造价指标指数以及工程咨询、勘察、设计、监理、造价、招标代理和全过程工程咨询等服务费用的市场价格信息等；市及各县（市、区）住房城乡建设局积极构建多元化工程造价信息服务方式，支持有条件的企事业单位和行业组织制订发布企业（团体）市场价格信息和工程造价指标指数，通过该平台发布各自的造价信息，逐步形成政府信息、社会团体信息和企业信息共存的局面，供市场主体和政府部门参考研判。该平台同时实现与发改、财政、审计和政务数据管理等部门信息系统互联互通，共享造价信息资源。

（四）强化建设单位造价管控责任。市及各县（市、区）住房城乡建设局应当引导建设单位结合工程实际，综合运用自身形成的或第三方提供的工程造价信息数据，或者省造价平台发布的市场价格信息和工程造价指标指数，有效控制设计限额、建造标准、合同价格。推动建设单位实施贯穿项目立项、勘察设计、施工、竣工等各环节的多层次全费用工程量清单，以目标成本管控为核心，实现市场化、动态化全过程造价管理。引导采用工程总承包和全过程工程咨询服务模式的项目建设单位、总承包单位、全过程工程咨询服务单位，按照《广东省建设项目全过程造价管理规范》DBJ/T 15—153—2019 要求，实施全过程造价管控。

（五）严格施工合同履约管理。根据省住房城乡建设厅组织修订的施工合同示范文本，完善政府投资项目工程价款结算管理机制，全面推行施工过程结算，将其纳入竣工结算，简化竣工结算手续。

（六）探索工程造价纠纷的市场化解决途径。市及各县（市、区）住房城乡建设局要完善工程造价纠纷处理机制，积极试点行业协会专家调解，并充分运用市场定价机制及有关成果，丰富造价纠纷调解机制，多层次妥善化解合同造价纠纷争议。

（七）完善协同监管机制。市及各县（市、区）住房城乡建设局要落实深化"证照分离"改革要求，探索建立工程造价咨询企业信用与执业人员信用挂钩制度，推行工程造价咨询成果质量终身责任制和职业保险制度，完善监管数据共享、多元共建共治、互为联动支撑的协同监管机制。

三、实施步骤

工程造价改革工作分三个阶段实施：

（一）准备阶段（2021 年 7 月至 2021 年 10 月）

1. 制定工作方案。市住房城乡建设局在充分调研的基础上，按照省改革任务要求，制定本地区工程造价改革试点工作方案，明确责任分工和实施步骤。

2. 确定试点项目。市住房城乡建设局通过专题调研，选取本地区功能需求明确、结构形式简单、施工技术成熟、市场价格透明的 1 个在建或拟建的房屋建筑工程作为工程造价改革试点项目，于 10 月 31 日前分报省住房城乡建设厅。

（二）试点阶段（2021 年 8 月至 2023 年 12 月）

市及各县（市、区）住房城乡建设局要加强市场调研，并通过现场观摩、交流学习等多种形式，宣传推广试点经验做法。

（三）提升阶段（2024 年 1 月至 2025 年 12 月）

市及各县（市、区）住房城乡建设局全面总结试点经验做法，进一步完善市场定价体制机制，推动清单计量、市场询价、自主报价、竞争定价的工程计价方式得到更广泛应用。

四、保障措施

（一）加强组织领导。市及各县（市、区）住房城乡建设局应加强与发展改革、财政、审计等部门的沟通，切实推动改革试点工作，及时解决工作过程中遇到的问题，总结经验做法，并与省住房城乡建设厅形成上下协调一致的工作机制。

（二）建立评估机制。市住房城乡建设局要加强对试点项目的跟踪评估，及时总结经验，为试点项目的推进提供政策咨询和技术指导。

（三）加大宣传力度。市及各县（市、区）住房城乡建设局要坚持正确舆论导向，做好政策解读和舆论引导，及时总结宣传，营造全社会支持的良好氛围。

（四）加强信息报送。建立全市工程造价改革试点工作定期信息报送制度。2021 年 12 月 15 日前，各县（市、区）住房城乡建设局要向市住房城乡建设局报送当地工程造价数据积累和发布工作情况，总结工作成效，分析存在问题，提出改进思路。2021 年 12 月 31 日前，市住房城乡建设局向省住房城乡建设厅报送试点工作情况，总结工作成效，分析存在问题，提出改进思路。此后每半年定期报送试点工作进展情况；试点项目竣工后一个月内，报送该项目试点的全面总结报告。

湛江市住房和城乡建设局

湛建管〔2021〕33号

湛江市住房和城乡建设局关于印发湛江市工程造价改革试点工作实施方案的通知

各县（市、区）住房和城乡建设局（住房和规划建设局、规划与开发建设局），湛江市工程造价协会、各工程造价咨询企业，各有关单位：

按照《广东省住房和城乡建设厅关于印发广东省工程造价改革试点工作实施方案的通知》（粤建市函〔2021〕502号）的工作安排，为了充分发挥市场在资源配置中的决定性作用，促进建筑业转型升级，更好地在我市推进工程造价改革工作，我局结合我市实际制定了《湛江市工程造价改革试点工作实施方案》，请贯彻执行。具体执行过程中遇到困难和问题，请及时向湛江市建设工程造价事务中心反馈。

特此通知。

湛江市住房和城乡建设局

2021年8月11日

湛江市工程造价改革试点工作实施方案

为贯彻落实《住房和城乡建设部办公厅关于印发工程造价改革工作方案的通知》（建办标〔2020〕38号）和《广东省住房和城乡建设厅关于印发广东省工程造价改革试点工作实施方案的通知》（粤建市函〔2021〕502号）的要求，坚持市场在资源配置中起决定性作用，正确处理政府与市场的关系，通过在我市开展工程造价改革试点工作进一步完善工程造价市场形成机制，结合我市实际，制定本实施方案。

一、总体指导思路

（一）指导思想。以习近平新时代中国特色社会主义思想为指导，全面贯彻党的十九大和十九届二中、三中、四中、五中全会精神，落实党中央、国务院"放管服"改革和推进建筑业健康发展的决策部署，按照广东省住房和城乡建设厅工程造价改革试点工作安排和市委、市政府有关工作要求，正确处理政府与市场的关系，通过在工程造价改革试点工作中大力推行清单计量、市场询价、自主报价、竞争定价的工程计价方式，加快完善工程造价市场形成机制，全面推行施工过程结算，为提高项目投资效益、保障工程质量安全、维护建筑市场秩序提供更有力的支撑。

（二）基本原则。注重政治引领，坚持问题导向，坚持改革创新，坚持创新落实，奋力开创新时代全市工程造价改革工作新局面。

（三）主要目标。通过在我市的房地产开发项目和部分国有资金投资的房屋建筑、市政公用工程项目中选取工程造价改革试点，分析存在问题，总结经验教训，及时上报省住房和城乡建设厅。到2023年底，在省住房和城乡建设厅的政策引领下在我市基本形成工程造价市场定价机制；到2025年底，进一步完善工程造价市场竞价机制。

二、组织领导机构

（一）成立湛江市住房和城乡建设局工程造价改革试点工作领导小组。

（二）工作领导小组下设工作专责小组。

三、主要工作任务

（一）通过试点项目开拓计价模式的新思路。各县（市、区）住房城乡建设主管部门要坚持因地制宜，从市情出发，借鉴先进地区经验做法，积极引导试点项目试行清单计量、市场询价、自主报价、竞争定价等工程计价方式，并在工作计划中予以明确。试点项目的估算、概算、预算、最高投标限价等造价成果可通过市场询价，结合类似工程造价数据、造价指标指数等编制和确定。在确保项目投资可控的情况下，试点项目可不编制最高投标限价，推动投标人根据自身实际成本竞争报价。

（二）探索工程计量和计价规则的改进工作。借鉴"粤港澳大湾区"城市及国际通行做法，市住房和城乡建设局会同财政、发展改革等有关部门制定完善我市房屋建筑和市政公用工程投资估算、概算编制依据。通过改革试点项目分析总结现有工程量清单计量、计价规范中与市场定价机制不一致的条款和工程量清单计量、计价受定额约束限制的规定，及时上报省住房和城乡建设厅。

（三）创新完善工程计价依据发布机制。加快转变政府职能，搭建市场价格信息发布平台，统一信息发布标准和规则，鼓励有条件的企事业单位和行业组织根据市场实际和有关规定进行修订、完善和补充工程计价依据，报省建设工程标准定额站组织评审后统一发布和动态管理，逐步形成"规则统一、行业共编、数据共享、动态调整"的计价依据体系。各县（市、区）住房城乡建设主管部门或者工程造价主管机构进一步做好市场价格信息采集、编审工作，及时发布本地区人工、材料、项目等市场价格信息和工程造价指标指数，以及投资咨询、勘察、设计、监理、造价、招标代理和全过程工程咨询等服务费用的市场价格信息。各县（市、区）住房城乡建设主管部门积极构建多元化工程造价信息服务方式，支持有条件的企事业单位和行业组织制订发布企业（团体）市场价格信息和工程造价指标指数，供市场主体参考。

（四）加强工程造价数据的积累和应用。落实《建筑工程施工发包与承包计价管理办法》（中华人民共和国住房和城乡建设部令第16号）和《广东省建设工程造价管理规定》（广东省人民政府令第205号）等文件要求，继续扎实做好"四价备案"工作，以筹建"湛江市建设工程材料设备询价单位数据库"为契机，加快建立我市国有资金投资项目的工程造价数据库，按地区、工程类型、建筑结构等分类发布人工、材料、项目等造价指标指数，利用大数据、人工智能等信息化技术为概预算编制提供依据。加快推进工程总承包和全过程工程咨询，综合运用造价指标指数和市场价格信息，控制设计限额、建造标准、合同价格，确保工程投资效益得到有效发挥。

（五）强化建设单位造价管控主体责任。各县（市、区）住房城乡建设主管部门应当引导建设单位结合工程实际，综合运用自身形成的或市造价事务中心发布的市场价格信息和工程造价指标指数，或者第三方提供的工程造价信息数据，有效控制设计限额、建造标准、合同价格。推动建设单位实施贯穿项目立项、勘察设计、施工、竣工等各环节的多层次全费用工程量清单，以目标成本管控为核心，实现市场化、动态化全过程造价管理。引导采用工程总承包和全过程工程咨询服务模式的项目建设单位、总承包单位、全过程工程咨询服务单位，按照《广东省建设项目全过程造价管理规范》DBJ/T 15—153—2019要求，实施全过程造价管控。建设单位应当按照有关规定在自确认建设工程造价文件之日起30日内将概算价、预算价、合同价和结算价及其相关资料报送工程所在地工程造价主管机构，并上传至省工程造价信息化平台。应当招标的建设工程，招标人应当自发出招标文件之日起5个工作日内，将最高投标限价（招标控制价）及其相关资料报送工程所在地工程造价主管机构备查。否则，各县（市、区）住房城乡建设主管部门应责令其限期改正，逾期未改正的应将相关涉嫌违法行为线索移交到有关行政处罚职责的部门核实查处。

（六）严格施工合同依法履约的管理。各县（市、区）住房城乡建设主管部门应当结合省住房和城乡建设厅组织修订的施工合同示范文本，配合省住房和城乡建设厅研究制定政府投资项目发承包不可转嫁风险清单。完善政府投资项目工程价款结算管理机制，全面推行施工过程结算，将其纳入竣工结算，简化竣工结算手续。学习广州、深圳、珠海、佛山探索试行施工合同网签的先进经验并结合我市实际进行推广。

（七）完善协同监管机制。各县（市、区）住房城乡建设主管部门要落实深化"证照分离"改革要求，积极配合市住房和城乡建设局近期开展的"湛江市工程造价咨询行业诚信管理办法"的修订工作，探索建立工程造价咨询企业信用与执业人员信用挂钩制度，推行工程造价咨询成果质量终身责任制和职业保险制度，加强信用监管，依法查处虚假承诺、违规经营等行为并记入信用记录，实行失信联合惩戒。完善监管数据共享、多元共建共治、互为联动支撑的协同监管机制，全面推行"双随机、一公开"监管、跨部门联合监管和"互联网＋监管"。

四、具体实施步骤

工程造价改革工作分三个阶段实施：

（一）准备阶段（2021 年 8 月至 2021 年 12 月）

1. 制定工作方案。各县（市、区）住房城乡建设主管部门要在充分调研的基础上，按照本方案改革任务要求，细化制定本地区工程造价改革试点工作方案，明确责任分工和实施步骤，于 9 月 30 日前报市住房和城乡建设局。

2. 成立工作机构。成立由市住房和城乡建设局主要领导担任组长、分管领导担任常务副组长的工程造价改革试点工作领导小组，下设工作专责小组，负责工程造价改革试点工作的统筹协调。

3. 充分开展调研。组织对我市及周边城市建筑市场现状开展充分调研，通过对我市建筑市场各种定价方式的研究，探索市场合理定价的方法。进一步分析目前计价模式的不足，确定更为科学的改进方向。

4. 落实试点项目。市住房和城乡建设局选取我市有条件的房屋建筑、市政公用工程作为工程造价改革试点项目，按《广东省工程造价改革试点工作实施方案》全部或部分工作任务进行试点实施，10 月 31 日前报省住房和城乡建设厅。各县（市、区）住房城乡建设主管部门选取本地区有条件的房屋建筑、市政公用工程作为工程造价改革试点项目，按本方案全部或部分工作任务进行试点实施。各县（市、区）试点项目数量原则上各不少于1 个，于 2021 年 12 月 17 日前报市住房和城乡建设局。各地应优先选择采用代建、工程总承包、全过程工程咨询服务等工程建设组织模式的项目作为试点项目。市住房和城乡建设局将根据各县（市、区）试点项目报送情况，分批公布全市工程造价改革试点项目。

（二）试点阶段（2022 年 1 月至 2023 年 12 月）

各县（市、区）住房城乡建设主管部门要加强技术指导，及时研究解决试点推进过程出现的问题，不断进行阶段性总结，并通过现场观摩、交流学习等多种形式，宣传推广试点经验做法。市住房和城乡建设局加强统筹协调，及时总结推广相关经验做法，定期向省住房和城乡建设厅报送我市造价改革试点进展情况。

（三）提升阶段（2024 年 1 月至 2025 年 12 月）

各县（市、区）住房城乡建设主管部门全面总结试点经验做法，进一步完善市场定价体制机制，推动清单计量、市场询价、自主报价、竞争定价的工程计价方式得到更广泛应用。

五、落实保障措施

（一）加强组织领导。在市住房和城乡建设局工程造价改革试点工作领导小组框架内，成立市造价中心主要领导牵头的工作专责小组，负责工程造价改革试点工作的统筹协调。

各县（市、区）住房城乡建设主管部门要高度重视，主要领导要亲自部署、亲自推动，并参照成立本部门的工程造价改革试点工作专责小组，制定工程造价改革试点工作实施方案，明确具体目标、工作任务、时间节点和责任分工，确保各项工作落实到位。

（二）明确职责分工。在市住房和城乡建设局工程造价改革试点工作领导小组的领导下，市造价中心牵头组织全市工程造价改革试点工作，各县（市、区）住房城乡建设主管部门要主动对接，在数据共享、系统对接、业务指导方面全力支持。工作专责小组应加强与发展改革、财政、审计等部门的沟通，切实推动改革试点工作，及时解决工作过程中遇到的问题，总结经验做法，并与省住房和城乡建设厅、市住房和城乡建设局形成上下协调一致的工作机制。

（三）强化制度保障。完善工程造价改革工作相关配套政策，建立试点工作评估制度，组织造价行业专家加强对试点项目的跟踪评估，及时总结经验和调整现行政策措施，为试点项目的推进提供政策咨询和技术指导。切实做好信息报送工作，建立全市工程造价改革试点工作定期信息报送制度。2021 年 12 月 17 日前，各县（市、区）住房城乡建设主管部门要向市住房和城乡建设局报送试点工作情况，总结工作成效，分析存在问题，提出改进思路。此后每半年定期报送试点工作进展情况；试点项目竣工后一个月内，报送该项目试点的全面总结报告。

（四）优化资源整合。进一步深化政企合作，引入国内建筑行业领军企业参与改革试点工作，支撑工程造价改革工作持续推进。充分发挥智库作用，鼓励科研院所和第三方科研机构积极参与，加强形势研判、技术论证和成效评估。

（五）加强培训宣传。积极参加和开展工程造价改革工作相关的专题培训，不断增强各级领导干部、从业人员的专业水平，向建设、施工、咨询单位提供有针对性的技术培训，凝聚行业共识。通过参加省住房和城乡建设厅主办的"造价改革百堂课"和全国市长研修学院（住房和城乡建设部干部学院）组织的系列培训，加强专业人才培养，建设复合型人才队伍。各县（市、区）住房城乡建设主管部门要坚持正确舆论导向，做好政策解读和舆论引导，及时总结宣传，加强对工程造价改革工作新理念、新做法、新成效的宣传推广，拓宽宣传渠道，创新宣传方式。

茂名市住房和城乡建设局

关于报送《茂名市建设工程造价改革试点工作实施方案》的函

广东省住房和城乡建设厅：

按照《广东省工程造价改革试点工作实施方案》（粤建市函〔2021〕502 号）的工作安排，为做好我市工程造价改革试点工作，结合本市实际情况，我局制定了《茂名市建设工程造价改革试点工作实施方案》，现报送贵厅。

茂名市住房和城乡建设局

2021 年 8 月 16 日

茂名市建设工程造价改革试点工作实施方案

为贯彻落实《广东省住房和城乡建设厅关于印发广东省工程造价改革试点工作实施方案的通知》（粤建市函〔2021〕502号）和中共茂名市委全面深化改革委员会关于印发《市委全面深化改革委员会2021年重点改革工作安排》（茂改委发〔2021〕2号）有关要求，稳步推进我市工程造价改革试点工作，逐步建立完善工程造价市场形成机制，结合我市实际情况，制定本实施方案。

一、总体指导思路

（一）指导思想

以习近平新时代中国特色社会主义思想为指导，全面贯彻党的十九大和十九届二中、三中、四中、五中全会精神，落实党中央、国务院"放管服"改革和推进建筑业健康发展的决策部署，按照广东省住房和城乡厅工程造价改革工作方案和市委、市政府对改革工作的要求，选取本市改革试点项目，通过探索尝试清单计量、市场询价、自主报价、竞争定价的工程计价方式，发现分析存在问题，积累实际工作经验，总结改进计价模式，加快完善工程造价市场形成机制，全面推行施工过程结算，为提高项目投资效益、保障工程质量安全、维护建筑市场秩序提供更有力的支撑。

（二）主要目标

通过在我市的房地产开发项目和部分国有资金投资的房屋建筑、市政公用工程项目中选取工程造价改革试点，分析存在问题，总结经验教训，及时上报省住房和城乡建设厅。至2023年底，在省住房和城乡建设厅的政策引领下，基本形成工程造价市场定价机制；到2025年底，进一步完善工程造价市场竞价机制。

二、组织领导机构

（一）成立茂名市住建局工程造价改革试点工作领导小组。

（二）成立茂名市工程造价改革试点专项工作组。

三、工作任务

（一）改进工程量清单计价办法。借鉴港澳地区及国际通行的做法，通过广泛调研，学习"珠三角"地区及大型投资企业的经验，改进工程量清单计价办法，使工程量清单计量贯穿项目立项、勘察设计、施工、竣工等各环节，尽量与市场计价方式一致。

（二）创新计价模式。积极引导试点项目试行清单计量、市场询价、自主报价、竞争定价等工程计价方式。试点项目的估算、概算、预算、最高投标限价等造价成果可通过市场询价，结合类似工程造价数据、造价指标指数等编制和确定。在确保项目投资可控的情况下，试点项目可不编制最高投标限价，推动投标人根据自身实际成本竞争报价。

（三）加强施工合同管理。结合省住房和城乡建设厅组织修订的施工合同范本，配合省住房和城乡建设厅制定政府投资项目发承包不可转嫁风险清单。完善政府投资项目工程价款结算管理机制，全面推行施工过程结算，将其纳入竣工结算，简化竣工结算手续。学习广州、深圳、珠海、佛山探索试行施工合同网签的先进经验并结合我市实际进行推广。

（四）创新工程计价依据发布机制。加快转变政府职能，搭建市场价格信息发布平台，统一信息发布标准和规则，鼓励有条件的企事业单位和行业组织根据市场实际和有关规定进行修订、完善和补充工程计价依据，报省建设工程标准定额站组织评审后，统一发布和动态管理，逐步形成"规则统一、行业共编、数据共享、动态调整"的计价依据体系。各县（市、区）住房城乡建设主管部门或者工程造价主管机构进一步做好市场价格信息采集、编审工作，及时发布本地区人工、材料、项目等市场价格信息和工程造价指标指数，以及投资咨询、勘察、设计、监理、造价、招标代理和全过程工程咨询等服务费用的市场价格信息。各县（市、区）住房城乡建设主管部门积极构建多元化工程造价信息服务方式，支持有条件的企事业单位和行业组织制订发布企业（团体）市场价格信息和工程造价指标指数，供市场主体参考。

四、实施步骤

（一）准备阶段（2021年7月至2021年10月）

1. 制定工作方案。在收集听取各方意见和充分研究的基础上，按照省改革任务要求，制定本市工程造价改革试点工作方案，明确工作目标和实施步骤，于8月15日前报省住房和城乡建设厅。

2. 成立领导和工作机构。成立由市住房和城乡建设局主要领导担任组长、分管领导担任副组长的工程改革试点工作领导小组，下设专项工作组，抽调各单位有丰富经验的计价专家协助推进工程造价改革试点工作。

3. 广泛宣传发动。邀请知名工程造价专家到我市进行专题讲课，学习吸收先进经验、加强工程造价改革政策解读和舆论引导；召开专题座谈会，邀请相关部门、造价咨询企业和施工企业的专家代表参加，传达省工程造价改革实施方案，收集贯彻执行的意见和建议。

4. 深入调查研究。到大型集团企业进行调研，了解工程计价和合同签订的情况，与当前定额计价方式进行对比，吸取其中先进经验，探索建立适应市场实际情况的计价模式。

5. 落实试点项目。选取本地区有条件的建设工程项目作为工程造价改革试点项目，按工程造价改革的要求签订施工合同，明确按照新的模式进行计价，于10月31日前报省住房和城乡建设厅。

（二）试点阶段（2021年11月至2023年12月）

以新计价模式编制试点项目的最高投标限价，在试点项目实施的过程中，认真收集记录有关工程数据，逐步修正各项计价参数，及时研究解决遇到的问题，使新的计价模式贴近反映工程建设的实际情况，及时向省住房和城乡建设厅报送试点工作进展情况。

（三）提升阶段（2024年1月至2025年12月）

全面总结试点经验做法，加强施工合同管理，进一步完善市场定价体制机制，梳理分析工程案例，建立适应新计价模式的多层次造价指标数据库，推动清单计量、市场询价、自主报价、竞争定价的工程计价方式得到更广泛应用。

五、保障措施

（一）组织保障。一是成立工程造价改革试点工作领导小组，加强认识，提高站位，将实施改革试点与国家大政方针和改革任务统一起来，采取有力措施推进本市工程造价改革试点工作。二是成立工程造价改革试点专项工作组，组织有丰富计价经验的专家进行研究测算，为改革试点实施工作提供坚实的技术支撑。

（二）机制保障。一是严格执行定期报送制度，按省住房和城乡建设厅要求，总结工作成效，分析存在问题，提出改进思路。每半年定期报送试点工作进展情况；试点项目竣工后一个月内，报送该项目试点的全面总结报告。二是建立试点数据采集制度，深入一线，实事求是，做好数据记录和统计工作，确保数据真实准确。三是建立交流学习机制，组织专家组到其他城市进行学习交流，吸取先进经验，不断改进提升工作水平。四是建立沟通协调机制，对实施工程造价改革试点过程中遇到的问题，及时与有关部门进行沟通，确保实施试点工作顺利进行。

肇庆市住房和城乡建设局文件

肇建价〔2021〕1号

肇庆市住房和城乡建设局关于印发肇庆市工程造价改革试点工作实施方案的通知

各县（市、区）住建局、肇庆高新区人居环境建设和管理局、肇庆市新区发展规划局、各工程造价咨询企业、各有关单位：

按照《广东省住房和城乡建设厅关于印发广东省工程造价改革试点工作实施方案的通知》（粤建市函〔2021〕502号）的工作安排，为了充分发挥市场在资源配置中的决定性作用，促进建筑业转型升级，更好地在我市推进工程造价改革工作，我局结合我市实际制定了《肇庆市工程造价改革试点工作实施方案》，请贯彻执行。具体执行过程中遇到困难和问题，请及时向市建设工程造价管理站反馈。特此通知。

肇庆市住房和城乡建设局

2021年8月16日

肇庆市工程造价改革试点工作实施方案

为贯彻落实《住房和城乡建设部办公厅关于印发工程造价改革工作方案的通知》（建办标〔2020〕38号）和《广东省住房和城乡建设厅关于印发广东省工程造价改革试点工作实施方案的通知》（粤建市函〔2021〕502号）的工作安排，结合我市实际，制定本工作实施方案。

一、指导思想

以习近平新时代中国特色社会主义思想为指导，落实党中央、国务院"放管服"改革和推进建筑业健康发展的决策部署，正确处理政府与市场的关系，按照住建部和省住建厅有关工程造价改革工作安排，大力推行清单计量、市场询价、自主报价、竞争定价的工程计价方式，加快完善工程造价市场形成机制，全面推行施工过程结算，为提高项目投资效益、保障工程质量安全、维护建筑市场秩序提供更有力的支撑。

二、工作目标

（一）2021年8月31日前，研究选择三个房地产开发项目或部分国有资金投资的房屋建筑、市政公用工程项目工程作为工程造价改革试点项目，并将试点项目名单报送省住建厅。

（二）2021年8月—2023年12月，定期向省住房和城乡建设厅报送三个试点项目的进展情况。

（三）2024年1月—2025年12月，总结试点经验做法。进一步探索完善工程造价市场定价体制机制，推动清单计量、市场询价、自主报价、竞争定价的工程计价方式得到更广泛应用。

三、工作内容

（一）探索目标成本确定的相关规则。在工程项目的设计阶段，探索通过编制总投资目标成本及工程费用目标成本的方式，根据造价管理体系，将拟定的标段划分方案以及责任部门进行分解。

（二）实施全过程造价管理（咨询）。在工程项目实施过程中，探索按照《广东省建设项目全过程造价管理规范》DBJ/T 15—153—2019相关规定，实施以目标成本管控为核心的全过程造价管理模式〔可以是发（承）包内部组成部门协同实施，也可以委托咨询企业实施〕。

（三）探索建立工程造价咨询企业信用与职业人员信用挂钩制度。坚持政府主导、企业自治、行业自律、社会监督，压实咨询企业主体责任，强化个人执业资格管理，充分发挥信用监管基础性作用，建立企业信用与执业人员信用挂钩机制，依法依规实施失信惩戒，提高工程造价咨询企业和执业人员的诚信意识。

四、组织机构

成立肇庆市工程造价改革试点工作领导小组，由市住房和城乡建设局副局长任组长，二级调研员任副组长，领导小组下设工作专责小组。

五、组织实施

（一）加强组织领导。肇庆市工程造价改革试点工作领导小组要加强组织协调，积极解决相关重大问题。工作专责小组要加强与市发改局、市财政局、市审计局等部门沟通联系，切实推动改革试点工作，及时解决工作中遇到的问题，总结经验做法。

（二）加强资金和人力保障。各有关单位要做好相关工作费用预算，保障工程造价试点工作的顺利进行实施；做好人力保障，广泛集聚政、产、学、研多方专业力量参与试点项目，不断摸索和总结汇报。

（三）做好经验总结，加强信息报送。2021年12月31日前，市住建局向省住房和城乡建设厅报送试点工作情况，总结可复制可推广经验，分析存在问题，提出改进思路和措施，此后每半年报送一次。项目试点竣工后一个月内，报送试点项目的全面总结报告。

清远市住房和城乡建设局

关于上报《清远市工程造价改革试点实施方案》的函

广东省住房和城乡建设厅：

    为充分发挥市场在资源配置中的决定性作用，促进我市工程造价行业的转型升级，根据《广东省工程造价改革试点工作实施方案》要求，我市制定了《清远市工程造价改革试点实施方案》，现予上报，请审示。

    附件：清远市工程造价改革试点实施方案

清远市住房和城乡建设局

2021 年 8 月 12 日

附件：

清远市工程造价改革试点实施方案

为充分发挥市场在资源配置中的决定性作用，促进我市工程造价行业的转型升级，根据《广东省住房和城乡建设厅关于印发广东省工程造价改革试点工作实施方案的通知》（粤建市函〔2021〕502号）的要求，结合我市实际，制定本实施方案。

一、工作目标

（一）造价改革是发展的需要，也是行业提升核心竞争力的内在要求；改革的目标就是要建立一套简明高效、切合实际，有利于提升工程算量计价效率和质量，有利于推进市场化、国际化接轨的造价体系。

（二）以项目试点为切入点，通过结合本市房地产开发项目和一些政府投资重点项目的实际工程案例，推广市场询价、自主报价、竞争定价的工程计量方式，深化清单计量在造价行业中的应用，完善市场决定工程造价机制，推进工程造价市场化和信息化改革，实现造价行业高质量发展。

二、试点内容

（一）建设清远市工程造价信息平台。学习借鉴兄弟城市工程造价信息平台先进经验，着手开发建设我市工程造价信息平台，通过选取一些房地产项目作为工程造价改革试点项目，多点采集工地人工、材料、项目指数原始数据，在平台上定期发布人工、材料、项目等市场价格信息和工程造价价格指数；组织学习港资企业做法，在试点项目推行清单计量、市场询价，自主报价，改变原来的计价模式。

（二）以我市一级注册造价师或资深造价专业工程师为主，建立工程造价纠纷专家委员会。制定造价纠纷处理机制，在萌芽状态处理甲、乙双方造价争议，节约甲、乙双方处理成本。

（三）邀请司法专家授课，引导专家收集市场原始数据并应用在造价纠纷中。

三、实施步骤

清远市建设工程造价改革试点工作分为三个阶段实施：

（一）准备阶段（2021年8月至2021年10月）

1. 开展专题调研。对我市国有投资项目、社会投资项目的工程造价管理等情况进行专题调研，了解现行做法，存在的问题和意见建议，研究探讨试点工作的具体内容。

2. 确定试点项目。由试点工作小组根据我市建设工程造价改革试点实施方案的要求确定一个试点项目，该试点项目应为代建工程或总承包全过程工程咨询服务等模式的项目，并在10月31日前将试点项目相关情况报省住建厅。

（二）实施推进阶段（2021年10月至2023年12月）。研究项目造价改革相关技术方案，并组织专家指导试点项目建设单位、全过程咨询企业开展试点工作。试点工作小组对试点项目的工程量和计价规则实施情况进行跟踪和监督，并及时向省住建厅反馈和研究解决试点推进过程出现的问题，不断总结和改进，确保试点项目顺利进行。

（三）提升阶段（2024 年 1 月至 2025 年 12 月）。总结评估试点项目改革措施成效，梳理试点过程中好的经验做法以及存在问题，研究完善管理制度，完成试点工作总结并上报省住建厅。

潮州市住房和城乡建设局

关于印发潮州市工程造价改革试点工作方案（试行）的通知

市发改局、市财政局、市审计局、市城市管理综合执法局、市政府项目建设中心、各县区住建局：

为贯彻落实《住房和城乡建设部办公厅关于印发工程造价改革工作方案的通知》（建办标〔2020〕38 号）和《广东省住房和城乡建设厅关于印发广东省工程造价改革试点工作实施方案的通知》（粤建市函〔2021〕502 号）有关要求，有序推进我市房地产开发项目和部分国有资金投资的房屋建筑、市政公用工程项目工程造价改革试点工作，经征求有关部门意见，现结合我市实际，制定本工作方案。

潮州市住房和城乡建设局

2021 年 11 月 23 日

潮州市工程造价改革试点工作方案（试行）

一、指导思想

以习近平新时代中国特色社会主义思想为指导，深入贯彻新发展理念，按照省住建厅工程造价改革工作实施方案的要求，正确处理政府与市场的关系，大力推行清单计量、市场询价、自主报价、竞争定价的工程计价方式，加快完善工程造价市场形成机制，全面推行施工过程结算，为提高项目投资效益、保障工程质量安全、维护建筑市场秩序提供更有力的支撑。

二、工作目标

通过开展我市房屋建筑、市政公用工程项目工程造价改革试点，确保到2023年底，基本形成工程造价市场定价机制；到2025年底，进一步完善工程造价市场竞价机制。

三、工作任务与分工

（一）引导试点项目创新计价方式。积极引导试点项目实行清单计量、市场询价、自主报价、竞争定价等工程计价方式；试点项目的估算、概算、预算、最高投标限价等造价成果可通过市场询价、结合类似工程造价数据、造价指标指数等编制和确定。〔由市住房和城乡建设局牵头、各县（区）住建局、业主单位、造价咨询单位负责实施〕

（二）加强工程造价信息化建设。认真推进本地工程造价信息化建设，积极支持和配合省工程造价信息化平台建设，探索开展我市工程造价信息化平台建设，主动适应工程造价信息化发展的新形势，更好地履行工程造价市场监管和公共服务职责，全面提升造价管理机构专业和服务水平。（由市造价站负责）

（三）建立工程造价专家库。及时向社会征集工程造价专家，建立工程造价专家库，为工程造价纠纷处理提供技术支撑。（由市造价站负责）

（四）完善政府投资项目工程价款结算管理机制，推进政府投资项目施工过程结算，简化竣工结算手续；规范建设项目工程总承包活动，同时引入施工过程结算的条款，鼓励采用过程结算模式。（由市住房和城乡建设局牵头负责）

（五）完善以诚信评价为核心的造价咨询行业管理模式，建立有效监管机制。依托工程造价咨询诚信评价系统，将企业综合评价的结果作为国有资金投资项目以及其他社会投资主体在选择工程造价咨询服务时的重要评价参考依据。将排名靠后的工程造价咨询企业列为日常监管对象，定期进行检查，并将检查结果抄送发展改革、财政等部门。（由市住房和城乡建设局牵头、市造价站配合）

四、实施步骤

（一）选定试点项目（2021年11月）

2021年11月30日前通过市政府项目建设中心、市城市综合管理执法局、各县（区）

住建局推荐，择优选取 1 个采用工程总承包、全过程工程咨询服务等工程建设组织模式的房屋建筑或市政公用工程作为工程造价改革试点项目。

（二）试点阶段（2021 年 12 月至 2023 年 12 月）

按照试点工作方案，推进工程造价改革任务，对试点项目实施情况进行跟踪，组织专家研究解决改革过程中存在问题，开展现场观摩，学习借鉴其他改革试点市的先进工作经验，及时向省住建厅反馈存在问题和报送改革实施情况。

（三）提升阶段（2024 年 1 月至 2025 年 12 月）

对试点项目进行全面回顾，梳理试点项目在实施过程中存在的问题，全面总结项目试点过程中好的经验和做法以及解决问题的方法，进一步完善市场定价体制机制，推动清单计量、市场询价、自主报价、竞争定价的工程计价方式得到更广泛应用。

五、工作保障

（一）加强组织领导。成立工程造价改革试点工作领导小组，全面负责指导贯彻实施我市工程造价改革试点工作。

领导小组办公室设在市住建局市场科。

以后该小组成员如有工作变动，由所在单位接替工作的同志补上，不另行发文。

（二）加强沟通协调。各级建设行政主管部门要加强与发展改革、财政、审计等部门的沟通协调，扎实开展改革试点工作，及时解决工作中碰到的问题，总结经验做法。

（三）加大宣传力度。各部门要认真贯彻落实工程造价改革实施意见，通过多渠道多形式的方式，加大宣传力度。

（四）建立信息报送制度。各级建设行政主管部门要建立定期信息报送制度，落实专人负责，将试点项目开展情况、存在问题、改进措施等工作情况形成书面报告，并于 2021 年 12 月 31 日前上报局市场科汇总。此后每半年定期报送试点工作进展情况；试点项目竣工后一个月内，报送该项目试点的全面总结报告。

揭阳市住房和城乡建设局文件

揭市建质〔2021〕51号

揭阳市住房和城乡建设局关于印发揭阳市工程造价改革试点工作实施方案的通知

各县（市、区）住建局，各有关单位：

根据《广东省住房和城乡建设厅关于印发广东省工程造价改革试点工作实施方案的通知》（粤建市函〔2021〕502号）工作要求，为做好我市工程造价改革实施工作，我局制定了《揭阳市工程造价改革试点工作实施方案》，现印发给你们，请认真贯彻实施。执行中遇到问题，请径与揭阳市建设工程标准定额站联系。

附件：揭阳市工程造价改革试点工作实施方案

揭阳市住房和城乡建设局

2021年8月13日

附件：

揭阳市工程造价改革试点工作实施方案

为贯彻落实《广东省住房和城乡建设厅关于印发广东省工程造价改革试点工作实施方案的通知》（粤建市函〔2021〕502 号）有关要求，有序推进我市房屋建筑、市政公用工程项目工程造价改革试点工作，结合我市实际，制定本实施方案。

一、指导思想

以习近平新时代中国特色社会主义思想为指导，全面贯彻党的十九大和十九届二中、三中、四中、五中全会精神，全面落实新时代党的建设总要求，落实党中央、国务院"放管服"改革和推进建筑业健康发展的决策部署，按照省住房和城乡建设厅工程造价改革工作实施方案的要求，正确处理政府与市场的关系，大力推行清单计量、市场询价、自主报价、竞争定价的工程计价方式，加快完善工程造价市场形成机制，全面推行施工过程结算，为提高项目投资效益、保障工程质量安全、维护建筑市场秩序提供更有力的支撑。

二、工作目标

通过开展我市房屋建筑、市政公用工程项目工程造价改革试点，确保到 2023 年底，基本形成工程造价市场定价机制；到 2025 年底，进一步完善工程造价市场竞价机制。

三、实施步骤及责任分工

（一）选定试点项目（2021 年 8 月）

2021 年 8 月 25 日前通过市政府投资项目代建管理中心、市公路事务中心、各县（市、区）住建局推荐，择优选取采用工程总承包、全过程工程造价咨询服务等工程建设组织模式的房屋建筑或市政公用工程作为工程造价改革试点项目〔由局质安科牵头、各县（市、区）住建局、市标定站负责〕。

（二）试点阶段（2021 年 9 月至 2023 年 12 月）

试点项目实行清单计量、市场询价、自主报价、竞争定价等工程计价方式；试点项目的估算、概算、预算、最高投标限价等造价成果通过市场询价、结合类似工程造价数据、造价指标指数等编制和确定〔由市标定站牵头、各县（市、区）住建局、业主单位、造价咨询单位负责〕。

（三）提升阶段（2024 年 1 月至 2025 年 12 月）

对试点项目进行全面回顾，梳理试点项目在实施过程中存在的问题，全面总结项目试点过程中好的经验和做法以及解决问题的方法，进一步完善市场定价体制机制，推动清单计量、市场询价、自主报价、竞争定价的工程计价方式得到更广泛应用。〔由市标定站负责，各县（市、区）住建局配合〕

四、工作保障

（一）加强组织领导

成立揭阳市工程造价改革试点工作领导小组：由市住建局黄海通副局长担任组长，市住建局质安科张裕炼科长、市标定站蔡一辉站长担任副组长，成员由相关部门及各县（市、区）住建局选派工作人员组成，全面指导实施我市工程造价改革试点工作。

（二）加强沟通协调

各地及有关部门要加强与发展改革、财政、审计等部门的沟通协调，扎实开展工程造价改革试点工作，及时解决工作中碰到的问题，总结经验做法。

（三）加大宣传力度

各地及有关部门要通过多渠道多形式的方式，加大宣传力度，并邀请行业专家为建设、施工、咨询单位提供有针对性的技术培训，凝聚行业共识。

（四）建立信息报送制度

各县（市、区）住建局、市标定站要落实专人负责（名单报局质安科），于 2021 年 12 月 31 日前报送试点工作情况、总结工作成效，分析存在问题，提出改进思路。此后每半年定期报送试点工作进展情况；试点项目竣工后一个月内，报送该项目试点的全面总结报告。